本书为全国教育科学“十三五”规划2019年度教育部重点立项课题
“共享发展理念下中部地区乡村‘精准扶教’研究”（课题批准号：
DHA190441）的研究成果

用共享思维办没有围墙的学校

育英学校共享教育探索与实践

周方苗 著

中国文联出版社

图书在版编目（CIP）数据

用共享思维办没有围墙的学校：育英学校共享教育探索与实践 / 周方苗著. 一 北京：中国文联出版社，2022.10

ISBN 978-7-5190-4998-0

Ⅰ. ①用… Ⅱ. ①周… Ⅲ. ①中小学教育—教育研究 Ⅳ. ①G632.0

中国版本图书馆CIP数据核字（2022）第188532号

著　　者　周方苗
责任编辑　刘　旭
责任校对　陈　雪
装帧设计　刘贝贝　李　娜

出版发行　中国文联出版社有限公司
社　　址　北京市朝阳区农展馆南里10号　　邮编　100125
电　　话　010-85923025（发行部）　010-85923091（总编室）
经　　销　全国新华书店等
印　　刷　北京四海锦诚印刷技术有限公司

开　　本　710毫米×1000毫米　1/16
印　　张　18
字　　数　315千字
版　　次　2022年10月第1版第1次印刷
定　　价　58.00元

序 言

“共享”一词看起来好像与教育无关，学校教育与共享教育两者也好像相隔甚远。从教育学意义上看，任何一种教育形态都是一个社会的政治、经济和文化的具体反映，如农耕时代的私塾式教育，工业时代的工厂式教育，数字时代的数字化教育。共享教育是适应当下社会的教育形态之一。首先，共享教育的兴起得益于共享经济的产生与发展。其次，国家的共享发展理念为共享教育奠定了思想基础。再者，随着互联网技术的发展，“共享”逐渐融入人们的衣、食、住、行等方方面面，“你的就是我的”成为一种新的社会文化。总之，共享教育是适应当下社会的教育形态之一，是共享时代催生了共享教育。

在这一新时代背景下，学界不断出现“共享教育”名词。2017年在第八届“教育与中国未来30人论坛”上，华东师范大学教育高等研究院院长、终身教授丁钢断言：共享教育将催生新的教育格局。这标志着共享教育正式拉开了序幕。由此，育英学校率先在全国开展学校共享教育的探索与实践。2017年11月，长沙市芙蓉区育英学校周方苗校长在湖南省第二届“湖湘教育家大讲坛”活动中所做主旨演讲《用共享思维办一所没有围墙的学校》引起强烈反响；2018年5月，学校案例《共享教育在行动》在全国第二届中小学教育信息化应用展上展示；2019年7月，主持教育部重点课题“共享发展理念下中部地区乡村‘精准扶教’研究”；2020年7月，中央一台《新闻联播》“城乡同步，‘云’端共上一堂课”报道学校的双师共享课堂；2021年12月，校长周方苗在“长株潭一体化”校长论坛暨“四生课堂”教学改革研讨会共享课堂经验推介；2022年5月，成果报告《共享共生　成人达己：“四共一体”共享教育改革行动》获得湖南省第五届基础教育教学成果二等奖。6年来，育英学校秉持共享教育的方向，从宏观、中观、微观三个不同维度探索，形成了丰硕的行动成果。

从宏观看，学校教育是整体教育生态系统的组成部分。从整个社会来看，优质的学校教育永远是一种稀缺性资源。共享教育最初的价值，是实现教育资源“物尽其用”的最优化配置。一是城乡资源共享。作为一所“三湘”名校、老校，育英学校主动拥抱技术，鼓励名师开发了部编教材数字教学资源，充分利用互联网的资源再配置优势，通过网络联校、IPTV教育频道等多种形式，将优质资源辐射到农村和边远山区，促进教育均衡发展。二是馆校共建共享。学校引入教育市场服务机制，结合三点半课后服务，与校外机构合力打造共享学习空间，如游泳馆、创客中心等，向社会开放教育场地和资源，实现公共资源的优化配置。三是家、校、社协同共育。学校利用智慧校牌，加强家校信息共享，汇聚家校合力，从“独育”到“共育”，实现家、校、社协同育人。

从中观看，智慧学校是共享教育的典型表现形态。较之于工业范式的学校教育，智慧学校是智能时代以学校形态变革为主导的教育信息化纵深推进的结果。一是打造智慧校园，转变办学理念。2018年8月，育英学校确立了“自主自律，在成就别人中成就更好的自己”共享教育的办学理念和框架，《在共享中成就更好的自己》一文在《中国教育报》做专题报道。2019年9月，育英学校以共享教育为主题，创建成为一所开放共享、智能感知、泛在连接、协同合作的智慧学校。二是建成未来学校，转变教与学的方式。学校成为未来学习中心，实现从“如何教”向“如何学”转变。2019年11月，育英学校成功创建长沙市首批未来学校。三是连接学习中心，转向生活场景。走出学校与课堂，突破无边界课堂，建立学习社区，实现学校内外的正式学习与非正式学习的连接。

从微观看，育英学校从教学模式、师资队伍、课程资源等方面实施了一系列共享教育的研究与实践。一是共享课程。2017年8月，成功申报中央电化教育馆重点课题“小学名校SPOC课程创生与应用研究”，开发了“双师课堂”资源417节、在线直播课资源95节、名师视频课程652节，建立了三点半课程动画资源35节、课后作业设计资源260节，疫情期间为薄弱学校提供在线作业辅导40节，建设了码课码书210个，开发了40余套教师微课程、300本学生自编书，构建了共创多源异构的课程资源体系。二是共享教学。学校依托长沙市网络联校项目、中美联校项目、芙蓉网络联校项目等，常态化开展线上线下混合式教学650多节，覆盖所有学段、所有学科。从2020年5月以来，坚持“星期五”教研，每周五上午第一、第二节课定期定点开展智慧课堂和双师课堂研讨活动，形成了双线共享教学模式。三是共享教师。为帮扶新晃县芙蓉学校、永州宁远、浏阳市官渡中学等学校，育英学校2017年开始探索双师教学，培养了一批双师型教师，其中，《助人达己，双师课堂助推教育精准扶贫》获省教育厅教育信息化优秀典型案例成果奖。

总之，育英学校共享教育的探索实践是筚路蓝缕，也卓有成效。正如习近平总书记所说，“共享是渐进共享”，同样，共享教育是一个不断实践、认识、再实践、再认识的螺旋上升过程。需要坚信的是，共享教育是一种传承中华优秀传统文化“天下大同”“等贵贱，均贫富”和马克思主义“共享”“共富”思想的教育形态。它是值得广大教育工作者投入毕生精力为之奋斗的事业。

是为序！

余剑波

2022年6月21日于北辰

目录

第一章 成果展示

第二章 实践探索

第三章 创新管理

第一章

成果展示

共享共生　成人达己：“四共一体”共享教育改革行动成果报告

2015年，习近平总书记提出“创新、协调、绿色、开放、共享”的五大发展理念，其中共享发展是归宿。在首届国际教育信息化大会贺信中强调通过教育信息化“让亿万孩子同在蓝天下共享优质教育”。《中国教育现代化2035》更明确提出“创新教育服务业态，建立数字教育资源共建共享机制”。基于此，共享教育改革行动是新时代推进教育现代化、促进教育均衡发展的时代命题。本成果立足湖南省“国家教育信息化2.0试点省”的建设背景，秉持共享教育的育人理念，经过6年探索，采用行动研究、经验总结等方法，通过实地调研、教学试验、实践推广，构建形成“共建空间—共创资源—共研课堂—共生机制”共享教育体系。

一、问题的提出

（一）教学空间开放力度不够

传统教育环境下，教学空间局限于学校内部，地区之间以及区域内校际之间学校物理教学空间差异大，难以支持校际协同教学、协同教研。同时，智慧校园建设尚未成熟，支持非正式学习、网络教研、教师专业发展的虚拟教学空间尚未形成，制约了学校及区域教育优质均衡发展。

（二）优质教育资源供给不足

学校教学资源以多媒体课件和教材为主，形式单一，内容同质化、质量不高等问题普遍存在，同时，区域之间以及区域内学校之间优质教育资源数量和质量差异大，引发人们对优质教育资源渴求的心理焦虑。打造优质教育资源共享体系，是亟待解决的重大课题。

（三）课堂教学创新动力不强

创办70多年以来，育英学校秉承追求卓越的精神，产生了良好的社会声誉，是老百姓心目中的“名校”。学校拥有一批名老教师，大多进入发展瓶颈期，职业倦怠现象明显，课堂上“各自为战”固守传统，教学创新动力不足，示范引领作用尚未有效体现。因此，亟须为名师寻找新的职业生长点，寻求课堂教学新突破，发挥名师的示范价值和引领作用。

（四）校际协同发展机制不畅

当前，基础教育领域学校之间缺乏有效交流，校际之间的交流互动机制尚不健全，名校强强联合、名校带弱校的协同发展机制尚未建立，协同发展的教育合力尚未形成。

二、解决问题的过程和方法

（一）解决问题的过程

该成果以问题为导向，以学校高质量发展为立足点、促进区域教育优质均衡发展为目标，按照“理念更新—实践探索—经验总结—机制构建”的思路开展研究与实践，具体过程分为四个阶段，如图1-1所示。

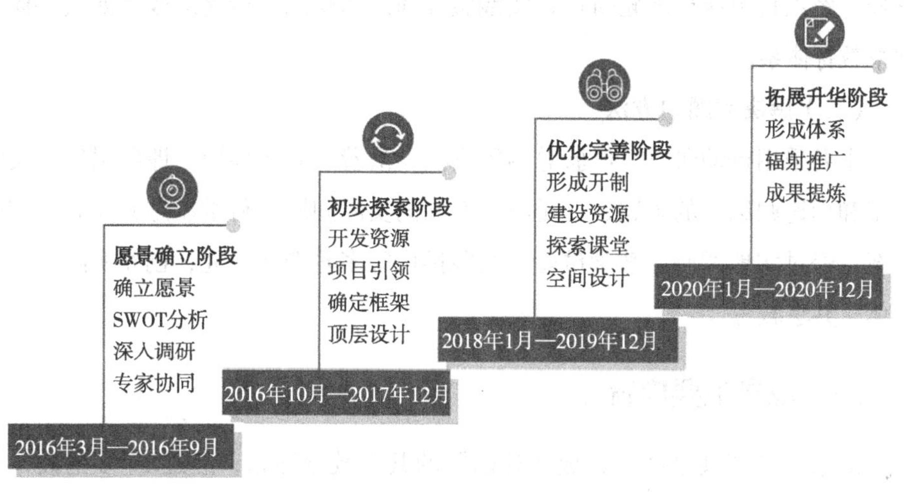

图1-1　解决问题的基本思路图

1. 愿景确立阶段（2016年3月—2016年9月）

针对现实问题，育英学校协同湖南省电教馆、湖南科技大学、湖南第一师范学院等单位专家开展深入调研与SWOT分析，明确提出“共享共生、成人达己”的共享教育办学愿景。

2. 初步探索阶段（2016年10月—2017年12月）

学校进行共享教育顶层设计，初步明确“共建空间—共创资源—共研课堂—共生机制”的实践框架。以共享资源为切入点，启动湖南IPTV“城乡双师课堂”项目，开发名师SPOC课程资源，并向怀化、湘西、永州等地区的农村小学免费共享，立项全国教育信息技术重点课题。

3. 优化完善阶段（2018年1月—2019年12月）

围绕总体规划，升级改造游泳馆、大礼堂等物理空间，创建智慧校园支撑的虚拟教学空间；依托湖南省教育信息化试点、网络联校等项目，探索“城乡双师课堂”“双师专递课堂”等共享课堂模式；依托教育部重点课题等项目，形成名师视频、码课码书等共享课程资源；逐步形成“大小牵手”“校企合作”“城乡联动”的共享机制。

4. 拓展升华阶段（2020年1月—2020年12月）

共享教育成果依托省教育厅芙蓉网络联校、“红石榴·1+1”湘吐同心共建工作室、长沙市未来学校创建校、周方苗名校长工作室等辐射到省内外中小学校。经项目组成员多轮研讨、实践验证和总结凝练，最终形成“四共一体”共享教育体系。

（二）解决问题的方法

主要采用行动研究、经验总结等方法，沿着“问题导向、课题引领、实践探索和理论归纳”的思路，立足学校发展的实际问题，科学制定共享教育实践方案，经过实地调研、教学试验、实践推广等多轮迭代研究，创新实践“四共一体”共享教育。

三、成果主要内容

成果秉持“共享共生，成人达己”的共享教育理念，经过6年多的改革行动，在共享教育空间建设、共享教育资源、共创课堂教学、共生学校发展机制等方面，均取得了较大突破，并取得大量应用成果。

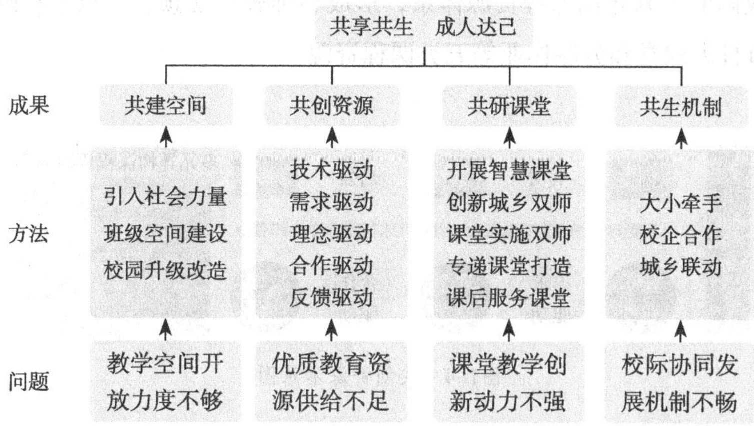

图1-2　“四共一体”共享教育示意图

（一）共建互联互通的教育空间，解决“教学空间开放力度不够”的问题

引入社会力量，建设大礼堂、篮球馆、游泳馆、创客空间、共享教室等特色物理空间；通过智慧校园升级改造，创建网络教学空间、名师空间、名校长空间等无边界虚拟空间；通过智慧班牌、班级空间、学生空间等，构建家校共育空间，形成互联互通的教育空间。

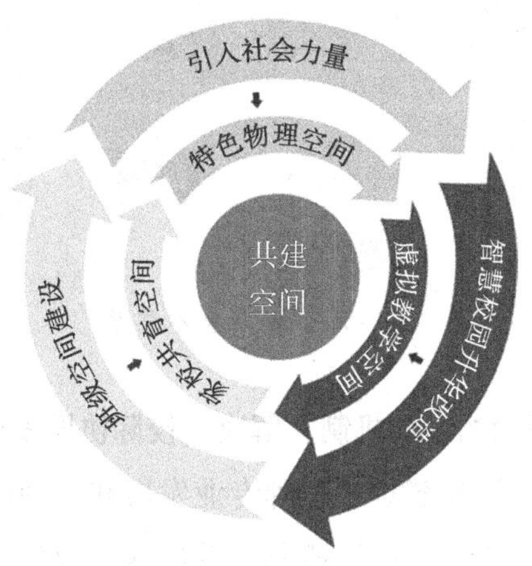

图1-3　共建空间示意图

（二）共创多源异构的课程资源，解决“优质教育资源供给不足”的问题

通过“技术驱动、需求驱动、理念驱动、合作驱动、反馈驱动”等“五大驱动轮”，沿着“创生、传导、激发、启发、融入”路径，形成以“微课程馆”为载体的多源异构课程资源体系，形成名师教学视频、三点半动画、码课码书、节日大课堂和分层作业等五类课程资源。

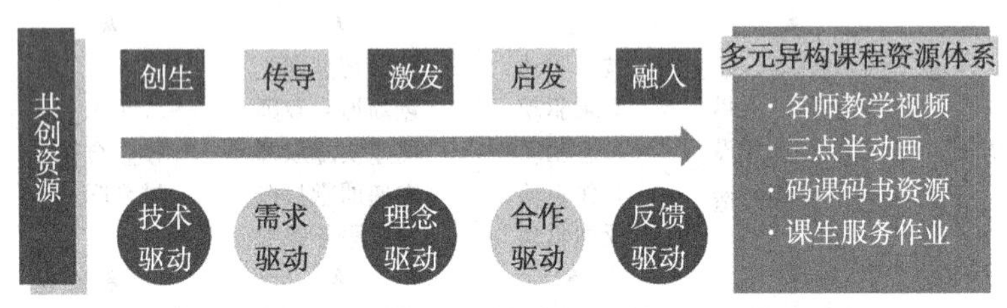

图1-4 共创资源示意图

（三）共研多元交互的课堂教学，解决“课堂教学创新动力不强”的问题

以名校长工作室等共同体为支撑，依托一人一机开展“智慧课堂”，联合湖南电信IPTV创新“城乡双师课堂”，依托网络联校项目实施“双师专递课堂”，依托智慧教育系统打造“课后服务课堂”，共同研究打造创新示范课堂，创建“师生交互、生生交互、人机交互”多形态共享课堂。

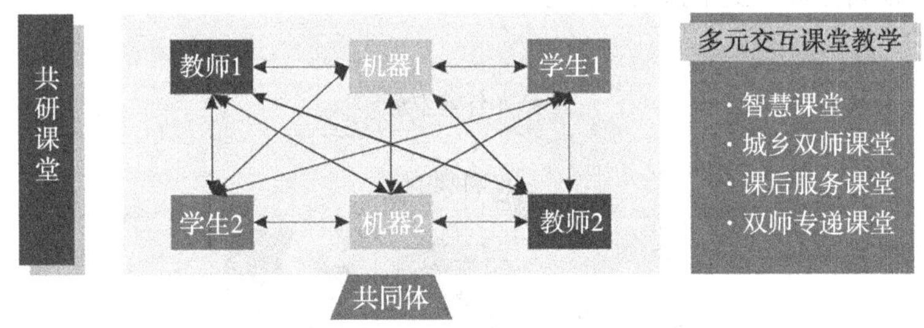

图1-5 共研课堂示意图

（四）共生多维联动的发展机制，解决“校际协同发展机制不畅”的问题

从共享空间建设、资源建设、教师专业发展和双师课堂等方面制定共享教育规划或制度。通过“大小牵手”机制，共研课堂教学，促进教师专业成长；通过“校企合作”机制，共建智慧校园，促进环境优化；通过“城乡联动”机制，帮扶乡村薄弱学校，推进教育均衡，实现城乡教育一体化发展。

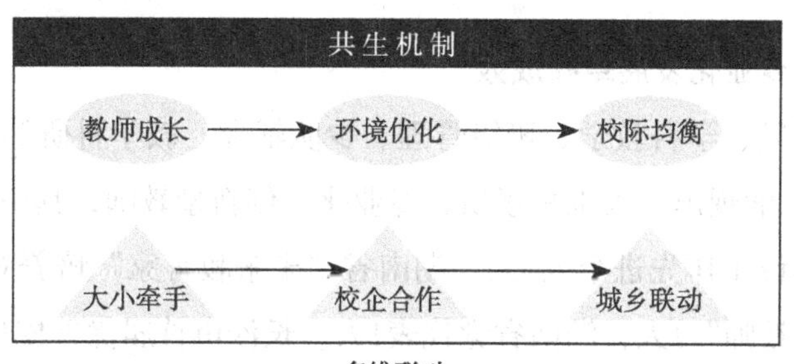

图1-6　共生机制示意图

四、成果的实践过程及效果

（一）实践过程

本成果可复制、可推广，按照“校内通行—校际同行—区域推行”过程开展实践：

1. 校内通行

采取成果展示、教师培训、师徒结对等形式，内化“四共一体”共享教育理念，并外化为全校师生的行动自觉。

2. 校际同行

依托智慧教育联盟、网络联校、名校长工作室成员校等，促进形成新晃等芙蓉学校“上联名校、下联村小”的共享模式。

3. 区域推行

以区域为单位，通过中国小学校长大会、湖湘教育家大讲堂、芒果TV校长说、“国培计划”等，促进共享教育更大范围地推广。

（二）实践效果

1. 学生的个性化发展成效显著

共享教育推动着学校教育教学改革，促进了学生的个性化成长。学生综合素养显著提升，2016年以来获诗词、书法、篮球、科创、英语等各类省级以上奖励283人次，涌现出一大批优秀典型，其中6名学生获评全国优秀少先队员等称号，3个班级获评湖南省“雷锋式中队”，1名学生获全国第二届“青春国学荟”国学达人挑战赛小学组亚军，3名学生入选第二季《中国诗词大会》百人团。

2. 教师的专业化发展卓有成效

在师德师风、学科教学、班级管理、少队辅导、教学科研等方面获省级以上奖励123项，涌现出一大批高素质、专业化、创新型教师，其中，全国未成年人思想道德建设工作先进个人1人，湖南省“未来教育家”培养对象2人，湖南省“青年精英教师”1人，湖南省党代表1人，长沙市首届优秀校长1人，市区级骨干教师6人，市级名校长工作室1个，区级名师工作室3个。先后主持全国教育科学“十三五”规划教育部重点课题“共享发展理念下中部地区乡村‘精准扶教’研究”、全国教育信息技术研究课题“小学名校SPOC课程创生与应用研究”、湖南省教育信息技术研究课题“以双师课堂实现优质教师资源共享的实践研究”等课题，发表教研教改论文75篇。

3. 学校的特色化发展成绩斐然

秉承“共享共生，成人达己”的共享教育理念，育英学校“共享教育”的特色得到进一步彰显，办学成果显著，先后获得“全国文明校园”等省级以上荣誉称号21项，入选首批长沙市未来学校创建校。共建共享经验获得中央教育工作领导小组的肯定性批示。省长毛伟明、教育部副部长郑富芝、省委副书记乌兰、副省长吴桂英和朱忠明、省教育厅厅长蒋昌忠等领导先后来校调研考察学校的共享教育实践。目前，学校已开发线上名师语文、数学、美术、音乐等学科课程365节，双师课堂教学实践课例视频25节，其他双师课堂资源450节，开展“双师共享课堂”“联校直播课堂”等实践近千次；“共享教育在行动”案例在教育部主办的“第三届全国基础教育信息化应用展示交流活动”中获得展出，“双师共享课堂”入选湖南省教育信息化优秀案例，“网络联校课堂展示课”亮相全省芙蓉学校建设工作座谈会，“助人达己，双师课堂助推教育精准扶贫”案例获省教育厅教育信息化优秀典型案例成果奖，“以双师课堂实现优质教师资源共享的实践研究”案例获评长沙市一等奖，“书道习得——《习近平用典》师生书法作品主题教育活动”荣获湖南省中小学德育工作优秀案例，并被《人民日报》宣传报道，“共享共生，成人达己”的共享教育理念得到省内外教育界的广泛赞誉。

4. 学校的区域影响力持续提升

共享教育理念和实践模式的辐射、示范效应逐步凸显，其影响力不断提升，在促进区域教育均衡发展方面起到了重要的作用。育英学校先后与长沙浏阳、怀化溆浦、怀化新晃、永州宁远等地20余所薄弱学校，通过湖南电信IPTV教育频道开展了“双师课堂”实践，线上名师（育英学校老师）与线下乡村教师，共享课程资源、共生课堂教学；设计开发的三点半课程广泛应用于长沙市各地区40余所小学的课后服务，2万余名小学生使用该课程，极大地提升了学生适应时代需要的综合素养；“共享发展理念下中部地区乡村‘精准扶教’”研究成果被CCTV《新闻联播》报道，提出的共享教育模式在社会各界反响甚好，先后被《人民日报》、《光明日报》、湖南卫视、红网等权威媒体报道27次；基于共享教育理念形成的双师课堂、网络联校、网络教研、智慧校园等成果，吸引了来自广东肇庆市、张家界、石门县、衡阳市、武冈市、常德市、溆浦县、麻阳县、浏阳市等地近千所兄弟学校参观学习；新晃侗族芙蓉学校等13所共建学校办学质量显著提升，成为全省“芙蓉学校”的标杆；共享教育实践成果在全国性会议展示交流5次，举办省级以上专题研讨会3次。

五、成果特色与创新点

（一）特色

1. 构建“技术驱动”的学校内生发展路径

以智慧校园为支撑，实现技术驱动学校变革，创造性开展“智慧课堂”“双师课堂”“课后服务课堂”等共享教育实践，有效激活了学校教师专业发展的内生动力，走出一条技术“外在赋知、深度赋能、内在赋情”的学校内生发展路径。

2. 形成“校际联动”的学校协同成长机制

以育英学校为母体，依托芙蓉学校、网络联校、名校长工作室等项目，打造校际协同发展共同体，通过学校教育空间、基础教育名师、优质课程资源的共享，实现“名校联名校、名校联村小”的协同成长机制。

（二）创新点

1. 首创共享教育“四共一体”概念框架

本成果提出“共享共生，成人达己”的共享教育理念，共建互联互通的共享教育空间，共创多源异构的课程资源，共研多元交互的课堂教学，共生多维联动的发展机制，首创“共建空间—共创资源—共研课堂—共生机制”四共一体共享教育理论，丰富了基础教育现代化理论体系。

2. 开创未来学校“共建共享”实践路径

在教育部学校规划建设发展中心2017年启动“未来学校研究与实验计划”的背景下，全国各地纷纷开展未来学校的实践探索。育英学校作为长沙市首批未来学校创建校，打破线性办学思维，开创“B（企业）—U（大学）—S（小学）”多方联动的未来学校共建共享实践路径。

六、展望与反思

（一）关于共享教育理论的系统研究有待加强

本成果已提出“共享教育”的观点，并对共享教育理念下智慧校园建设、教育教学改革、教育均衡发展等问题进行了较多探索，还需要在实践成果基础上凝练更系统的理论成果，进一步提高学术影响力。

（二）基于共享教育的现代学校治理亟待探索

本成果对基于共享教育理念的环境建设、教师专业发展、课堂教学模式改革的探索较多，而对共享教育理念下学校与政府、企业、社会之间的协同以及学校管理、评价改革等问题还亟待进一步研究和探索。

（三）共享教育理念下课程体系建设亟须完善

本成果以校本课程的形式已开发系列共享课程，特别是“共享校园”《共享系列课程》，但还需进一步优化学校基础课与校本《共享系列课程》的关系，细化校本《共享系列课程》脉络体系，增强其整体性、一致性和发展性。

（该成果获湖南省第五届基础教育成果二等奖）

以双师课堂实现优质教师资源共享的实践研究

一、引言

教育公平问题直接关系到社会公平的实现和国家的长治久安，教育资源配置直接关系到教育公平的实现，教师资源更是教育资源配置的核心。优质教育资源地域分布不均是当前我国教育发展的客观现实，教师资源配置失衡更加明显，优质教师集中在城市地区，农村地区优质教师资源缺乏，甚至在一些村小一个老师需身兼多职，严重影响了教学效果的提升。2018年中共中央办公厅、国务院办公厅印发的《加快推进教育现代化实施方案（2018—2022年）》中明确提出要全面加强新时代教师队伍建设，补强薄弱地区教师短板，深入实施乡村教师支持计划。虽然近年来国家通过轮岗支教、特岗教师、免费师范生等方式加大对农村教师资源的投入，在一定程度上缓解了农村教师资源缺乏问题，但是由于经济二元化带来的城乡生活便利差异等原因，教师资源流动存在明显的马太效应，优秀教师资源不断从农村等教育资源薄弱地区向教育资源丰富的城市地区转移，导致农村学校的优质教师资源不足的问题难以从根本上得到解决，对教育公平的实现产生了很大的影响。

信息技术对教育公平是一把双刃剑，既可能因为数字鸿沟而增大城乡教育差异，也可能利用网络共享促进城乡教育资源的优化配置。《国家中长期教育改革和发展规划纲要（2010—2020年）》提出：信息技术对教育发展具有革命性影响，必须予以高度重视；《教育信息化十年发展规划（2011—2020年）》第四章更明确提出：（利用信息技术）缩小基础教育数字鸿沟，促进优质教育资源共享。研究者积极探索以信息技术来解决优质教师资源配置不均的问题，通过网络同步课堂实现优质教师资源城乡共享就是其中的一个重要尝试，并取得了一定的成果。作为首批国家级现代教育技术实验学校，长沙市芙蓉区育英学校凭借自己悠久的办学历史、先进的办学理念和优质的教师资源，以共享优质教师资源的理念为指导，与湖南电信IPTV频道合作，充分发挥湖南电信光纤网络普及的优势，创新性将线上教师和线下教师相结合，开展双师课堂研究项目，发挥名校名师的价值和作用，为实现优质教师资源城乡共享，提升农村基础教育质量提供了一个很好的思路。

二、基于网络的教师资源共享模式探索

随着中小学校园网络的普及和网络带宽的不断增加，有学者提出采用“同步互动混合课堂”的方式来解决教师资源配置不均的问题；基于网络的同步或异步教学模式，利用网络实现城乡互联，促进优质教育教学资源共享。赵建华总结的广东省以信息化促进义务教育均衡发展过程中所形成的成果和经验包括了同步课堂；熊才平提出基于网络同步课堂的“多终端同步视频互动”网络教学新模式；王继新在实践的基础上形成了“咸安模式”“恩施模式”等具有区域教育特色的教育发展模式；黄涛设计了同步互动混合课堂和同步互动专递课堂两种教学结构。

研究者们对基于网络的教师资源共享效果进行了分析。杨俊锋研究发现，利用混合同步网络课堂后薄弱学校学生的成绩有了较大幅度的提升，且近远两端的学生对混合同步网络课堂的感知差异不大；谢舒潇研究认为，多校区同步翻转课堂能够突破地域限制，有效解决多校区同时授课和资源共享等问题；周玉霞研究发现，同步直播课堂在解决微观层次的教育均衡问题方面有明显的效果；汪学均研究表明同步班级和主播班级的学生以及主讲教师都获得了较好的教学体验，视频互动同步课堂有益于同步班级学生的学习。在基于网络的教师资源共享效果的影响因素上，朱万侠认为农村薄弱校教师对“同步互动混合课堂”具有较高的接受度；卢强发现，自我效能感、系统实用性、技术支持、激励机制等因素对农村教师采纳和应用同步课堂有着积极和显著的正向影响。

从相关研究来看，基于网络的教师资源共享主要有异步课堂、单向同步课堂和双向同步课堂等基本形式。课堂内师问生答、师讲生问、生讲师评、生问生答等师生互动教学形式，是教学有效性的有力保证，最有效的教学活动是师

生之间的双向互动。在利用网络促进教师资源共享的过程中，师生之间的双向互动依然非常重要。虽然利用网络双向同步课堂可以实现异地师生之间的双向互动，但却存在资源优势学校能够对口帮扶的学校数量有限，设备投资和维护的成本过大等问题，限制了该模式的推广；单向网络同步课堂和网络异步课堂对设备的要求更低，也易于大范围推广，但是师生之间缺少双向互动，教师不能根据学生的反应调节自己的教学活动，违背了课堂教学的基本原则。同时，在上述相关模式中，资源薄弱学校的教师是否仅仅作为一个辅助管理者，进行课堂教学秩序的管理与维护，课程作业的监督与批改，以及教学活动与工作的协调工作？对于资源薄弱学校中教师地位和作用的定位上缺乏深入思考，可能会进一步降低资源薄弱学校教师的认同感与责任感，阻碍这些教师的专业发展，并进而加大城乡教师资源差异。鉴于上述问题，长沙市芙蓉区育英学校基于共享教育的理念，与湖南电信IPTV频道合作设计并开发了“双师课堂”教师资源共享模式，通过线上教师与线下教师相结合的方式，为解决农村学校优质教师资源不足问题提出新的方案。

三、“双师课堂”网络教师资源共享模式

（一）双师课堂的基本概念

所谓的“双师课堂”是指线上线下两个老师合作完成教学工作。线上教师通常是教育资源丰富的城市学校优秀教师，线下教师是教育资源匮乏的农村地区普通教师。与线下教师相比，线上教师在教学内容重难点把握、教学方法和策略的运用上具有更加丰富的经验，教学过程更加精彩，教学效果更好；但是由于与学习者不在同一个时空中，线上教师无法观察到学生的听课反应，更无法根据学生的反应采取针对性的干预活动，难以形成有效的师生互动。由于学校资源限制，线下教师通常在职称、学历上处于弱势地位，教学内容重难点的把握、教学方法和策略运用等经验更加缺乏，教学效果难以满足教学需要，甚至有教师自己对教学内容都不甚了解，无法有效完成课程教学任务；但是线下教师与学习者处于同一个时空中，可以方便地与学习者进行互动交流。

基于教育线上教师和线下教师优势和不足的互补性，在实践过程中我们探讨建立了“双师课堂”网络教师资源共享模式，通过信息技术将线上优质教师

资源和线下本地教师资源相结合，优化优质教师资源配置，弥补农村地区的优质教师资源缺乏的问题。在具体实施过程中，线上教师充分发挥自己的学科知识与实践知识优势拍摄教学微视频，将每节课的内容从40分钟缩减在10到15分钟内讲完，并且在需要进行互动的位置进行留白。线下教师对于自己难以讲好讲清的内容，通过播放教学视频方式进行知识点的讲授，并在微视频留白处与学生进行教学互动。线上教师和线下教师相结合，形成完整课堂教学活动。

（二）双师课堂实施过程

在双师课堂具体实施过程中，线上教师、线下教师和线下学生通过各自的行为来完成课程教学活动，并最终形成完整的教学过程。如图1–7所示，线上教师、线下教师和线下学生都有自己的行为，线上教师与线下教师，线下教师与线下学生之间存在一定的互动过程，其中虚线表示这种互动（或信息流）并不是一种必然会发生的互动，实线表示这种互动是一种必然会发生的互动。

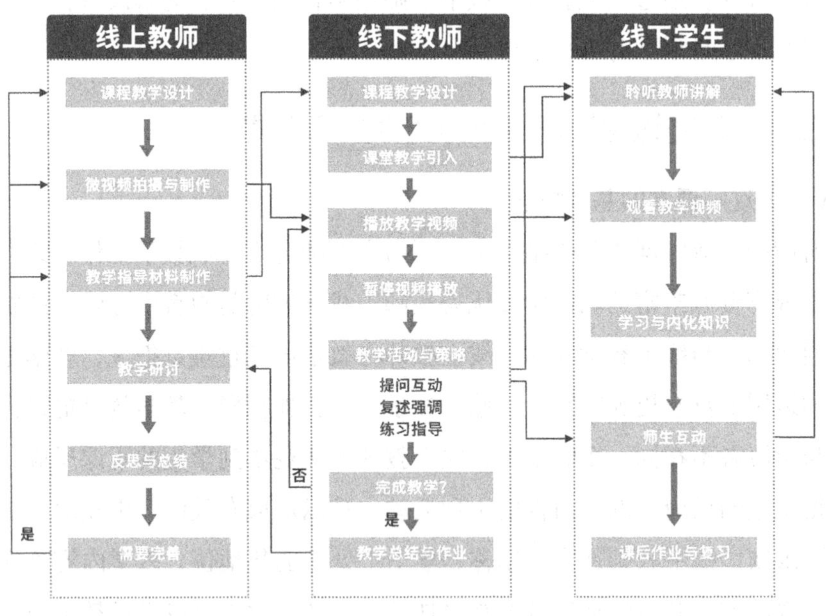

图1–7 双师课堂教学实施流程

线上教师负责线上课程材料的准备和制作，并可与线下教师进行交流研讨，对相关材料进行修订或重编。线上教师可以充分利用自己在学科教学中所积累的经验，对网上课程材料进行教学设计，并在专业人员的帮助下拍摄教学微视频。在教学设计和微视频拍摄的过程中，线上教师需要结合课堂教学的需要，将与学生之间的交互与练习等内容通过留白的方式进行预留。线上教师和教育资源提供平台可以通过组织线下示范课、教学专题研讨活动等方式对线下教师进行双师课堂教学技能和方法培训，同时也为线上、线下教师提供交流与讨论的机会。完成微视频拍摄后，线上教师还需要编写教学指导材料，为线下教师的课堂教学活动提供参考和建议；编写教学辅助材料与配套练习，供线下教师选用。线上教师可以通过线下专题研讨会、教师网络教研平台等课程反馈通道，与线下教师进行交流与研讨，反思自己的微视频和教学指导材料、教学辅助材料中所存在的问题，并根据需要从教学设计开始修订或重新制作微视频、教学指导材料与教学辅助材料等相关材料。

线下教师负责课程教学活动的具体实施。在双师课堂教学活动实施之前，线下教师可以依据线上教师编写的教学指导材料进行课堂教学设计，设计自己的教学活动。在教学过程中，线下教师可以通过播放微视频，也可以通过自己的讲授进行课堂导入。在进行知识点教学过程中，线下教师可以把难以讲清的内容交给线上教师，通过播放微视频的方式来进行内容教学。在微视频将一部分内容讲完后的留白中，线下教师可以暂停微视频播放，通过提问互动、复述强调、练习指导等方式进行师生与生生之间的双向互动活动。双向互动完成后，线下教师可以根据教学进度和实际情况进行下一阶段的教学活动，通过不断重复上述过程完成整堂课教学工作。除了完成课堂教学活动外，线下教师还可以通过参加线下示范和培训活动、线上培训等方式提高自己利用双师课堂进行教学的技能，还可以通过教学研讨活动和线上反馈通道对相关资源和材料发表自己的观点，提出自己的需求、意见和建议。

线下学生只需如同其他地区的学生一样参加课堂教学活动即可。在教学过程中，线下学生可以观看线上教师的讲授，参与线下教师的互动活动，完成知识的掌握和内化。在课外，如果学生教学内容学习不太熟练，还可以在家中下载相关教学资源进行复习和巩固。这样，不需要较大的投入，教育资源匮乏地区的学生也可以享受到教育资源丰富地区的优质教师资源。

四、双师课堂中的信息传播与优势分析

（一）双师课堂的信息传播过程

从信息传播的角度来看，课程标准、教材和其他教学参考资料是教学系统的重要外部信息来源，无论是线上教师还是线下教师，都需要参考这些材料；对于线下学生，教材和其他学习参考资料也是他们学习的重要信息来源。如图1-8所示，在课程标准和教材的指引下，结合其他教学参考资料，线上教师基于自己的学科知识、实践知识和教学风格等，制作教学微视频和教学指导材料。线上教师通过教学指导材料将自己的教学设计相关信息传递给线下教师，通过微视频将课程主要内容和相关知识点传递给线下教师和线下学生。微视频不仅可以供线下教师上课时使用，线下学生如果想再听教师教学内容，或者对某个知识点掌握不好，也可以自己去点播微视频进行学习。在课堂教学的过程中，线下教师和线下学生可以通过课堂活动进行交互，形成双向信息交流过程，线下教师可以根据学生听课情况采用不同干预行为，也可以向学生提问或回答线下学生的问题，完成课堂互动过程。在双师课堂的信息传播过程中，有些信息传递过程是一个弱过程，例如线下老师可能不会查看线上老师制订的教学指导材料，也可能不会对线上老师进行反馈；线上教师、线下教师和线下学生可能不采用其他教学参考材料；等等。

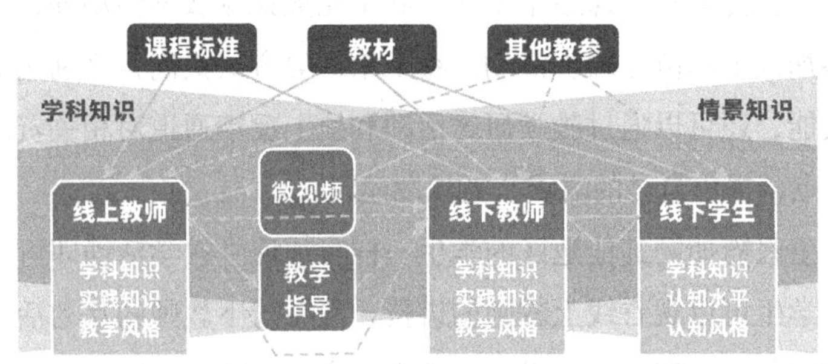

图1-8　双师课堂中的信息传播过程

从学科知识信息量的大小来看，线上教师、线下教师和线下学生之间是一个梯度递减的过程。线上教师在学科知识和实践知识上具有较大的优势，但是在微视频拍摄的过程中，部分知识和技能难以表现出来；与线下教师相比，微

视频在学科知识上具有更大的优势，所以线下老师才需要利用双师课堂中的微视频来辅助自己进行教学。学生需要从线下教师和微视频中进行知识的学习，所拥有的学科知识最少。从学科知识流动角度来看，双师课堂教学是学科知识从信息高原向信息低谷扩散的过程。

从情境性知识信息量的角度来看，线上教师、线下教师之间是一个梯度递增的过程。课堂教学中的情境性知识与学习者的状态密切相关，线上教师对双师课堂中的学生情况不了解，只能依据一般性学习者情况进行分析和教学设计；线下教师更熟悉线下学生，具有更加丰富的情境性知识，能够依据学生的反应进行教学互动与干预活动。从情境性知识强度来看，双师课堂是一个情景知识不断丰富加强的过程。

（二）双师课堂教学优势分析

我们认为传统课堂教学是最有效的教学组织形式，师讲生听、师问生答、生问师答、生讲师评是最有效的课堂教学策略。但是由于农村等教育资源匮乏地区缺少相关的教师资源，许多教师无法完成相关课程教学任务，网络与通信技术成为共享优质教师资源、解决农村地区教师资源不足问题的首要方案。在网络同步课堂中，授课教师将完成图1-8中线上教师和线下教师的所有工作，其信息流动过程不仅包含了由教师（信息源）流向学生（信宿）的信息传播过程，更是包含了由学生流向教师的反馈与互动过程，可以取得类似于传统课堂的教学效果，但是单个教师能够对口帮扶的教学点有限，对时间、设备和网络具有更加严格的要求。受设备与环境的限制，更多的学校采用了异步课堂或单向同步课堂的方式来进行教师资源共享，信息传播是一个由线上教师（信息源）流向学生（信宿）的单向流动过程，线上教师无法接收学生的反馈与互动信息，无法根据学生的反应调节自己的教学行为，教学过程必然会走向违反教学规律的灌输行为，必然会导致教学效果的降低。同时在这种模式中，线下教师的作用得不到彰显，甚至有研究者提出线下教师可以不承担具体的知识讲授任务，只承担异地课堂的组织、管理与协调等辅助性工作。双师课堂的提出，不仅解决了上述问题，更具有以下优势：

从共同经验角度来看，双师课堂更有利于教育效果的实现。与通过网络直播课堂教学相比，线下教师与线下学生通过长期的互动过程形成更大的共同经验，线下教师能够结合线上教师的教学内容进行有针对性的讲解和交互活动。当线上教师讲述的内容超出了学习者的知识经验范围，线下学生对线上教师讲授的内容无法理解时，线下教师可以承担线上教师和线下学生之间沟通的转译器功能，利用自己的经验形成对相关知识的理解与阐释，然后讲述给线下学生，帮助学生理解知识完成学习。

从信息传播的双向互动性来看，双师课堂更有利于教学活动的进行。有效的教育传播都是双向的，师生面对面的教学是最有效的教学方式。利于基于视频点播或直播的方式虽然可以让教师完成全部课程教学任务，但是却缺少了师生之间的有效互动，教师也无法在教学的过程中依据学生的反应和反馈进行教学活动的调节，教学活动无法贴合学习者的需要，其实质是学习者对着视频自学的过程。基于双师课堂，线下教师可以在线上教师的讲授活动中穿插师生互动活动，在教学过程中可以采用讲解、重播、讨论等干预措施帮助学习者更好地进行知识理解，克服异步教学和单向同步教学所存在的交互不足的问题。

从模式实施过程来看，“双师课堂”教学模式推广过程更加简单快捷。双师课堂是由电信企业发动，电信企业在现有服务平台上开设专门频道提供资源点播服务，技术要求不高；教育资源优势学校参与，组织教师进行教学设计，拍摄相关的课程资源并提供给电信企业，实现教师资源服务的共享；资源劣势学校享受相关服务，整个项目实施是一个市场行为。资源薄弱学校不需要与资源优势学校签署相关协议，也不需要进行行政审批，只需要租用电信部门的宽带服务并按照协议每月支付很少的宽带服务费，就可以充分利用网络中的所有教育信息资源。政府教育主管部门不需要进行相关投入，只需要从宏观上进行指导就可以。

五、双师课堂应用效果分析

湖南省是全国教育信息化2.0首批试点省份，长沙市是教育信息化2.0试点城市，而长沙市芙蓉区育英学校是教育信息化试点挂牌学校。学校建设有长沙市名校长工作室，在基础教育信息化方面取得了很好的成绩。秉承学校“共学、共享、共赢”理念，育英学校与湖南电信集团合作，由湖南电信IPTV频道提供技术支持，育英学校提供教学资源，合作开发双师课堂教学资源，并积极推动双师课堂在湖南省的应用和推广。农村地区的学校只要向湖南电信租用一个机顶盒，并按月支付网络使用费用即可充分享用IPTV中的相关优质教育资源。自2017年项目成立以来，育英学校抽调了10名骨干教师参与到教育资源的设计与开发过程当中，已经建成4个学科的300堂课程。在开发课程的同时，育英学校与湖南电信IPTV一起组织线下交流实验与研讨活动6次，组织网上培训与送交互动4次，推动双师教学模式在湖南省边远地区小学中的推广与应用。据湖南电信IPTV频道统计，截至2019年3月30日，湖南省共有16万多个端点用户使用了IPTV教育频道中所制作的教学资源，教学资源日点击率达1万多人次，为湖南边远地区少教问题做出了卓越的贡献。

通过线上和线下的访谈活动，线下教师对双师课堂教学模式给予了极高的评价。他们认为育英学校双师课堂项目打破了城乡教育资源分布不均和地域的限制，将名师名课资源通过IPTV平台教育分享平台，实现了线上和线下教学相互补充的现代化教学新模式，给山区中小学校和寒门学子送去优质的同步教育资源，让山区学校的老师在自己的学校能同步享有名师的教学资源，为扶贫助学事业贡献了力量。

六、总结与反思

双师课堂是芙蓉区育英学校在利用信息技术共享优质教育资源上的一个有益尝试，是与湖南电信IPTV通力合作的结果。双师课堂以精准教育扶贫为目的，发挥名校名师的价值和作用，实现优质教育资源的分布均衡，助力学生学习和成长。育英学校共享课堂模式实现了“用一所学校去影响另一所学校”的目的。如何将这个经验在更大范围内进行推广和应用，将是我们下一步工作需要考虑的内容。

（该成果发表于《中国教育信息化》2020年第5期）

共享教育在行动

——助人达已，“双师课堂”推进教育精准扶贫

面对边远地区因师资匮乏而难以开齐开足课程的问题，长沙市芙蓉区育英学校提出“双师课堂”教学形态，实现教育精准扶贫。“双师课堂”是一种可跨校大规模扩张的，实现不同教师、不同学生在教学理念、教学方式和教学行为等方面共享的创新教学形态，整个教学过程分共案、共构和共生三个阶段，实现了育英学校名师与边远山区教师精准对接，达到“扶智即扶贫”的教育目的。长沙市芙蓉区育英学校近年来依托信息技术手段，将名师名课资源通过IPTV平台、互联网、手机多种渠道推送至远端课堂，打造立体化020教育分享平台，在花垣县、宁远县、安化县和溆浦县等地区深度地开展了“双师课堂”探索，力求创新现代化教学新模式，实现城乡优质教育资源一体化，让孩子们共享同一片“知识蓝天”。

一、主要面临的问题

（一）教育资源不均衡的忧思

育英学校是首批国家级现代教育技术实验学校，国家外语实验学校，是湖南省对外交流的窗口学校之一。学校先后被授予“全国儿童工作先进单位”“全国现代教育技术实验学校”“湖南省教育先进集体”等数项国家、省市级荣誉，在获得大量的社会认可和社会资源的同时，盲英学校也在思考如何能反哺社会，如何能对本地教育资源不均衡的现状做出自己的贡献？解决边远地区“缺师少教”和农村教师成长问题，是我们思考的问题。

（二）教育“老兵”的新问题

尽管育英学校在基础教育的办学声誉、办学质量上成为长沙乃至湖南响当当的排头。但近年来，随着教师平均年龄的增长，个人专业发展已进入成熟期，同时也陷入了一种成长的瓶颈状态，这种职业倦怠同样在部分名师身上发生，他们失去了教育目标，也很难接受正在日新月异的教育技术。如何调动育英老师的积极性？如何发挥育英教师的示范价值和引领作用？如何为老师们寻找新的职业生长点？这些都成为学校有待解决的问题。

二、解决问题的主要方法

随着湖南省大力推进教育信息化工作的步伐，专递课堂、同步课堂、网络联校等实践探索成为本省教育新常态。我们惊喜地发现，以“双师课堂”为代表的信息化教育理念能同时解决我们面临的两种问题：一方面帮助教育精准扶贫和城乡教育一体化，另一方面，这一过程也能促进本校教师提升信息化教学水平的发展，实现共同成长。

（一）育英版双师思路流程

所谓“双师”，是指线上（IPTV教育频道）有一个老师，线下也有一个老师，两个老师相互配合，共同完成一堂课。线上的老师对整堂课进行设计，做好留白，从备课的角度来录制一堂“微缩型”教学视频，线下的老师根据学生的情况，播放视频，设置不同的互动环节，补充延伸的知识点。线上老师是预设，线下老师是生成，两位老师各司其职，线上线下各有任务，他们将这种“名师授课”与“实时辅导”完美结合的高效学习模式称为双师课堂。

育英学校近年来依托信息技术手段，将本校名师名资源通过IPTV平台、互联网、手机等多种渠道推送至远端课堂，在花垣县、宁远县、安化县和溆浦县等地区深度地开展了“双师课堂”探索，形成了一套有效的双师课堂流程。

从整体看，育英老师课前录制一堂精微的知识教学视频，并上传至IPTV教育平台，并留下课中空白部分；远端老师在现实课堂中带着学生边看边互动交流、讨论和解决问题，这种课堂动态地示范了育英教师与边远山区教师进行教育精准扶贫的过程，而不是录制教学片段让教师直接播放，或者简单的资源应用和共享。这种课堂是一种跨校，不同教师、不同学生的共享，重点是育英名师教学理念、教学方式和教学行为的无私共享，让育英名师和远端教师“合二为一”共同成长的过程。

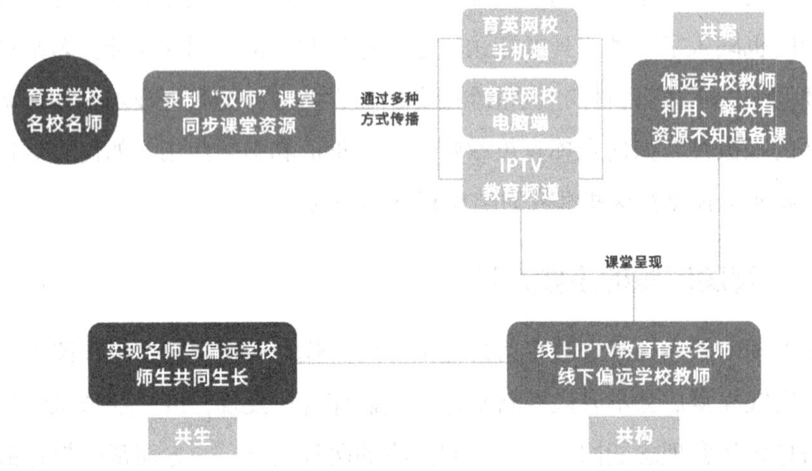

图1-9　双师课堂流程

（二）案例驱动共同成长

2017年6月19日，在长沙市芙蓉区名校育英小学开展了双师课堂观摩研讨会。会上，来自花垣县、宁远县、安化县和溆浦县的18名乡村老师，现场观摩和学习了语文双师教学示范课“端午粽”，让边远地区教师受益匪浅。11月21日，在全省第二届湖湘教育家论坛上，育英名师又呈现了一堂“大禹治水”双师课堂案例课，获与会代表一致好评。

从“大禹治水”这一具体案例看，整个教学过程分共案、共构和共生三个阶段。首先，育英教师与边远地区老师共享教学设计方案和教学视频，告诉他们设计思路与意图，如：生字教学中情景化识字、字理字源解析、字的笔顺笔画规范书写等识字教学，默读、齐读、轮读等多种方式的文本阅读，这是课前的“共案”；其次，课堂中除了讲授视频，为边远地区老师和本地学生巧妙地设计了互动交流的空间，这是课中的“共构”；最终，理想状态是名校名师与边远薄弱学校教师共同生长，边远山区小孩受到育英学校小孩同样优质的教育，这是“共生”。

育英学校与对接学校的联系中，这样的一个个生动案例汇聚成方法、流程和经验，帮助了跨校之间的教育均衡，实现了教育资源的共享。

三、成效和经验

目前，双师课堂试点学校有湘西花垣2所学校，益阳安化1所，永州安化3所，共6所试点学校在用，已录制线上课程300余节，主要课程覆盖有小学语文字词讲解、课文解读、课外拓展，小学数学知识趣味讲解、课后习题讲解，小学英语词汇学习、课文解读，小学美术水墨画等。“双师课堂”作为一种理想的教育精准扶贫形式已逐渐深入人心，是教育不充分、不平衡问题得到有效解决的重要途径。

育英的相关实践在成长过程中得到了社会的认可和称赞，先后引发了近20家电视及网络媒体进行了报道，如：湖南经视、湖南卫视、湖南公共、花垣县广播电视台、益阳市广播电视台、永州市广播电视台相关电视台跟踪报道，大湘网、华声在线、红网等文字报道，被评价为“创新现代化教学新模式，实现城乡优质教育资源一体化”。

四、专家点评

湖南省为响应“教学点优质资源全覆盖”的号召，近年重点在“网络联校”和“双师课堂”领域进行了大量的探索。长沙市育英学校就是其中的典型代表和率先探索者，该校在满足本校教学的同时，还远程为湘西州、安化县等地的学校和教学点服务，有效地改善了偏远地区师资力量薄弱的现况，使民众能切实体验到教育信息化带来的实际好处。对于该校而言，在“双师课堂”的实施过程中，也能极大地提升本校教师的信息化水平和素养，拓展教师在新时代条件下远程教学能力，有效地实现了本校师生与偏远地区师生共同成长的价值，促进了教育资源均衡的目标。

（该成果在“第三届全国基础信息化应用展示交流活动”中进行了交流展示、收编于《湖南省教育信息化优秀典型案例成果集》）

基于新一代信息技术的智慧校园建设

——长沙育英学校“智慧共享校园”建设案例

一、基本情况

长沙市芙蓉区育英学校创办于1950年，原系湖南省军区干部子弟学校，现学校共有1515名学生，32个教学班。学校先后被授“全国文明校园”“全国体育工作示范学校”“全国青少年校园篮球特色学校”“湖南省先进基层党组织”“湖南省优秀篮球学校”“长沙市未来学校创建校”等荣誉称号。育英学校是长沙网络联校项目主校、湖南省教育厅“智慧教育实践与探究”“芙蓉网络联校”教育信息化专项试点学校。学校自2016年开始，一直致力于用互联网的共享思维，推动共享教育理念的改革与发展。2019年，育英学校携手湖南新云网科技有限公司，以荣获国家自然科学奖一等奖的“透明计算”技术为核心，融合互联网、物联网、大数据、云计算等前沿科技技术，进行了教育信息化2.0的升级建设。构建涵盖当前优质精品教育资源、精品课程资源、融合互动教学、学习空间、教育管理、学习评估大数据分析等一体化解决方案，为师生构筑了全新的智慧校园新体验，走上教师智慧式教学、学生个性化学习、学校科学化管理的教育新征程。

二、主要做法

（一）用“互联网+”共享思维赋能办学文化

共享的校园必须依托于互联网、物联网、人工智能、大数据、虚拟现实等新兴技术，育英学校用“互联网+教育”的共享理念，将共享的核心立足于成人成己的全面发展上，使每一个师生在共同分享中体验生命的自由与幸福。依据“育英”办学传承，整体规划了学校培养目标及课程体系，形成具有育英特色的课程谱系。

借助新一代信息技术赋能，实现人、物、知识、数据、信息、智慧的开放共享，育英学校以培养目标、文化立校、特色办学、课堂变革、课程开发、基础建设六个部分，汇聚学校、家庭、社区等各方力量共同参与学校治理，开发与建设丰富多彩的课程，服务于每个孩子的个性化发展，实现因材施教。

（二）打破教育边界，构建智慧校园服务平台

育英学校通过引进湖南新云网科技有限公司自主创新研发的全套智慧校园解决方案，打造集综合化、智能化、便捷性于一体的智慧校园服务平台。

1. 一个门户提质教学课程

以育英网校为门户，整合智慧校园应用，搭建学校课程体系，共建共享优质课程资源。构建自然科学、身心健康、儿童艺术、思维方法、工程技术、社会交往、生活创意、语言文化八大板块课程。形成“连贯一体”的“跨学科课程群”，突出学校办学特色。

2. 两个平台提升智慧校园管理

将信息化管理手段应用于校园教育教学活动管理的各个方面，打通与长沙市在线学习中心的数据链接，统一教育管理公共服务平台和教育资源公共服务平台；实现校园内智慧办公、安全预警、家校互动、学生评价、教育资源、特色课程等系统的互联互通。

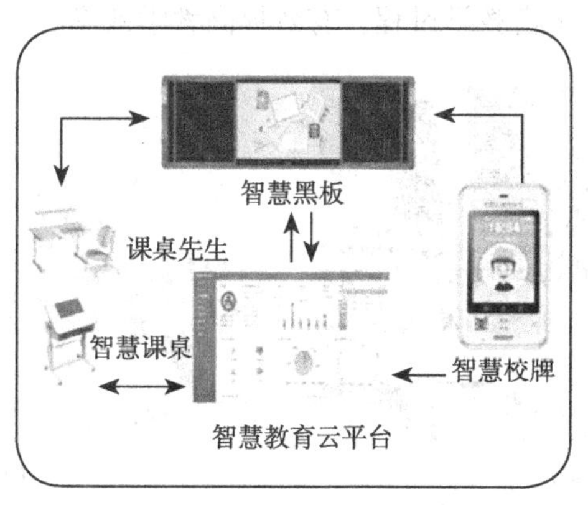

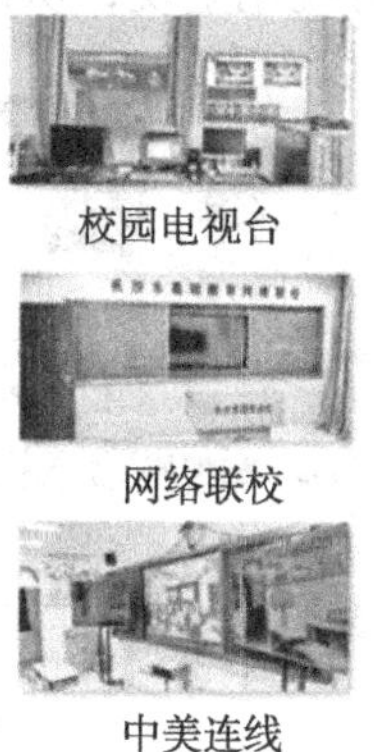

图1-10　智慧校园服务平台

（三）依托智能终端产品，打造高效智慧课堂

育英学校依托新云网自主研发的智慧校牌、智慧黑板、智慧课桌、智能家教学习桌（课桌先生）等几十种智能终端产品，将学习环境场景化、学习过程数字化，让传统的教学方式发生颠覆性变革，打造了高效智慧课堂。

智慧校牌：它是连接学校、老师、家长之间的桥梁，具备传统一卡通的功能，如身份认证、消费、图书借阅等，还能实现定位、课堂互动、自主学习、通话等信息化功能。它是建设智慧共享校园的一种不可或缺的物联网终端设备，能为校园安全、教育教学、家校共育提供有力的数据支撑与服务。

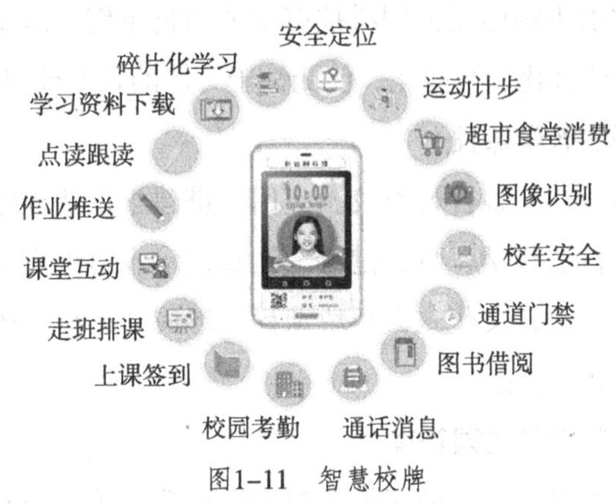

图1-11　智慧校牌

智慧黑板：包含现代化设备智能交互一体机和先进的软件技术，并兼顾大部分老师使用黑板板书的习惯。上课过程中，老师既能使用智慧黑板进行课件PPT授课、音视频资源展示，也能使用内嵌的教学工具将抽象内容与重难点内容可视化呈现，从而丰富教学过程，有效提高教学效率。

（a）

（b）

图1-12　智慧黑板

智慧课桌：学生用智慧课桌可以在课堂中与老师课堂互动、接收资料，如互动答题、屏幕互动、抢答投票、接收老师发布的附件材料、板书资料等，还可以自主学习，在课前课后使用智慧课桌记笔记、温习课件资料、课前导学、完成家庭作业。借助丰富的智能终端产品，使信息化教学贯穿课前、课中、课后全过程，实现了教师教学方式和学生学习兴趣的无缝对接，让“连接”与“分享”贯穿整个课堂，大大提高了课堂教学效率。尤其是智能化课堂评测能实时出卷、实时统分，通过实时小测的方式，教师可以在课堂上对学生的预习情况、上课的学习效果实时评测，老师依据这些数据实现有针对性的备课、授课，实现精准教学，提高了老师教学效果和学生学习效率，提高整体教学质量。

（四）创新智慧家庭教育，建设家校共育生态圈

为优化家校沟通渠道，让家庭教育与学校教育紧密结合起来，育英学校携手湖南新云网，通过使用家庭版智慧课桌，在学校、家庭、学习资源之间搭建了共享教育沟通平台。家庭版智慧课桌内置四大核心体系，包括学习资源平台、优智多课堂、优智多商城与AI语音交互系统，构建了智慧家庭学习空间，孩子可以通过它独立自主学习。家长在手机APP上可以远程帮助孩子制定课桌使用时限，合理规划学习，也加强父母对孩子的了解。课桌先生无缝对接学生在校智慧课堂学习数据与在家在线学习数据，教师依据学生的整体学习数据为学生提供个性化教学，实现家庭教育与学校教育的闭环。

三、典型成效

（一）提升校园管理水平

通过建设校园管理公共服务平台，校园网络信息资源平台，使校内系统与区域数据中心的信息融合及互联互通、数据共享，校园管理流程化、数字化，有效解决校园管理中的信息更新滞后、人力资源不足、信息孤岛等问题，实现了科学决策、管控及时、服务便捷的智能化校园管理。

（二）提高课堂教学效率

通过整合各个智能终端，实现了课堂动态开放，教师与学生、学生与学生之间的沟通与交流更加立体化，能无障碍地进行即时交流，增强了学生学习的独立性、自主性。同时，运用智能终端设备内置的学习工具和应用支撑平台，实现混合式学习、翻转课堂、探究式学习、可视化学习和游戏化学习等，让课堂更加生动有趣，调动了学生学习的积极性。智能终端采集教与学基础数据并加以分析，帮助老师准确把握每个学生掌握知识的状况，使教师对每一位学生的认知度更清晰，有针对性地制定教学方案和辅导策略，实现精准教学，提高学习和工作效率，极大减轻师生负担。

（三）提质教学精准评价

新云网的智慧教育大数据分析平台，不仅可以为区域管理者、中小学校长、教师、学生和家长提供资源应用及教学行为数据分析服务，而且为教师和学生分别提供群体和个体的评价服务。育英学校通过新云网的智慧教育大数据分析平台提供的数据支持，对学生作业、测试、学案、课堂即时反馈等学习全过程行为进行数据的采集。学校管理者可以从大数据平台查看学校教学运行情况，实时监控教学质量。教师可以获得班级和学生个人的作业表现、互动反馈、课堂表现、学习效率、薄弱知识点等教学大数据分析结果，反思自己的教学实践，科学决策教学。学生可以获得个人作业练习、考试成绩、个人画像等在内的评价数据，促进学生个人反思自身学习的不足。通过大数据分析系统，从依赖于存在教师头脑中的教学经验转向依赖于对海量教学案例和行为数据的分析，靠数据说话，基于证据的教学，真正实现立体式、科学式的评价，助推学校打破传统“唯分数”的评价方式。以教师对学生的主观评价为主向学生与教师的多维度、智能化、双向化、数据化、科学化的双向评价转变，评价内容从“教育结果”向“教学过程动态表现”和“师学互评”转变，从“经验”转向“数据+经验”的精准施教转变，助力教育教学质量评价体系的建成与发展。

（四）提效家校协同共育

在传统家校沟通中教师将学生情况反馈给家长后，由于教育资源的缺乏，家长在应对学生学业辅导、学习习惯养成、品格塑造时普遍感到心有余而力不足，育英学校以新云网独创的家庭版智慧课桌为纽带，构筑了学校、家庭互动的平台。家庭版智慧课桌内置丰富的能辅导学生学习的音视频资源，充满趣味性与互动性，为孩子的家庭学习提供资源学习空间。同时，家庭版智慧课桌可与学校的智慧课桌等信息化系统多维度互通互联，使学习数据信息同步共享。一端连接学校，一端连接家庭，搭建了家校协同共育的沟通桥梁，进一步密切了家校联系，大大提高家校协同共育整体效果。

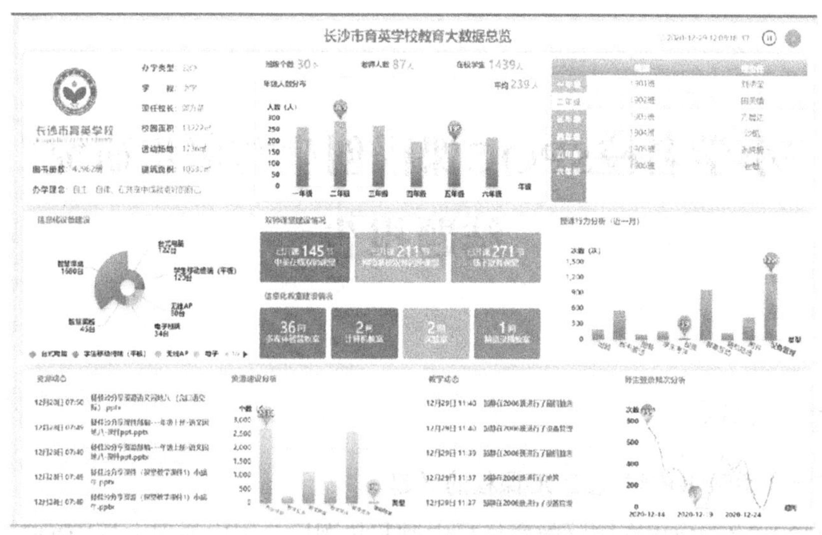

图1–13　长沙市育英学校教育大数据总览

（该成果收编于杨宗凯主编《教育新基建》第六章）

“小学名校SPOC课程创生与应用研究”结题报告

一、引言

（一）后MOOC时代SPOC课程的兴起

自2012年MOOC在国际教育格局中掀起热潮后，国内涌现大量MOOC平台，各高校陆续推出MOOC课程，然而，随着MOOC这种大规模开放式网络课程的迅速发展，其自身弊端亦逐渐显现，如教学模式相对单一、学习对象太广、针对性指导不足、课程完成率低等。由此，以弥补MOOC课程诸多问题的SPOC课程（小规模私密在线课程）迅速升温，因其“小规模”使得SPOC课程在学生学习参与度、互动性、完成率等方面有效挖掘了MOOC课程的潜能，实现MOOC与课堂教学的有机融合。因此SPOC一经提出便受到国内各大高校追捧，各高校纷纷结合自身的课程优势积极推进与建设SPOC课程，如清华大学于2013年9月在智学苑平台成功建设“大学物理”课程，浙江大学现代教育技术研究所于2014年夏季在THEOL平台开设“信息技术与教学”课程等。

（二）小学名校名师资源丰富

湖南长沙育英学校，为全国现代教育技术实验学校，也是首批国家级现代教育技术实验学校，有着悠久的办学历史、先进的办学理念、优质的教师资源，而这些正是边远地区所匮乏的。育英学校在多年的发展中形成了名师荟萃、课程资源丰富的教育品牌。学校利用丰富的资源，融合信息技术手段和互联网思维，为了学校课程教学的快速发展，积极探索出了一条崭新的发展道路，探索实施SPOC双师课堂混合式教学模式。具体SPOC创生路径包括两个方向：一是从名师出发，基于校内大量的知名教师，建设SPOC短视频课程。一个教师就是一个课程，名师是自身学科课程的重要优质资源，通过名师打造SPOC课程，既可以实现校内教师的共同学习和资源共享，更能让更多的孩子享受到优秀教师的教学指导和引领；二是从课程出发，选择适宜建设SPOC课程的一些学科，具体要求是知识点集中系统，利于视频转化，助于学生理解等原则，比如语文、数学、书法、剪纸等学科，非常适宜进行SPOC课程转化。其中语文学科由于部编版教材的推行，小学语文教师面临新的挑战，教学资源相对没有原有人教版的丰富，为此，选择各篇课文中的有效知识点进行SPOC视频的转化，这样可以有效地满足部编本教学资源的需求，同时为孩子的语文学习提供更为丰富和有价值的学习资源，从而促进小学生语文素养的发展。

（三）小学SPOC课程建设相对匮乏

当前，小学SPOC课程建设相对匮乏，故此，本课题聚焦基础教育阶段小学名校的课程资源，探索SPOC课程的理论建设并积极开展名校SPOC课程的应用研究。

二、研究价值

随着国内外高等教育的名校推出一系列SPOC课程，既实现了学习形式的多样化，开辟了教学模式的变革，更促进了课程资源的共享及名校名师的声誉和影响力的提升。然而，在中小学开展SPOC课程的建设与应用工作并没有得到应有的重视，更未能使诸多中小学名校资源获得推广。本课题聚焦中小学名校SPOC课程创生与应用研究，旨在：

（一）构建小学SPOC课程建设与应用的理论体系

SPOC课程是近几年随着MOOC的迅速发展而新生的在线课程模式，首先，围绕其概念、特点、优势、不足等基础理论研究形成热潮，但对于其建设与应用的理论探讨有待深入；其次，SPOC课程主要在高等教育领域产生和建设，其理论探讨及课程建设也主要围绕高等教育展开研究，基础教育阶段尚处在融合的边缘地带。然而基础教育作为教育领域的重要阶段，积极与在线网络课程的融合，探索教学新形式是时代发展所趋，其理论探讨是先行基础，因此，加强小学SPOC课程建设与应用的理论探究乃是教育发展的必然。

（二）实现课程资源共享，传播名校教育理念

名校作为名校，往往有其独特的教育教学理念，与此同时名校的名师发挥着重要的价值和作用，并创设丰富的课程资源供学生学习和成长。通过名校SPOC课程的建设，实现优质课程资源的网络化，能有效帮助学生开展线上线下的混合式学习，同时有利于课程资源产品的推广和使用，通过不同学校的网络连接，实现课程资源的共享，更有利于名校教育教学理念的深度理解与广泛传播。

（三）创新小学课程教学模式，提升教育质量

在线课程平台是随着网络技术的不断发展产生的一种教学新形式，尤其是SPOC课程平台的推出，其即时性、小众性、移动性等特点在高等教育领域掀起了教学模式的巨大变革，许多高校已经在学堂在线、爱课程网等平台推出了许多SPOC课程，然而，基础教育阶段的SPOC课程建设明显落后于高等教育的发展步伐。基于SPOC课程理念开发小学课程资源，并充分借鉴名校名师的课程资源，才更有利于小学教学模式的变革，并提升基础教育的教学质量。

三、国内外研究现状

自2013年SPOC课程提出以来，国内外对SPOC课程的创生、建设与应用开展了广泛的研究，集中表现在对SPOC课程概念、特点、优势，SPOC课程教学模式及SPOC课程应用研究几个方面。

（一）SPOC课程概念、特点研究

SPOC（Small Private Online Course）中译为“小规模私密在线课程”，由美国学者阿曼多·福克斯（Armando Fox，2013）首创，他认为SPOC是对MOOC的补充和完善，是MOOC与传统课堂教学的有机结合；赫夫曼（Hoffmann，2014）也认为，SPOC=MOOC+Classroom；加拿大Jon Baggaley（2014）认为SPOC是限制几十或几百名学生的“小”的在线课程；维基百科则将SPOC定义为MOOC本地化应用的版本。从国内来看，祝智庭教授（2014）将SPOC译为“私播课”；曾明星等人提出SPOC是将MOOC与课堂教学相结合的一种混合式教学模式，是MOOC的继承、完善与超越；贺斌、曹阳（2015）认为SPOC是设计和利用优秀的MOOC资源，改变或重组学校教学流程，促进混合式教学和参与式学习，扎

实提升教学质量的在线课程形式。以上观点虽表述上各有侧重，但基本认同了SPOC作为在线小规模课程的内涵。在SPOC特点研究方面，国内外主要从概念上紧紧抓住“小规模”“私密性”的特点。如阿曼多·福克斯提出SPOC概念，指出Small、Private分别与MOOC中的Massive、Open相对应，“Small”指限定学习者人数以适应小班教学，“Private”指对学生申请设置限制性准入条件，只有符合条件的学生才能被纳入SPOC，故具有私密性特点；王翠（2016）将SPOC的特点概括为教学的混合性、学习体验的完整性、突出个性化指导；徐梦晨（2016）提出SPOC具备学习方式灵活、课堂翻转、数据化等特点。

（二）SPOC的优势研究

国内外研究者在关注SPOC的概念、特点时，也将视线投向SPOC的优势。阿曼多·福克斯认为SPOC通过混合学习方式增加学生参与程度，更有效利用教师时间和资源对学生实施个性化指导；Baggaley（2014）指出SPOC弥补MOOC在教学方法上的不足，利于教师采用在线教育常规方法实践教学。国内研究者康叶钦（2014）总结SPOC优势表现在：推动大学对外品牌效应，促进教学改革，提升教学质量；成本低，可创收，可持续发展MOOC；重新定位教师角色，创新教学模式；学生拥有完整、深入学习体验，学习动机增强。

（三）SPOC教学模式研究

SPOC教学模式大致分为两类：一类由Marco Piccioni提出，将SPOC作为课堂教学的补充供学生学习，即传统课堂学习+课下在线自学；第二种采用翻转课堂的方式即课前SPOC在线学习+课中实验练习的模式。这种形式国内外的实践案例非常多。但与MOOC一样，SPOC模式还在探索中，就目前看来，SPOC教学模式在国内仍处于摸索前进的状态，没有形成既定的模式和标准，尤其在小学不同学科背景下其开展模式也将发生诸多变化。

（四）SPOC课程实践案例研究

SPOC起源于美国，并广泛应用于实现MOOC与高等教育教学的结合。福克斯（Armando Fox）最早提出SPOC概念并在其品牌课程“软件工程”中试行，取得良好教学效果，后推广至美国很多大学，成效显著。随后，哈佛大学、麻省理工学院、加州圣何塞州立大学等全球顶尖学府纷纷试验与推广SPOC教学。总体来看，美国高校SPOC具体应用方式包括：优化MOOC平台；探索小班化管理模式；加入数据分析功能模块；探索对学生全过程个别化在线指导；探索SPOC潜在的可持续发展模式。国内首例SPOC是清华大学2013年引入加州大学伯克利分校的“云计算与软件工程”MOOC课程，以之作为SPOC的试点课程。浙江大学、天津大学等部分高校以及一些高职院校在其后也尝试诸多SPOC课程。另外，清华大学MBA首创了全球SPOC课程，在全球招生并实现SPOC盈利。在SPOC平台建设方面，许多MOOC平台都积极转向或开辟SPOC平台，如“学堂在线”在原MOOC平台的基础上为合作机构提供定制化的教育与平台服务，推出了学堂云，另有智学苑学习平台、果壳网MOOC学院、中国大学MOOC等平台，积极推广SPOC模式。

（五）研究述评

综上所述，SPOC概念提出不久即受到国内外广泛关注，足以体现出它在高等教育领域中的重要价值和应用前景。SPOC强调利用MOOC优质、丰富的资源以及不受时空限制等优势，积极与课堂教学相融合，有效改变传统课堂教学中重教师知识传授、轻学生能力培养的缺陷，使教师成为学生学习的促进者、辅助者，激发学生学习主动性和积极性，提升教学质量。但目前国内外都处于探索适应的阶段，缺乏对技术时代背景下SPOC教学理念、教学模式的系统理论研究。与此同时，在应用研究方面，虽已有许多SPOC课程的创建和实施案例，但从国内来看，仍较多地移植国外模式，而缺乏本土化的基础实践。从基础教育领域的角度来看，小学SPOC课程的创生、应用尚处在理论研究和实践应用的起步阶段，研究的广度、深度都有待加强。

四、理论依据和研究假设

（一）理论依据

1. 古德莱德“课程”层次理论

在课程设置方面，美国当代最有影响的教育理论家和研究者古德莱德认为“课程”应该划分为五个层次，即五种不同的课程形态：“理想的课程”（ideological curriculum）、“正式的课程”（formal curriculum）、“领悟或理解的课程”（perceived curriculum）、“运作的课程”（operational curriculum）、“经验的课程”（experiential curriculum）。

一是理想的课程，即由一些教育研究机构、学术团体和课程专家提出的应该开设的课程；二是正式的课程，即由教育行政部门规定的课程计划、课程标准和教材，我们平时在课程表中看到的课程即属此类；三是领悟或理解的课程，即任课教师所领悟的课程，这种领悟的课程可能与正式课程之间会产生一定的距离，正所谓“一千个读者就有一千个哈姆雷特”；四是运作的课程，即在课堂上实际实施的课程，在实施中，教师常常会根据学生的反应随时进行调整；五是经验的课程，是学生在课堂学习中实实在在体验到的东西，也即课程经验。

古德莱德的“课程”层次说实际上揭示了“课程”从理论到实践的运动形态，使人们对“课程”概念的理解从静态的角度转换到动态的角度。从古德莱德的这一课程层次理论中，我们不难发现，所谓理想的课程也好、正式的课程也好，正是我们传统认识范畴中的课程概念，而领悟的课程、运作的课程，尤其是经验的课程，才是我们理解意义上的真正的“创生性课程”。

2. 创新扩散理论

美国学者埃弗雷特·罗杰斯（E.M.Rogers）于20世纪60年代提出的一个关于通过媒介劝服人们接受新观念、新事物、新产品的理论，侧重大众传播对社会和文化的影响。创新的影响因素包括：①相对优越性；②兼容性；③复杂性；④可试验性；⑤可观察性；⑥思维可变性。创新扩散的过程包括：①获知，接触创新并略知其如何动作；②说服，有关创新的态度形成；③决定，确定采用或拒绝一项创新活动；④实施，投入创新运用；⑤确认，强化或撤回关于创新的决定。

3. 混合式教学模式

随着计算机的普及和互联网的大众化，结合了网络在线教学与线下教学众多优势的混合式教学模式，成为教育领域“新时代的产物”而日益受到重视。美国培训与发展协会（American Society for Trainingand Development，ASTD）将混合式学习列为知识传播产业中涌现得最重要的十大趋势之一。国内最早正式倡导混合式教学模式的是北京师范大学的何克抗教授。他认为，混合式教学模式把传统教学方式的优势和网络化教学的优势结合起来，既发挥教师引导、启发、监控教学过程的主导作用，又充分体现学生作为学习过程主体的主动性、积极性与创造性。这里的混合式教学即混合式学习。

（二）研究假设

本研究以小学名校SPOC课程为研究对象，以技术创新为动力，以个体经验的创生为目标，以双师混合式教学为应用模式，通过SPOC课程创生与应用探索，寻求小学名校SPOC创生路径、演化机制和应用模式，实现“互联网+教学”高质量发展。

五、研究目标与内容

（一）研究目标

通过研究长沙市芙蓉区育英学校SPOC课程理论，探索小学名校名优课程的网络化，并通过与长沙市小学名校协调合作实现名校SPOC课程的创生发展与实践应用，实现名校教育理念、名优课程的资源共享，推广名校办学理念和声誉，为全国各地基础教育教学提供丰富的课程资源与技术支持，提升基础教育教学质量。

（二）研究内容

本课题的研究内容聚焦于下面三个方面：

1. 名校SPOC课程创生的理论研究

具体包括名校SPOC课程创生的内涵、优势及路径研究。为有效创生名校SPOC课程，应以其内涵引领，从名师、技术、课程、教研四方面进行因势利导，通过核心团队规划形成SPOC课程体系、利用微课程打造课程资源库、三种形式的校际合作以及双师课堂新模式路径创生属于小学名校的SPOC课程，探索出小学名校SPOC课程创生的理论基础。

2. 名校SPOC课程的混合式教学实践研究

主要从实践层面开展混合式教学的实践，具体包括三个层面：一是SPOC双师共享课堂，二是在线双师专递课堂，三是中美在线课堂。初步形成“SPOC混合式教学”的课堂模式：课前三环节（意、传、暖）、课中五环节（播、练、展、结、测）、助教七环节（协、检、巡、捕、辅、记、反），促进教学质量的提升。

3. 名校SPOC课程的应用研究

长沙市芙蓉区育英学校依托名校优势，充分融合共享教育和智慧教育理念，创生并应用了“三堂一馆”课程——直播课堂、双师课堂、智慧课堂、微课程馆，取得了良好的教学效果，为名校SPOC课程建设提供了相关策略。

六、研究思路与方法

（一）研究思路

具体的研究思路：首先，通过文献搜集和文献比较阐述SPOC课程创生的理论，提出小学名校SPOC课程建设的问题、难题；其次，通过理论剖析指出小学名校SPOC课程建设的价值与意义；再次，结合教学实践探索小学名校SPOC课程的创生路径及其混合式教学模式；最后，立足实践层面结合具体的小学名校，理论总结SPOC课程建设及其实践应用。

（二）研究方法

1. 文献研究法

该方法主要用于SPOC课程理论研究综述，SPOC课程创生理论研究及现行SPOC课程教学模式的理解和梳理。

2. 思辨法

通过思辨法分析小学名校SPOC课程的价值与意义，探析小学名校SPOC课程创生的理论建设及小学名校SPOC课程创生路径。

3. 调查研究法

调查研究法主要应用于小学名校SPOC课程使用现状调查，了解小学名校教师、学生对SPOC课程教学的认识、想法和期待。拟通过与教师、学生的接触访谈，课堂观察等方式展开研究。

4. 行动研究法

案例分析法主要从日常实践中的教学实践案例来进行剖析，以明晰小学名校SPOC课程的应用模式。

七、研究过程

针对课题开题时预定的各项研究任务和工作安排，课题组成员运用行动研究为主要方法，开展了卓有成效的各项研究工作，主要包括以下五个阶段：

（一）SPOC课程创生与试用期（2016年6月—2017年12月）

目前，为解决“缺师少教”问题，为贯彻落实国家“教学点优质资源全覆盖”项目，我省相继开展了专递课堂、同步课堂、网络联校等实践探索。为进一步实现教育精准扶贫和城乡教育一体化，我省长沙育英学校，凭借悠久的办学历史、开放的办学理念、优质的教师资源，率先开展了“双师课堂”模式探索，最终目标是让农村学校教师通过双师课堂，成长为一名像育英学校老师一样的优秀教师，而不是简单地“代替”其教学。

双师课堂作为一种理想的教育精准扶贫形式已逐渐深入人心，是教育不充分，不平衡问题得到有效解决的途径之一。经各大媒体播出后，在社会各界反响甚好。近20家电视及网络媒体进行了报道，其中6家媒体进行了电视报道。

荣誉证书

长沙市芙蓉区育英学校：

你单位的《共享教育在行动》案例成果在“第三届全国基础教育信息化应用展示交流活动”中进行了交流展示，获得了观展代表和专家们一致好评。

特颁此证，以资鼓励。

湖南省教育厅
2018年5月23日

图1-14 案例成果证书

（二）SPOC课程传导与演用期（2018年3月—2019年2月）

1. 基本目标与思路

育英学校开展“三点半课程”项目研究，旨在通过三点半课程建设与实施推进教育信息化发展水平，降低人力物力成本，开拓个性化课程实施空间，为学生个性化发展提供丰富课程资源，根本上解决三点半难题。

2. 主要经验与做法

（1）制订课程标准，研制开发指南，明确课程目标。

为保证“三点半课程”的丰富性、创新性和可操作性，项目组以“在共享中成就最好的自己”为基本理念，按照学生个性化发展需求，制订整体课程规划，研制课程开发指南。从教育面向未来的角度出发，明确学生应具备的适应终身发展和社会发展需要的必备品格和关键能力，基于学生的兴趣爱好及个性化发展需求并结合“中国学生发展核心素养”，从文化自信、胸怀格局、健康身心、科学艺术、创新素质五大方面构架学生的素养结构。五个版块组合构成学生的素养结构，每个版块分两类课程实现学生的素养发展，其中文化自信方面包括文史经典鉴赏和中华传统文化，胸怀格局包括世界人类文明与责任担当意识，健康身心由强健体格意志和健全心理人格构成，科学艺术包括自然科学探究与审美艺术修养，创新素质包括实践创新能力和学习思维方法。

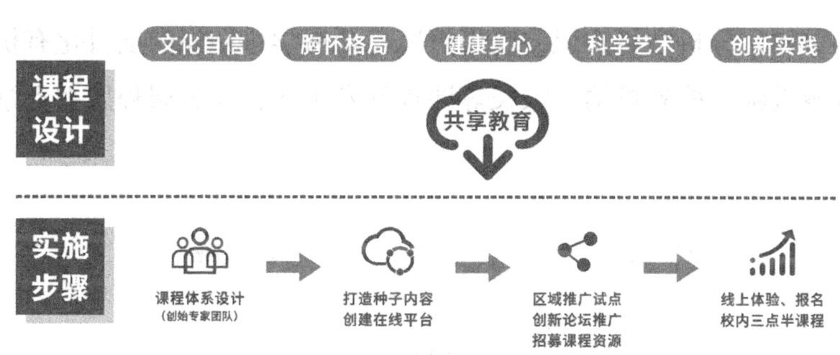

图1-15　“三点半”课程结构图

项目组将围绕新课程标准和教学大纲，按照5大核心素养的要求，开发10个主题领域，计划分期分批开发约100套“三点半课程”。

10个主图领域分别是①文史经典鉴赏：经学传统、诗词吟诵、史学名著导读、中华五千年、名人少年轶事；②中华传统文化：中国书法、湘剧戏曲、民间剪纸、神奇的中草药、茶文化、少数民族民俗文化、少儿礼仪；③世界人类文明：古希腊神话、古希腊罗马文明、一千零一夜、伊索寓言、犹太基督教文明、现代西方文明、印度文明、西亚与伊斯兰文明、文明比较、器物文明与文化；④责任担当意识：国防教育、爱国教育、军事科技、革命历史、青年毛泽东、《恰同学少年》赏析、鸦片战争人物故事；⑤强健体格意志：游戏体育、花样跳绳、篮球、足球、体育舞蹈、健身操、羽毛球、围棋、五子棋、象棋；⑥健全心理人格：心理游戏、日常心理探秘、有趣的社会心理、性格心理、色彩心理、文化心理、积极心理、情绪控制、儒家人格、心理辅导；⑦审美艺术修养：动画课程、绘本故事、少儿朗诵、陶艺、简笔画、泥塑、校园合唱、插花艺术、少儿电影赏析；⑧自然科学探究：河流生态保护、神奇的植物、动物的生活、星际探秘、生命的起源与进化、恐龙揭秘；⑨实践创新能力：Flash动画设计、3D打印、Scratch编程、乐高机器人、木匠创意坊、微电影制作；⑩学习思维方法：形式逻辑、辩士技巧、阅读方法、时间管理、记忆法、思维导图、结构研讨。

（2）重组国家课程，开展项目设计，编著教学用书。

依据部编小学各学科课程标准，梳理各个学科领域知识点，开展“目标任务化、内容问题化、知识情境化、过程活动化、结果作品化”实现国家课程项目化要素重构，分析学科知识的应用情境，开展学科知识的项目化有机组合。组织本区域教师、校外机构、家长等课程开发主体，编著课程用书和学生学习任务单等。

图1-16　国家课程项目化的要素重组

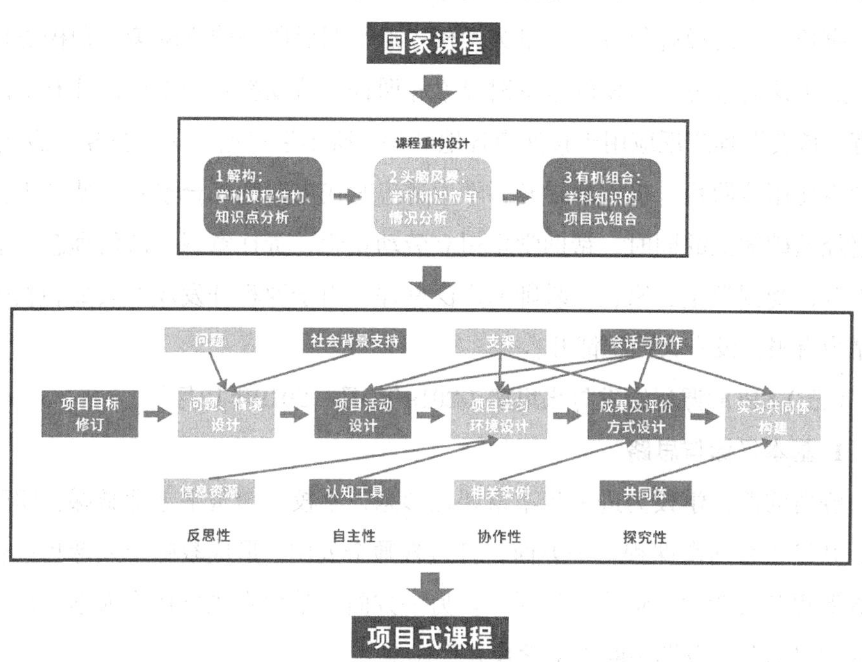

图1-17　国家课程项目化的结构重组

（3）设置课程计划，实施走班选课，效果检查评价。

不同学校根据需要在课程平台上，选择不同应用场景，授课时间为三点半至五点半。每节课时长40分钟。线上录制的微课视频一般在15分钟左右，特殊的课程建议在20分钟左右，中间要适度留白。线下教师组织学生开展项目化实践，交流思考、实操训练，形成线上线下混合式学习状态，开展基于学生作品和成果的评价反馈。

3. 应用成效与影响

三点半课程是一种综合素养课程，打破了只注重部编教材的做法，形成了线上线下课程互补的课程生态。一方面，公益推广应用创新素质类课程，促进小学生创新素养发展。“硬笔书法”“创意剪纸”课程采用线上线下结合的双师教学模式，设计动画角色融入故事情境，贴合儿童学习心理，弘扬传统文化，根植文化自信，聚焦小学生创新素养培养。疫情阶段，在湖南一师一附小、长沙市育英小学、燕山二小等6所学校公益使用，反响强烈。另一方面，支持小学三点半课后服务，推进课后服务内容与形式的创新发展。联合高校、社区、家长、一线教师等各方力量为学校三点半课后服务建言献策，积极支持学校三点半课后服务，开发的乐享财经素养课程与劳动教育相结合，并有机渗透德育。该套课程广泛应用于长沙市各地区40余所小学三点半课后服务，2万余名小学生使用该课程，极大地提升了学生适应时代需要的综合素养，使学生在获得财经基础知识的同时，帮助学生树立劳动观念、责任意识、诚信理念、法治精神等，受到学生、家长、教师的广泛好评。由于课程开发成本太高和教师时间精力有限，没有大面积铺开。

（三）SPOC课程激发与化用期（2019年5月—2019年12月）

1. 基本目标与思路

疫情前期，学校为进一步丰富课程形态，学校与李玉平老师微课程团队合作，开发了系列微课程，一方面，打造教师个人IP，形成教师个人课程平台，培养课程开发能力，形成“码课”。另一方面，学生自主创作个人学习作品，形成“码书”，以期不断丰富学校课程体系。

2. 主要经验与做法

（1）系统培训，提升教师课程开发能力。

为解决学生学习的难题，各地各校紧锣密鼓开展网络教学，其中用好小视频，做好微课，在网络教学中显得意义重大且效果明显。育英学校邀请全国著名微课程专家李玉平老师开展系列讲座，连续七天，每天一小时，本次培训，立足于“小”，旨在通过关注小现象、开发小策略、积累小故事来提高老师们的课程开发能力，以及教育信息化水平。

（2）打造教师个人IP，形成“一师一课程”。

打造教师个人IP。在互联网信息时代，打造个人IP，即打造个人品牌，放大自身特点。打造教师的个人IP，与校园文化建设的“一校一品”，教师发展的“一师一课程”，学生成长的个性化是一脉相承的。李玉平老师的微课程建设理念立足于“小”，非常有价值，这种微课程就是微课题研究的成果展示，老师们基于现象，立足于实践，形成小策略、小经验、小故事，成为教师打造个人IP的基础和前提。教师们积极参与开发，形成了系列微课程。

如彭静老师是位年轻的美术老师，她要上的内容是：四年级的美术课《春天来了》和《校园生活》，主要内容是学习钢笔淡彩。在李老师的指导下，彭静老师跳出常规思维，把“写教案”变成了“编课程”，由基本的技法传授——我们这样画线，我们这样配色，我们这样构图，到创作一本书《花卉争芳——校园花卉大全》，绘制一幅校园地图将绘制的花卉图与二维码做成卡片放到地图相应的位置，甚至进行文化创意、做成文创产品……由简单的一堂美术课引申为“创客工厂”，为我们的常规教学打开了一个全新的视野。

如杨佳玲老师要进行的是六年级下册第一单元的作文教学，介绍家乡的风俗。杨老师多次带毕业班，学生大多是介绍传统的节日风俗，泛泛而谈，缺乏新意，了解的东西浮于表面，其实并未真正了解，是为写作文而写作文。怎么才能让学生作文有话可写呢？杨老师以《风俗大观园》为题，开展了系列微课程的开发。第一步：寻找风俗（可调查访问、上网查找资料、图书馆借阅相关书籍）；第二步：整理资料（图片、文字、视频分类整理）；第三步：写提纲；第四步：写文章（写成讲解词类型），做PPT；第五步：录制视频（录制的背景、拍摄的角度），结束时谈谈对这次活动的感受。更难能可贵的是，杨老师还利用微信群，发动家长一起参与，一次作文教学，变成了研学、拍摄、主持、收集、亲子活动，等等，在这次微课程的创作过程中，孩子们收获的不仅是写作的技能，更多的是中华传统文化的熏陶，综合素质能力的提升……

如彭丹老师是个有32年教龄的资深数学老师，彭老师不满足自己丰富的教学经验，勇于探索新技术，这种专业精神是值得我们学习的。更让我们惊讶的是，彭老师正在尝试着开发“数学绘本”微课程，这种集语文、数学、美术于一体的混合式课程，打破了常规课程的藩篱，体现了融合式的大课程观。孩子们参加这样的课程学习从始而终就是一种创作，一种鲜活生动的创作型学习方式。还有心理陈文静老师根据学科实际以构建微课程的方式，弥补一直没有心理教材的缺陷，准备开发“积极心理11讲”“做一个快乐的人”“变一个快乐的人——静静老师的心灵课堂”等，课程的构建始终基于学生的个性化需求，助力于学生的全面发展。

（3）直播分享，萃取实践经验。

如何分享自己的实践性成果，为打造教师个人IP提供一个推广渠道和展示平台，直播是一个非常好的形式。通过直播，可以实现教师之间课程资源共享、教育教学理念的深度理解与广泛传播，同时直播课堂作为转变教学思维、重建教学内容、提升教学信息化水平为教师个人发展创生了新的途径，为形成教师个人IP提供了机遇。怎样上好直播课？李玉平老师列举了直播课堂的九大技术运用，分别是：工具运用、画面设计、批注技术、形象设计、语言设计、互动设计、活动设计、导入设计、任务设计，这九大直播课堂的技术运用，构成了直播课堂的“四维度九要素”。善于萃取经验是名师长成之道。名师之所以为名师，是因为他们都有自己鲜明的教学风格，如何形成自己的教学风格？善于发现、思考、总结，形成自己的经验是方法之一。老师们在课程开发过程中形成了自己的课程意识，锻炼了自己的课程开发能力，直播分享后形成了自己的IP。

3. 应用成效与影响

双师直播是一种能力，直播课堂更需要研究，如何让我的课堂虽然有时空的隔离但依然能够魅力无穷，牢牢地抓住受众的兴趣，激发他们的兴奋点，产生良好的效果，这都是需要我们进行思考的。信息时代呼唤更多的一线老师由线下走向线上，勇敢地开启“我的直播第一课”。2019年12月26日，长沙市第十三届小学校长年会暨校长论坛在芙蓉区育英学校召开，会上全面展示了育英内涵发展的SPOC课程馆，“筑梦未来”环节，通过博士微论坛，阐释了未来课程的发展趋向。

（四）SPOC课程启发与广用期（2019年12月—2020年12月）

1. 基本目标与思路

2020年疫情暴发，全社会面临一场的在线协同教育实验。“助力立德树人”是我省教育信息化2.0“厅长突破项目”之一。“推动国家教育信息化2.0试点省建设，促进湖南城乡义务教育均衡发展”，我省结合国情和省情，尤其是突发疫情，创造性地提出了创建“我是接班人”网络大课堂这一主题。“我是接班人”网络大课堂旨在解决当前社会环境下大规模在线育人的教育难题，寻求一种大规模在线育人的优良解方。

本课建设的思路是以习近平新时代中国特色社会主义思想为指导，深入贯彻党的十九大和全国教育大会精神，高举教育信息化2.0时代网络立德树人旗帜，创建多部门联合、多层级聚合、多学科融合的“我是接班人”全省网络大课堂，面向全省学生直播思政、德育、心理、生命、安全、法治、文化、科学、劳动、家庭教育等育人大课，全省一盘棋、共上一堂课，开拓网络育人新阵地，打通网络育人新渠道，开创网络育人新模式，打造网络育人新课程，努力实现全省中小学生“人人都爱看、人人受教育”目标，努力推动社会育人氛围和网络育人环境转变，培养德智体美劳全面发展的社会主义建设者和接班人。

2. 主要经验与做法

遵循“三全育人”思想，采取“1+4+N”全网育人新形式，分起步、发展和成熟三个阶段，重点探索“金课”育人新模式，打造全网“立德树人”的湖南经验。

（1）特色“网课”育人。

2019年8月开始筹备大课堂。大课堂通过网络联校、电视、直播平台等渠道，面向全省中小学生开设思政德育、心理健康、生命安全、传统文化、综合素质、家校共育等特色网络课程，探索网络育人之道。2019年11月7日，湖南省网络大课堂第一课“我和我的祖国”正式上线，全省各地各中小学校积极组织收看，网络育人成效显著，社会各界反响热烈，收视人数连创历史新高。全省中小学生通过“1+3+N”网络联校，共上爱国主义主题课。“1”即1所主讲学校，遴选1所网络、设备、场地等满足要求的义务教育阶段学校作为主讲学校。“3”即3所互动分校，与主校进行同步互动教学。“N”即全省其他学校，拟通过网络联校体系、电视、直播平台等形式让全省其他所有学校及学生家长同步观看课堂直播。

（2）战疫“大课”育人。

疫情防控期间，“我是接班人”网络大课堂大胆创新，打破学科界限，集合多方力量，融合行业优势，开创了以“在战‘疫’中成长”为代表的一系列集主题、学科、影视、节目于一体的大课。采取“1+4+N”形式，分周播出1堂大课“在战‘疫’中成长”“致敬英雄”“致敬科学”“致敬生活”“致敬未来”，4堂小课“教师说”“少年志”“乐学派”“云春游”和“N”堂学生实践课。大课全新的影视化、节目化、网络化、流行化的制作创意，具有很强的感染力和吸引力，学生非常爱看。

“大课堂”：由首席名师、总班主任郭晓芳领衔，邀请袁隆平等众多院士、专家以及公众人物加盟，与广电媒体深度合作，围绕育人目标进行主题融合创意，借鉴影视作品、综艺节目、同步课堂等风格特点，打造多层次、多场景、多角度且富于感染力、吸引力的全新大课形式，深受学生喜爱。

“教师说”：与大课呼应，遴选全省各地名师倾情参与，围绕直播大课，从不同视角深度发掘，组织精品微课讲座，丰富孩子们的精神食粮。

“少年志”：围绕大课内容，联动全省中小学生，推出少年榜样，展出先进事迹，以及学生自主拍摄的生活学习经验，促进见贤思齐，少年强志。

“乐学派”：寓教于乐，为学生推荐富有教育意义的精品纪录片和影视作品，丰富学生假期生活，让孩子们增乐趣、扩视野、长知识。

“云春游”：将在线大课拓展到户外，通过网红式直播让全省核心文化场馆走进千家万户，让孩子宅在家里看世界，缓解心情、扩大视野、增长见识。

（3）品牌“金课”育人。

疫情后期，“网络大课堂”提升品质，总结教学框架和结构，相继播出“我们相信”“劳动最光荣”“读‘天书’的人”“归来”“最是书香能致远”“劳动‘慧’向未来”“先锋”等金课。继续充实“1+3+N”内涵，但是从德育理论和德育过程原理上，理性反思后进行了教学模块化处理，1个理论：价值澄清教学理论，3个版块：“立德树人”“智学成才”和“知行合一”，N个主题，包括劳动教育、规则教育、公民教育等，进一步提升育人课程品质，整体打造“立德树人”示范课堂。

3. 成果（成效）与创新点

由长沙市育英学校郭晓芳老师主讲的“我是接班人”湖南省网络大课堂。“我是接班人”网络大课堂开创集台、网、端、微于一体的新型广谱渠道，各个部门、各大媒体、各大平台一齐上阵，架设全网渠道，去掉中间环节，精准送达终端，真正实现了全省一盘棋、共上一堂课，掌握网络育人主动权，旗帜鲜明培养社会主义建设者和接班人。全媒全网的育人渠道产生了惊人的传播效益，“在战‘疫’中成长”系列的收看人次超过2亿。湖南沉着应对疫情防控大考“我是接班人”网络大课堂交出育人答卷。疫情发生以来，湖南“我是接班人”网络大课堂持续推出“在战‘疫’中成长”系列课程，不间断组织疫情防控期间线上教育，已播出14堂大课、300余堂小课，据统计，全省1000余万学生同步参与学习，大课学习人次已近4亿，全省91.2%的学生表达非常喜欢收看，90%的家长和教师认为德育成效超越预期。疫情防控期间，“我是接班人”每周1堂大课、每天4节小课，共播出268课时，为全省宅在家里的1000余万学生提供了丰富的精神食粮，而且是当之无愧的“大餐”“美食”。全省统一收看已然成为习惯，学生和家长都变成了“追课”人，高度关注什么时候上课、上什么课，甚至担心会不会“断更”。

（五）SPOC课程融入与常用期（2020年4月—2021年12月）

1. 基本目标与思路

后疫情期，育英智慧校园建设基本完成。为进一步将SPOC课程的思想和形态常态化，育英学校将不同“中心”和“课程”对应起来，将显性的空间与隐性的课程通过技术连接，实现课程、技术与空间的合一，形成基于场景的课程观。

2. 经验与做法

（1）校域空间智能化。以校园管理公共服务平台实现区域平台数据的上下相连，数据互通，同时，给学生配备智能校牌，实现学生移动终端的智能化服务。

（2）课程空间场馆化。通过校企合作方式，建立“创客中心”“游泳馆”，强调“不求所有、但求所用”的共享理念，实现校内与校外、课内与课外充分共享，智能无缝对接，提高场馆使用率，突出办学特色；建立适应不同课程、不同场景、不同方式的无边界智慧空间，如：智慧操场、智慧图书馆、智慧录播室、智慧创客中心、智慧会议中心等，通过平台管理，实现智能化、个性化服务。育英智慧校园在共享理念的指引下拓展课程建设主体、开拓资源共享渠道，实现智慧课程的极大丰富与体系化。汇聚学校、家庭、社区、高校等各方力量开发建设课程，并将课程资源共享到平台供师生选择，在创客中心、中美连线中心、网络联校中心、常规教室等场域，打造微课程馆，形成国家、项目课程、个体课程等“纵横交错”，家校社“连贯一体”的“课程群”，实现共建课程平台与电子班牌、学生校牌无缝对接，为学生走班选课提供可能。

（3）智慧双师模式化。通过校企合作引进智能教育技术，充分利用透明计算智慧黑板、透明计算智慧课桌等设备，以“人机共生”为指导思想，以智慧课堂为阵地，以“育英名师、教研专家和技术专家”为中坚团队，着力打造一批的智能技术与教育相融合的创新示范课，让师生共享、生生共享、人机共享在课堂上得以实现。其中，集黑板、电视、电脑、投影、扩音、麦克风、高拍仪于一体的智慧黑板，可以通过触控实现传统教学黑板和智能电子黑板之间的无缝切换，将传统教学黑板变为可感知的互动黑板，实现了互动教学的创新课堂教学场景；智慧课桌内置大量的资源和学科工具，学生可通过终端独立完成单元考试、跟读、笔记等学习过程，同步与课堂即时互动，即时完成反馈，为实现“人机共教”提供系统支持。开展了“双师课堂”模式的研究，初步形成“三五七”双师智慧课堂模式。基于此，湖南省“智慧教育赋能课堂学科教学创新发展”主题研讨会的课堂展示阶段，育英学校呈现了习作专递课堂、英语双师课堂、数学智慧课堂。

如周文佳老师的习作教学课“我的心儿怦怦跳”巧架桥梁，利用一根网线牵起三所学校开展专递教学，宁乡山林小学、浏阳官渡芙蓉学校和育英学校四年级的学生在线上同步上课，周老师通过交流对话唤醒孩子们的生活体验，让“心跳”在生活中起步。巧设过程，聚焦心儿跳得最厉害的时刻，构建写清楚内心感受的方法，让“心跳”在演绎中铺展，用学生习作巧做点评，以学生的学习为中心，进行整篇习作的指导，让“心跳”在鼓励中升华。本场专递课堂，借助互联网突破了时间、空间的界限，圆满地完成了一次远程同步课堂教学活动，让城乡孩子共享优课盛宴。

如彭攀老师执教英语双师课堂*Making Contact*，通过教育+互联网的形式，有效地借助国家网络云平台的资源，利用线上优质资源，带领五年级孩子使用智慧课桌，有效检验学习效果，利用思维导图指导学生掌握阅读技巧，实现从教知识到教思维、教思想的转变，让学生充分享受优质资源，熟练运用现代信息技术，提高课堂效率，促进学生英语阅读素养和语言综合运用能力的发展。

如刘娜老师执教数学智慧课堂“认识时间”，通过对二年级孩子学习过程的记录与学生答题情况的及时反馈，借助大数据、学习分析等技术，实施学情诊断分析和资源智能推送，清晰地呈现孩子的学习由未知到已知的过程，进行分层练习，做到因材施教，真正体现了人机交互式的高效课堂。

3. 成果与影响

2021年12月16日下午，湖南省“智慧教育赋能课堂学科教学创新发展”主题研讨会分会场活动在育英学校开展。周方苗校长从育英学校智慧校园建设基本情况、对课堂的追求目标、推进措施、未来探索的方向等几个方面进行了育英学校智慧校园建设情况的介绍，重点讲述了专递课堂、双师课堂、智慧课堂三个课堂建设中育英学校的实践与思考。由此，在智慧课堂空间下，SPOC课程的思想和形态逐步融入了常态教学环境。

八、研究结果与分析

（一）“五段五轮”——小学名校SPOC课程的创生机制

1. 小学名校SPOC课程“五段”发展历程回溯

从上述五个阶段的演化，课题组将SPOCs课程的创生与演化的过程大体经过了创生、传导、激发、启发和融入五个阶段：

（1）创生期（2016年6月—2017年12月）：与湖南IPTV教育频道合作将部编教材数字化，形成SPOC名师视频共享课程。

（2）传导期（2018年3月—2019年2月）：三点半课程，与湖南第一师范学院合作开发三点半课程，形成虚拟SPOCs校本课程。

（3）激发期（2019年5月—2019年12月）：与李玉平老师微课程团队合作，创生SPOC码课码书（个体课程）。

（4）启发期（2019年12月—2020年12月），与湖南教育电视台合作课程开发“我是接班人”全省网络大课堂，形成SPOC节日课程。

（5）融入期（2020年4月—2021年12月），与湖南卫视一起“快乐看”开发SPOC微课程馆（场景课程论）。

2. 小学名校SPOC课程“五轮”创生动力

通过“技术赋能、多方合作、需求拉动、成果导向和理念引领”等“五大驱动轮”的动力和保障，推动SPOC课程沿着“创生、传导、激发、启发、融入”路径，形成了SPOC课程创生的“五五”机制。

（1）技术赋能。信息技术正逐渐渗透到人们生活、工作和学习中，网络化、数字化、智能化已逐渐成为人们生存和实践的主导方式。从SPOCs案例中可以发现，技术赋能对SPOC课程的演化发展至关重要。技术应用不仅为SPOC课程的创生奠定了坚实的支持基础，也为SPOC课程的传导、激发、启发和融入的演化提供了重要的社会媒介与手段。按照不同阶段，存在不同主导技术。一是学校通过名师，采用视频录制技术，产生了SPOC名师视频课程，通过通信技术无障碍地共享到边远山区。二是通过虚拟现实动画技术，制作了芙娃、蓉娃和牛博士等虚拟角色，开发了SPOC三点半社会课程。三是运用二维码技术，将学生作品和视频技术结合起来，产生了码课码书SPOC个体课程。四是运用互联网技术+直播技术产生了，“我是接班人”湖南省网络大课堂SPOC节日课程。五是通过人工智能、物联网等技术，打造智慧场馆，产生了SPOC微课程馆。

（2）问题或需求驱动。目标达成、问题解决和教学发展等现实需求催生SPOC课程，且在应用实践活动中，具体领域需求均呈现动态发展趋势。事实上，需求在演化机制中的拉动作用十分明显，是SPOC课程产生的着力点和驱动力。在创生阶段聚焦于“解决名校名师的职业倦怠”需求单点，驱动SPOC名师视频课程的生成；随着演化的不断推进，实践过程中的需求及其目标不断调整和更新，微创新聚焦于“社会教育中三点半课程优质资源不足需求”，进而驱动SPOC三点半社会课程传导与激发；疫情特殊时期，更加体现了全社会整体推动的目标需求，驱动SPOC节日课程的启发、融入。

（3）理念革新。随着技术的发展、社会的进步和政策出台，人们对教育的要求逐步提高，人们逐渐意识到传统的集体教学、大班式教学不足以使学生的潜能得到最大的发展，于是人们开始思考并追求，能够实现真正以学习者为中心的教育，为具备不同认知水平、认知风格的学习者提供与他们自身能力相适应的学习条件，伴随着差异化教学、适性学习、个性化学习的递进发展教学理念的转化与发展，SPOC课程不断迭代深化，先进理念是课程裂变的重要引导力，教学理念的革新与实践，引导SPOC课程升级演化。

（4）多方合作。课题组本身就是由学校、高校和教育技术部门协作完成，在SPOC课程开发的过程中，不同阶段选择了不同的合作伙伴，与中国电信、湖南第一师范学院、芒果TV、湖南教育电视台、新云网、九春等多家媒体和企业，共同创作了各种形态的SPOC课程。

（5）成果反馈。最后，SPOC课程成果可直接反映是否具备潜在优势，为自身演化提供更有力的导向影响。一般而言，成果不仅是SPOC课程的持续反馈机制，也是活动开展的方向标，为SPOC课程的传导、激发、启发和融入提供了可能。在课题研究过程中，不同阶段产生了不同程度的成果。从第二届湖湘教育家论坛、小学校长年会、中央电视台新闻联播报道、湖南省“智慧教育赋能课堂学科教学创新发展”主题研讨会、教育部课题立项，一个个振奋人心的消息，一次次迭代与蜕变，都让课题在前进中找到了方向。

3. 小学名校SPOC课程的“五段”应用模型

按照祝智庭教授团队提出微创新裂变遵循了“创生、传导、激发、启发、融入”的演化机制。此外，微创新裂变的机制是递进重叠演化的，每种演化机制一旦发生便伴随微创新裂变始终，后一种演化机制并不会代替或消融前一种演化机制。我们不难发现，一所名校SPOC课程产生过程是从理论到实践，从静态到动态，从设计到生成，从自发到自觉，从标准到个性的过程，同样也遵循微创新的演化机制，以下是育英学校“SPOC课程”的应用过程。

（1）创生期（2016年6月—2017年12月）：基于SPOC视频共享国家课程，开展校际SPOC双师专递课堂教学模式探索。

（2）传导期（2018年3月—2019年2月）：基于三点半课程SPOC校本课程，开展虚拟（芙娃、蓉娃、牛博士）双师课堂教学模式探索。

（3）激发期（2019年5月—2019年12月）：基于SPOC码课码书（个体课程），开展SPOC双师直播课堂模式探索。

（4）启发期（2019年12月—2020年12月），基于“我是接班人”全省网络大课堂，形成SPOC节日课程，开展双线双师课堂模式探索。

（5）融入期（2020年4月—2021年12月），基于SPOC微课程馆（场景课程论），开展智慧双师课堂教学模式探索。

（二）“一馆一堂”——小学名校SPOC课程体系

育英学校是长沙市首批未来学校创建校，在政府政策的支持下，育英学校充分抓住改革契机，全面推进智慧校园建设，初步建成了“一馆一堂”（“一馆”指：微课程馆；“一堂”指：双师课堂）为主线的SPOC课程体系。

1. 一馆——微课程馆

课程馆是新技术背景下以人工智能为支撑的学习教室，它将学习者汇聚于一个物理空间，通过码书、码海报创造线上课程与线下纸质读物的链接，通过智能工具创造人机交互的学习方式。育英学校已利用现代信息技术建立起了一到六年级的各个学科的整编程码课码书，形成“一师一课程、一师多课程”的微课资源；建立了40余套教师微课程馆，300本学生自编书，初步打造成具有名校特色的微课程馆，将线上各类教育资源链接变成二维码的方式，实现网络空间与现实空间的互联互通，丰富教师资源的空间建设，极大地提升了学生的学习兴趣。

2. 一堂——OTO双师课堂

（1）直播型双师课堂。

随着网络技术的不断进步与发展，低延迟、高画质、远距离的直播课堂渐渐变得可能。在直播课堂发展中，教学组织者和学习者已经不再满足于在线做题、观看视频等“静态”的学习方式，正在尝试更加直观、互动性更强、效果更直接的新型学习形式。育英学校依托自身名校优势，充分整合了各类教学资源，形成了直播前、直播中和直播后三阶段基本的O2O教学模式。直播前：教师进行教学设计，在直播课前给学生发布相关任务，如通过网址链接或二维码的形式发布调查问卷或课前预习材料，也可以将直播课程制作成印有二维码的码书，当学生预习完毕后可以通过完成问卷调查或扫描二维码的形式予以反馈，教师在课前完成对学生学情反馈信息的收集和分析工作；直播中：教师在直播课堂中进行直播授课，学生也通过网络在线听课，在此过程中，教师可以根据直播前收集到的学情数据在直播授课进行有针对性的展示，如有必要，也可以通过平台功能与在线的学生实施互动交流；直播后：在直播结束后还要给学生发布第二次任务，学生通过线上答题或线下反馈的形式将直播课堂中的学习情况予以反馈，以便教师改进教学设计，并有针对性地对学生进行差异化的指导。

（2）双线型双师课堂。

顾名思义，双师课堂即课堂中有线上和线下两个老师，通过相互配合来完成教学，线上教师可以为教育资源丰富的城市学校优秀教师，线下教师则为教育资源匮乏的农村地区普通教师。其教学过程同样分为三个阶段：课前，搜索教学资源，制作教学资源，学生进行预习；课中，在讲解过程中插入合适微课，用以突破重点，验证学生的学习效果；课后，教师进行反思总结，调整。

育英学校目前初步形成课前三环节（意、传、暖）、课中五环节（播、练、展、结、测）、助教七环节（协、检、巡、捕、辅、记、反）为一体的教学模式，正在进行的智慧双师课堂有三类，一是学校与怀化溆浦、永州宁远、益阳安化等薄弱学校，通过湖南电信IPTV教育频道开展了“双师共享课堂”实践，线上名师（育英学校老师）与线下乡村教师，共享课程资源、共生课堂教学。二是学校还依托正在开展的长沙市网络联校项目，对宁乡流沙河镇三所学校进行在线双师专递课堂，由我校安排骨干教师，在学校通过互联网和专用设备，以双方在线实时互动的方式为宁乡学校的学生上课，对方学校安排线下教师配合我校老师共同完成教学，有效地解决了偏远地区学校缺乏专业师资的问题。三是学校在帮扶的同时也进行自我提升，学校建设有中美在线课堂，由美国正规专业英语教师通过互联网利用专业设备，与线下英语教师（我校英语教师）共同为我校学生开展实时在线互动的英语口语教学，这种课堂形式在我校开展研究有近2年时间，通过研究对学生英语口语有较大的提升。

（3）智慧型双师课堂。

育英学校建设有集智慧黑板、智慧课桌、智慧云平台于一体的智慧教室，实现了设备集成化与端边云的一体化，为实现智能化的共享智慧课堂创造了良好的条件。基于这种新的智慧教室环境，学校分不同学科、不同年级进行全员培训，实现人人会操作设备和系统，并开展常态化开展主题为重构未来学校教与学方式的教学研讨课，致力于探究出基于智慧教室的教师教学模式和学生学习方式。

目前，育英学校智慧课堂的教学模式采用的是“8+8流程”模式，即包括教师教的8个环节和学生学的8个环节，共同组成课前、课中、课后的完整课堂教学过程，构成了教学持续改进的过程循环：课前环节有学情分析、发布资源、学生预习、课前讨论、教学设计等；课中环节有新课导入、展现与分享、新任务下达、合作探究以及实时测评和反馈等；课后环节有个性化推送、完成作业、批改作业以及总结讨论等过程。除此之外，学校师生在智慧教室中的教育教学过程中将产生大量学习教学数据，从自主、自律、共享、成就、更好、自己六个维度提炼出有效数据，建设学校大数据分析平台，初步研究出基于大数据分析学生成长数据模型，和教师专业发展数据模型，从量化自我到量化学习，实现对学习者的全新认知，真正凸显因材施教，实现个性化学习。

九、结论与讨论

（一）SPOC课程是一线教师在课程理论和课程实践中妥协的结果

SPOC课程是一种符合我国本土基础教育的新课程样态，是一线教师在课程理论和课程实践中妥协的结果。我们最开始选择以SPOC课程作为小学教育的有一种假设，一是在线教育是未来发展的趋势；二是MOOC在中小学存在“教育监管困难、学生自学力不强、效率低下”等现实的隐忧。然而，SPOC课程正好既可以突破传统课堂的弊端，又沿用了MOOC开放性的特点，成为小学，更广泛地说，成为新时代基础教育的理想课程样态。最近，中山大学王竹立教授写了一篇戏谑式小文，认为：“私播课背弃了，慕课原本理想，它像课堂一样，小规模不开放，只不过保留了，线上学习底线。私播课入我国正与国情契合我们教育传统重视知识传授，私播课与学校，发生化学反应，面向大众慕课，变成服务学校。由于人多校多，加上政府推动，在线教学规模，稳居世界第一。但内容和形式，依然比较传统，实际中的现状，是妥协的结果。如果把握契机，扩大在线规模，结合线下课堂，普及混合学习，慢慢会有改变，课堂不再封闭，线上丰富资源，有望引入课堂，评价不再只是，期中期末考试，过程累加评价，将成主流模式。两种理念碰撞，产生妥协结果，历史发展规律，总是曲折向前。”

目前，社会总体优秀教育资源不足，且与人们日益增长的高质量教育需求矛盾，与教育不均衡不充分的矛盾日益加剧，形成了SPOC课程。它是MOOC、微课等课程形态形成积弊后反思的产物，是现状妥协的结果。作为一种免费的、在线的、小规模和实践性的课程属性，是决定其广泛传播的最强基因。

（二）双师混合式（OMO）教学是SPOC课程相适应的教学形态

“互联网+”已经成为国家战略，不管是“互联网+教育”还是“教育+互联网”都将是一个发展趋势。以SPOC为代表的混合式教学模式不仅实现了优质课程资源的共享，也成为触动基础教育教学改革的良好契机。

课题组在研究过程中从混合方式上开展了深入的探索。一是从内涵上进一步丰富了OMO教学，产生了双师混合教学模式，从施教者角度，重新定义了双师OMO混合式教学的内涵；二是从外延上创新双师OMO混合式教学的分类，既包括视频双师、虚拟双师、双线双师和智慧双师，为此，产生了与SPOC课程相适应的教学形态，即双师混合式（OMO）教学。

在实施过程中，一方面要加强教师及技术队伍的培训；另一方面应大力推进技术支持和良性机制的建设，为混合式教学模式的发展提供更好的支撑与保障。

（三）未来课程的形态、样态

课题组李金国教授认为：课程建设的未来走向具备如下特征。

未来课程是综合课程。某种程度上说，课程乃是人们对世界认知成果的反映，人们将世界划分为不同的认知领域，课程呈现不同的分科领域，语文、数学、英语、物理、化学……不同的学科专业培养分裂的认知思维模式，然而世界乃是复杂一体化的世界，是一个综合的世界，并不是人为分离的不同的领域。未来世界需要综合型、复合型人才，课程的未来走向之一：综合化。

未来课程是适性课程。传统的课程建设往往是标准化的，同一班级孩子学习课程一致，同一学校孩子所学课程一致，不同区域的孩子也几近一致，从课程目标到课程内容、从课程学习到课程评价都几乎相同。而未来课程的建设应该是针对不同的孩子提供不同的课程，实现一人一课表，真正适切孩子的个性发展。

未来课程是生活课程。未来课程应该面向儿童未来的生活，但是所谓面向儿童未来的生活，应该是立足当下的生活从而为了未来的幸福的生活，如果儿童当下的生活过不好，何谈未来生活就一定能过好。所以更应该说立足儿童当下生活的课程就是很好地面向儿童未来生活的课程。

未来课程是共建课程。过去课程主要由学科专家建设，中小学教师主要是依据专家的意见实施授课，某种程度上说，中小学教师在课程建设上鲜有发言权。但是事实上不同主体往往立足自身所处立场和角度，而忽略真实的课程需要。课程建设需要学科专家、教师、家长、学生等各个层面共同参与实现课程的建设。

未来将普及在线课程。信息化时代背景下课程形态的变化是未来建设的必然趋势，线下课程转向线上以实现课程最大量级的传播和共享，将是未来课程建设与发展的重要方向。

（四）反思与建议

1. 避免为技术而技术，突出SPOC服务于学生的核心价值

SPOC依托网络平台及各种现代信息技术开展教学，教学技术的运用极大地方便了教学，但是技术的运用始终应服务于教学，服务于学生的发展，而切不可为了技术而技术。如大幅增加学生在线学习的时间和学习量，学习活动项目增加，视频微课的讲授移植等等，这些都需要在后面的教学中进一步改革，切实服务于学生。

2. 构建资源集合型平台，促进SPOC资源的应用推广

当前学校构建的SPOC课程主要以学校的网络实现资源的传播，但是应用推广并向省内及省外传播时，需要更为系统、全面、科学的资源集合型平台，并构建更为系统化的SPOC课程群，这将是后续研究拓展和深入的重要内容。

3. 需加强理论思考的深度和高度，形成较强的学术影响

目前，课题组发表的论文所阐述的理论性成果在高级别刊物发表较少，整个课题组还需要加强理论性深度与高度的思考，以期在实践性成果基础上提炼出更有内涵的理论性成果，在学界和中小学实践领域产生较强的学术影响力。

（该成果为：中央电教馆重点课题“小学名校SPOC课程创生与应用研究”结题材料，课题立项号：174320001）

“基于智能终端下的录播课堂的应用研究”课题报告

一、研究概述

（一）研究动因与研究范围

1. 研究背景

习近平总书记在致首届国际教育信息化大会的贺信中指出了中国教育信息化“十三五”规划的核心指导思想：“积极推动信息技术与教育融合创新发展。”而基于大数据、“互联网+教育”的泛在学习、混合式教学的研究已在世界范围内兴起，并隐然成为教育信息化融合创新的主要方向。而一些当下较为前沿的影响力较大的教育改革，例如慕课、“翻转课堂”等也在一定程度上影响了人们对学习方式转变的期待。鉴于此，“基于智能终端下的录播课堂的研究”拟研究探索智能终端走进课堂所带来的老师教学方式的变革，为解决“缺师少教”问题，为贯彻落实国家“教学点优质资源全覆盖”项目，通过湖南省相继开展的专递课堂、同步课堂、网络联校等实践探索。进一步实现教育精准扶贫和城乡教育一体化，开展新的课堂教学模式探索，实现促进教育均衡发展。

2. 课题界定

智能终端：智能终端是由英文Smart Phone及Smart Device于2000年之后翻译而来，是基于操作系统且具备网络浏览，多媒体呈现和应用程序安装等功能，具有与老师教学设备互动、记录学习数据等特点的电子设备及配套软件。

录播课堂：是安装自动智能录播系统的多媒体教室，主要有音视频信号采集系统、图像自动定位导播系统和自动录播及资源发布管理系统三部分组成，它是由早期的微格教室发展而来。可在教师现场授课的同时，将教师讲授的过程、板书书写的过程和使用的多媒体教学课件等，按照授课的时间顺序自动编辑生成授课实况录像，同时还可以以流媒体的方式在校园网和互联网上进行点播和直播。使广大用户如在课堂现场一样，课后还可以在网上点播重放。此外，自动录播系统还可以应用于精品课程制作过程中，用于制作大量的优质教学资源，实现优质教学资源的网上共享。

（二）理论与政策依据

1. 理论依据

信息学理论。现代信息技术对教育和个人学习的影响是巨大的。信息加工学习理论主张揭示学习过程中学习者的内部各个认知过程和结构，更重要的任务在于研究学习者的内部认知过程及认知结构的形成。移动终端作为一种比较先进的终端技术形态，给信息技术与教育教学过程融合创新带来重大的支撑，以自主学习、发现学习、终身学习、个性化学习的方式，将教师、教科书、网络、电视、音像等多种因素形成交互网络，实现教师、学生、媒体、资源、环境的有机结合，能极大地提高课堂教学的效率，促进学生素质的发展。

建构主义理论。由于事物的意义并非完全独立于我们而存在，而是源于我们的建构，每个人都以自己的方式理解事物的某些方面，教学要增进学生之间的合作，使学生看到那些与他不同的观点的基础。因此，合作学习（cooperative learning）受到建构主义者的广泛重视。这些思想是与维果斯基对于社会交往在儿童心理发展中的作用的重视的思想相一致的。学习者以自己的方式建构对于事物的理解，从而不同的人看到的是事物不同的方面，不存在唯一的标准的理解，通过学习者的合作使理解更加丰富和全面。建构主义认为，学习是学习者对教学信息积极主动的意义构建和社会互动的过程。从学生观上看，学生是信息的主动构建者，从教师观上讲教师是学生的帮助者。为了让录课进程中学生的精神更饱满，注意力更集中，录播室对教师的教学内容设计则提出了更具挑战性的新职责。

2. 政策依据

2018年4月13日，教育部印发《教育信息化2.0行动计划》深化教育大数据在教育教学中的应用。

《教育部2011年工作要点》中明确指出："以视频公开课为突破口，探索教育资源建设与共享新模式和新机制。"视频教育资源以其生动直观的特点获得了无数学习者的青睐，各地教育部门和学校也在政策的指导下，积极地开展着视频教育资源的建设。此外，教育部关于精品课建设的要求及政策，也极大地推动了相关设备与技术的发展。

（三）研究目标与内容

1. 研究目标

探索智能终端下录播课堂资源在小学课堂教学的应用模式。

探索智能终端下录播课堂在应用中产生的效果。

2. 研究内容

根据学科性质及我校教师实际，我们选取语文、数学、英语、美术、音乐、班队活动等学科开展以下研究。

开展利用录播课堂资源应用的课堂教学模式的研究：研究适用范围和条件，研究如何使用，研究资源如何录制。

开展利用录播教室对名老优教师的专业成长影响的研究。研究如何利用录播教室成为名老优教师搭建展示的平台。研究名老优教师通过平台的展示，使名老优教师得到进一步发展，再次激发职业幸福感，成长为名师。

开展利用录播教室对青年教师专业成长影响的研究，青年教师针对某一个教学片段、教学环节、教学手段的自主录制，作为个人课堂教学资源保存，形成个人课堂教学资源库。自主观察课堂上的一言一行，了解自己的教学行为，反思教学效果，发现不足并寻找解决问题的方法。让个人录播资源库成为教师自主、自觉成长的最佳路径。

开展录播课堂对学校优质教学资源库建设的研究，可以为学校进行精品教学资源库的建设，同时也可为课件上传提供一个易用的管理平台。该系统可以赋予老师一定的权限，进行教学资源分类管理、进行多级目录的创建和课件预览，课件删除等操作。

（四）研究方法与策略

1. 研究方法

本课题主要采用文献研究法、行动研究法、个案研究法、经验总结法等方法。以行动研究法、文献研究法为主。

（1）行动研究法：鉴于本课题的性质和特点，行动研究法是本课题最主要的研究方法之一。在课题研究和实践中，力图在自然、真实的教育环境中，指导教师按照一定的操作程序，综合运用多种研究方法与技术，以解决移动学习设备具体应用中的实际问题，并以此为首要目标开展行动研究，探索研究和实践的基本模式。

（2）文献研究法：文献研究法主要指搜集、鉴别、整理文献，并通过对文献的研究形成对事实的科学认识的方法。本课题需要大量参阅国内外文献，从文献中学习国内外的先进理论和研究成果，并应用到我们的实践中。通过综合运用其他的研究方法，在实践中检验和丰富，从而得出在切实可行的移动终端环境录播教室下能促进教师专业成长。

（3）定期总结成果，形成典型案例、软件、网站、论文及专著等。

2. 研究策略

一是建立硬件环境。搭建智能终端下录播课堂的实验环境，技术人员组织对课题组老师进行全员培训，熟悉使用环境。

二是推出实验研究课，对环境进行测试和获得基本的使用流程，对使用过程中出现的问题进行修正。将培训扩大到全体教师和全体学生，争取全员参与，将研究的内容逐步扩大。

三是收集大量教师课堂视频数据信息，通过分析，进行学校间和教师间的发展性比较研究。

四是总结研究的成果，解决研究中出现的问题。

（五）研究步骤

第一阶段：研究阶段（2016年6月—2017年1月）

2016年8月开始，开展政策与文献研究，确定本课题研究方案。

2016年9月，主持召开课题研讨会，确保课题高起点谋划，全方位策划，深层次推进，做好课题申请立项工作。

2016年11月—2017年2月，开展了多次教师信息培训活动，提升教师信息技术水平。

2016年12月，组织开展教育信息化论文专题征文活动。

第二阶段：深入研究阶段（2017年2月—2020年6月）

（1）组建课题研究团队、制定课题研究计划、进行开题论证。各部门结合工作实际围绕课题计划开展研究，积极营造民主和谐的工作环境，各参与成员密切配合课题组开展相关研究工作。课题组教师设计开发适用本校的智能终端教学课件，并整理到学校资源平台中。

（2）建设基于智能终端的录播教室和通过互联网推广学校名师的直播平台。

（3）探索基于智能终端的录播教室促进教师专业成长实践研究，定期开展课题研究特邀专家指导讲座。先后聘请到湖南第一师范学院李金国教授、省电化教育馆余剑波教授、省电化教育馆王劲松教授、湖南科技大学张进良副教授、湖南科技大学王伟清教授等。总结适合教师教学，促进教师专业成长的方式、方法，收集相关资料。

（4）定期召开了研讨会，撰写研究论文，提高研究水平。

（5）在教学中进行实践研究并进行了阶段性理论思考，论证研究假设，积累过程性材料。

（6）根据研究过程发现的问题，做了调整性研究和实践。

（7）开展了课题创建评先活动与典型经验交流活动。

第三阶段：总结提升阶段（2020年7月—2020年11月）

（1）完成《基于智能终端下的录播课堂的应用研究》的资料汇编。

（2）发表智慧课堂、录播课堂、双师课堂等相关研究论文5篇。

（3）完成课题研究报告的撰写和课题结题工作。

（4）开展了成果推广应用活动。

二、研究成果

通过利用先进的智慧课桌、智慧黑板、录播、直播等相关技术，获取教师在教学活动的各种数据信息，形成微课、录播课等资源，通过直播平台和育英网校等平台将优秀教师录播课堂资源输送到农村学校，通过在农村学校教师对录播课堂资源的应用实践，研究出新的课堂教学模式——双师课堂，在实践中取得了较好的效果，提升了本校教师的职业幸福感，促进双方教师专业素养的全面发展，为教育均衡发展探究了新的途径。

（一）通过课题研究，探索出基于智能终端下的录播课堂的应用场景

我们将录播课堂的应用称之为“双师课堂”，这种录播课堂的应用模式为依托信息技术手段，将名校名师课堂录制成相关资源，建立相应的资源平台，为边远山区薄弱学校教师提供名师课堂资源，让城乡孩子共同享受“名师课堂”。

（二）通过课题研究，学校构建了三类双师共享课堂

课堂作为课题研究的核心，育英学校在多年的课题研究中形成了名师荟萃、课程资源丰富的教育品牌。学校通过“基于智能终端下的录播课堂的应用研究”，利用丰富的资源，融合信息技术手段和共享教育理念，为乡村教育的精准帮扶，探索出了录播课堂应用的三类双师共享课堂。

一是以资源分享为主要特征的线上线下教师合作开展的“双师共享课堂实践”；二是依托长沙市网络联校项目，以直播的方式开展的“在线双师专递课堂”；三是与专业的外籍口语教室开展的“双师英语口语课堂”。学校通过三种“双师直播和录播课堂”的研究，初步形成易操作、可复制的“双师课堂”的课堂模式和课堂标准。

（三）通过课题研究，完善了学校信息化基础建设

育英学校充分抓住课题研究的契机，全面推进智慧校园建设，努力建设一所没有围墙的学校，让“在共享中”成为校园师生生活的常态，全面奏响“共享型办学文化、智慧化课堂、录播课堂实施、体系化课程开发和精准化教育评价”的智慧校园建设五重曲，让互联网+教育为学校发展插上腾飞的翅膀。

2019年暑假，育英学校携手湖南新云网科技有限公司，以“透明计算”技术为核心，融合物联网、大数据、云计算等前沿科技，进行了教育信息化2.0的升级建设。所有教室都升级为智慧教室，配备了41套智慧黑板、1600张智慧课桌以及智慧校牌、云课堂等设备，并建设了30间常规录播教室、2间透明计算学生机房、1间直播录播教室、校园电视台、教学大数据和教学资源平台、学校空间、教师空间、学生空间等信息化系统，使信息化的教学应用覆盖到了每个老师和学生，为学校师生构筑了全新的智慧校园新体验。

（四）通过课题研究，全体教师信息技术应用能力得到明显增强

教师是信息技术在课堂教学中有效应用的主要参与者，教师教育技术能力的高低直接决定着信息技术应用的有效性，通过开办培训学习班、组织教学课件比赛、撰写专业论文等活动来提升教师教育技术能力。

1. 培训了一批信息技术融合创新能力较强的种子教师

三年来共开办多期“信息技术专项”班，为教师提供了发展机会和空间，在大力培养全体教师信息素养的同时，抓好青年教师梯队的建设，努力提升教师的信息技术水平，稳定和保障教师队伍数量和质量。同时还积极配合湖南省电化教育馆、湖南省教师发展中心等，开展省级优质资源管理员培训和选派学科教师参加湖南省教师教育技术能力培训。2016年开始组织学校教师积极参与信息技术应用能力提升工程培训班，截至目前，我校全体教师均修满了信息技术应用能力提升的相关学分，顺利结业，评定为优秀等级的学员达80%以上。

2. 收集、整理和创新了优质录播课资源，双师课堂教学模式得到大力推广

2019年2月参与芙蓉区“信息技术与课堂教学深度融合示范课”征集评比，共征集到融合课例视频80多节。邓世秀、匡绯绯老师的双师课堂教学作为课改成果课例，均在2018年芙蓉区教育教学年会展示，得到了与会教师和领导的一致好评。为各伙伴学校寄送共享信息技术与课堂教学深度融合优质示范课例视频资源300多节。同时，积极鼓励校内教师参加全国、省、市的各类教学竞赛、论文撰写、课件制作等比赛活动，教师们通过竞赛收获了成果又提升了自己的信息技术的融合能力。2017年在学校开展了双师课堂观摩研讨会，会上，来自于花垣县、宁远县、安化县和溆浦县的18名乡村老师，现场观摩和学习了语文双师教学示范课“端午粽”，让边远地区教师受益匪浅。2017年11月21日，在全省第二届湖湘教育家论坛上，育英名师又呈现了一堂“大禹治水”双师课堂案例课，获得与会代表一致好评。

3. 撰写和发表了一批信息技术有效应用的经验论文

课题组研究人员在积极参加实验研究同时，认真总结撰写经验论文，三年来有周方苗校长《以双师课堂实现优质教师资源共享的实践研究》在中国教育信息化发表、《在共享中成就更好的自己——湖南省长沙市芙蓉区育英学校共享教育的创新与实践》在《中国教育报》发表、《共享理念下的智慧校园建设五重奏》在《湖南教育》（D版）杂志发表，李波老师论文《网络联校研究》获湖南省一等奖、《为学校发展插上互联网的翅膀》获湖南省二等奖，学校《共享教育在行动》案例在第三届全国基础教育信息技术应用展中展示、双师录播资源应用成果在湖湘论坛中央一台新闻联播中报道和推广，2019年通过课题研究成果学校获评长沙市首批未来创建校项目、湖南省首批“芙蓉网络联校”项目、长沙市“网络联校”主校项目。

三、研究结论与问题讨论

（一）研究结论

课题组围绕基于智能终端下的录播课堂的应用开展一系列研究，主要是从录播课堂资源的建设和录播课堂资源的运用两个方面出发，通过研究总结了一套获得成果的途径与经验，有如下结论。

1. 通过基于智能终端的录播课堂的应用大可以全面提升教师的信息技术应用能力

近年来为了保障课题的顺利实施，课题组学校全体教师信息技术应用能力得到大力提升，我们积极参与了一批信息技术教师、信息技术种子班、首席信息官CIO、微课制作、教育技术应用能力提升等培训班。通过基于智能终端的录播课堂的应用课题研究，对教师信息技术应用能力的提升才是全面且有效的，教师不仅懂得怎样制作线上资源、怎样编辑视频、怎样合理利用微视频，而且还能促进线上线下的教师共同全面成长。

2. 通过课题研究充分焕发学校名优老教师的再次发展，助推学校发展再次腾飞

通过基于智能终端的录播课堂的应用的研究为每一位名优老教师，能给出导向性和激励性的职业幸福感，有助于激发老教师的职业热情。学校近三年获得有长沙市“周方苗名校长工作室”，芙蓉区“周方苗小学名校长工作室”“邓仕秀小学数学名师工作室”“郭晓芳小学美术名师工作室”在我校成立，区级首席工作室数量是全区最多学校之一。学校“莫永辉名班主任工作室”，“王娟小学体育名师工作室”相继成立，市级名校长周方苗，市级英语名师周迎迎，市级卓越教师邓仕秀、周文佳、郭晓芳，区级卓越教师朱新霞、刘娜、史唯、李毅等脱颖而出，构建了多层级、多学科的名师阵容，学校积极通过基于智能终端录播课堂的研究为名师搭建了展示交流平台，扩大名师引领辐射作用，积极宣传推广名师及育英名师团队优秀成果，着力培育一批芙蓉教育的卓越领航人才，让育英教育更具社会影响力和行业话语权。学校派遣新疆支教教师袁冬芳受聘于吐鲁番市级数学教研员，溆浦支教教师刘婷婷、吴建纯深受受援单位欢迎，展示了育英名师风采。

3. 课题研究中得到的经验可以促进日常工作的顺利开展

基于智能终端的录播课堂的应用所取得的经验，对日常工作有很大的促进作用。一是研究成果得到领导的认可，对于申请奖励资金、添置设备等工作会更加顺利，可以积极地推动工作向好的方向发展；二是研究成果中双师课堂、网络联校、中美在线课堂、网络教研等曾得到来自广东肇庆市、张家界、石门县、衡阳市、武冈市、常德市、溆浦县、麻阳县、浏阳市等多个市、县、区的同人们到校交流学习，并得到一致好评，具有很强的辐射效应。

（二）问题讨论

1. 基于智能终端下的录播课堂的应用的课堂教学模式怎样做才能成效最大化

从“十五”教育技术课题开始到“十一五”“十二五”再到“十三五”，教育技术课题研究的内容从信息技术硬件、软件环境建设，到支撑平台的搭建、有效应用与推进，再到双师课堂教学模式研究，基于智能终端下的录播课堂的应用研究还只是起步阶段，由于课题研究人员的专业水平有限、要全面普及应用成果，促进教育均衡和教师专业成长全面发展还只是停留在小范围，个别学校的个别项目做研究，研究的广度和深度都不够，怎样确保研究成果对教师发展终身有益，减少负面的或不良的影响，如何扩大辐射范围，在这些方面我们还需要继续深入研究。

2. 基于智能终端下的录播课堂的应用硬件建设与数据维护成为新的难题

资源价值的特殊之处就在于它的可挖掘性，同样的一堆资源，不同的人能得到不同层次的东西。就好像同样见一个人，有些人只看他的外貌好不好看，有些人能从他的表情中读出心理活动，从眼神中看出阅历，从衣着打扮中读出品味，从鞋子上读出生活习惯。但是对于跨平台之间的资源进行筛选、过滤、清洗、排重等是一个烦琐的过程。很多人只看到资源的使用性，但日常的资源维护和筛选却鲜有人在意，很多时候开拓一项新事物、新研究，并不能得到时间、经费保障，这也是我们急需要解决的瓶颈问题。

3. 基于智能终端下的录播课堂的应用需建立评价标准

基于智能终端下的录播课堂的应用需要有应用评价标准的建立，有一个不断完善的过程。本课题基于智能终端下的录播课堂的应用，要有评价，肯定要有标准，没有评价标准等于无的放矢。而目前关于课堂教学标准并不能完全使用于这种新的课堂模式，这是一个不断完善的过程，要制定出一个十分完备的评价指标体系，也还有一定的差距。

（该成果为湖南省教育信息技术研究课题“基于智能终端下的录播课堂的应用研究”结题材料，课题编号：HNETR16005，并鉴定为优秀等级）

基于校本研训的中小学教师国家通用语言文字能力提升研究

——以长沙市芙蓉区育英学校为例

一、研究价值

小学教师的国家通用语言文字应用能力事关中华民族的历史文化认同和传承，关系到教师的素质、成长和发展，直接影响到下一代的教育。教师的素养关系到学生的成长，教师的国家通用语言文字能力关系到学生学习、交流及对国家通用语言文字的理解、兴趣。而目前，小学教师在国家通用语言文字能力提升方面的培训内容、形式、效果等方面都存在不完善的地方。那么，国家通用语言文字能力的提升培训要提供给教师们什么样的培训内容？采用何种培训方式才能更好地激发教师们的参与热情和积极性？有没有继续培训的新的模式和方法？这一系列的问题，促使开展“基于校本研训的中小学教师国家通用语言文字能力提升研究”。

教师继续教育的培训是提高学校教师整体素质和促进教师专业化的有效途径之一，也是提升核心素养的关键。很多专家、学者在继续教育的激励手段、策略、形式方面做过研讨。尤其是普通话的应用和测试过程中需要注意的方面做过较为全面的讨论。培训课程内容应该根据培训对象有所不同，也较早地受到了研究者的关注。不过，针对国家通用语言文字能力的校本培训并不多，针对教师的国家通用语言文字能力的培训研究不多，本文主要是针对国家通用语言文字能力的校本培训的内容及形式开展的思考与研究。

二、研究情况

本研究将以校本研训为基础，在普通话水平测试理论、建构主义理论等理论的指导下，充分考虑到信息技术及互联网时代的特色，构建一个以“体系化分层模式”为特征的国家通用语言文字能力提升研究的校本研训体系。

在研究过程中，针对全校教师国家通用语言文字能力，通过问卷调查、提交作品等方式，了解现阶段老师们的水平及状况。根据调查情况，借助教研信息化，开展了丰富多彩的研训活动，以提高全体教师国家通用语言文字能力。寻求更适合研究校教师的培训方式，打破以往的讲座、听课的培训模式。通过各种内容的选择，形式的改变，以及教师自身特点和喜好，挑选出适合教师学习的内容，尽量使内容更加系统、全面。

在研究过程中，为寻求合适的研训内容及方式，开展了丰富多彩的研训活动，以提高全体教师国家通用语言文字能力。主要有普通话研训、三笔字研训及国家通用语言文字能力应用三个方面的活动：

（一）有关普通话方面的研训活动

在这方面的活动研究中，以往的专家讲座、教师诵读等方式并不被教师喜欢，在调查了解了教师存在的问题和需求的情况下，结合学校实际工作，用多样的形式从学习、练习和应用三个方面开展校本研训提升活动。

1. 视频学习随时化

有的教师普通话水平之所以不够高，是因为还没有找到发声的技巧，不知道从哪些方面去提升。研究校利用信息技术手段，通过学习强国等网络平台，从中下载和录制大量的优质视频，如：寻找最美声音和主持人学普通话等。再组织全体教师集中学习视频，每次一个主题，视频时间短，易学实用，很多教师并没有接触过这方面的专业训练，学完之后有茅塞顿开之感。另外这些视频再上传至学校工作群，以供教师随时随地反复观看和练习。

2. 分层练习细致化

每一位教师由于专业的不同，对普通话的运用及要求也不一致。研究校便根据不同学科教师进行分层练习。如：在读准易错字活动中，语文学科教师要求全部练习和掌握，而其他学科教师则以掌握生活中常见的为主。配音秀活动中，则是利用手机软件，采取线上学习自愿参与的形式，选择自己感兴趣的内容进行配音。让说普通话变成了一件很好玩儿的事。教师参与的积极性较高，有的教师还给自己的微课配音，运用到教学工作中去，效果非常好。

3. 运用活动主题化

普通话需要每一位教师在运用中能够展现水平。研究校为更好地提升教师的应用能力，开展相关主题活动，让教师在活动中提升。如："我的教育故事"演讲比赛活动。此活动先由青年教师进行演讲稿的撰写，再由师傅进行指导，最后进行集中演讲比赛专家进行点评和指导。青年教师通过活动在文字运用及表达方面得到提升，年长教师在进行指导与参与过程中不断提升。再如"学党史，讲红色故事"党员党旗下讲述活动。结合建党百年的时间点开展，组织全体党员教师，在每一周的升旗仪式上进行"红色故事"的宣讲活动。每一位党员教师认真准备稿件和课件，在宣讲之前进行普通话的练习，在宣讲之时用自己的普通话感染听众，效果很好。

（二）有关三笔字方面的研训活动

三笔字研训，研究校结合各种不同的主题从视频的学习、字帖的提供、技法的传授等方面开展了各种各样的活动。练习是一个长期的过程，一个讲座、一次学习是不够的，需要教师持之以恒的练习。学校需要做的就是通过各种不同的活动去督促教师，营造练习的氛围，提升教师练习的兴趣。

1. 从氛围上唤醒教师练习的欲望

环境对人的影响是很大的，如果有一个良好的练习环境，让每一位教师觉得练习三笔字是一件习以为常的事，那么教师在练习过程中就不会存在不适感和另类感。因此研究校从环境上进行改变，布置教室专用的书法练习教室，提供各类用品，教师可根据自己的时间随时练习。组织了学习班，每周三中午在专业老师的指导下开展练习。让三笔字练习成为教师闲谈时交流的一个话题，成为常态化、平常化。

2. 从活动上提高教师练习的兴趣

研究校每个学期都组织全体教师开展各种活动和竞赛，以此促进教师练习。并用不同的表现形式，让教师拥有新鲜感，保持参与的兴趣。比如：青年教师每周"五个一"活动。所谓"五个一"，就是一堂听课笔记、一次师生谈话、一篇美文摘抄、一段教学反思和一份毛笔字练习。比如“共学共享共赢”内涵强师活动、粉笔字板书设计活动、“做四有好老师”教师硬笔书法竞赛活动等等。结合师德师风建设、读书活动、观影活动等，将三笔字练习渗透到活动之中。并将各类教师作品整理成册，进行展示提升教师成就感。

（三）有关国家通用语言文字能力应用方面的活动

国家通用语言文字能力最终在于能够灵活应用，为此，学校通过各种活动提升教师的应用能力，并在这样的活动中，让每一位教师不断发现自己的问题及努力的方向，不断学习与提升。

1.“我身边的榜样”征文活动

在这个活动中，教师为了写好征文稿，会发现身边更多的优秀教师和优秀教育事迹，既是语言文字能力的提升，也是一次思想上的学习。

2. 读后感征文活动

读书后的感想每个人都有，但是有的不善于表达，有的只能用几句话说出自己的感受。形成一篇读后感存在难度，得到一篇优质的读后感更难，在这样的活动中，教师会更加积极主动去提升文字应用能力，还会通过阅读他人的文章提升国家通用语言文字的能力。

3. 观后感活动

自己选择感兴趣的电影进行观看，然后撰写观后感。通过主题的改变，提升教师的兴趣，让大家在不知不觉中提高国家通用语言文字能力，把师德师风教育与国家通用语言文字能力提升活动完美地整合在一起。

三、研究结论

（一）基本情况方面，年长教师与年轻教师水平存在差异

通过问卷调查、提交作品以及平时查看笔记的方式，发现教师的水平不一。相对而言，年长的教师三笔字水平要高于年轻教师，而年轻教师普通话水平比年长教师要高，但是课堂语言的运用方面又有不同的水平，有的教师语速太快，有的教师语言不够亲切。但是从调查表发现，教师都认为国家通用语言文字能力提升是有必要的，也愿意参与学习和提升，只是学习的形式喜好因人而异，有的喜欢集中学习，有的喜欢自己练习。还有的觉得自己的自觉性不够，需要有人监督和鞭策。

（二）培训内容方面，教师更喜欢短小精练、有文化传承、有历史底蕴的内容

教师任务重，事情杂，在组织研训过程中，要管控培训的内容和时长。中午看午休，下午需要参与三点半课后服务工作，没有一个长时间段来进行学习和培训。因此，校本培训需要把内容进行调整，把长时间的集中学习改为短时间的集中学习。把培训内容划分成几个短小的学习时长，每一次的集中培训解决一个小问题，将培训内容化整为零。

培训的内容很重要，要选择教师感兴趣的，确实需要的培训内容。最开始课题组成员准备自己制作相关资源，但是不但不能保证质量，还非常费时费精力，后来使用现成的资源进行培训，于是从书籍、网络中收集整理一些资源作为校本研训的内容。根据每次培训后的反馈，梳理出以下教师喜欢的培训内容：跟主持人学说普通话、易读错字词、绕口令练习、美文诵读（日有所诵、国学内容）、趣配音、三笔字练习的视频学习、板书设计。

（三）培训周期方面，教师更喜欢以一个学期为周期

任何一项学习都不是一蹴而就的，校本培训只是学习的一种形式，为保证学习效果，有效提升教师国家通用语言文字能力，在培训时要注意循序渐进。在研究的过程中发现，如果一直停滞不前，一直练习基本笔画，非得等到有了很明显的效果之后再进入下一个流程，这样势必会消磨掉教师的耐心，导致教师参与培训的积极性下降。因此可以根据时间段的设置按计划进行下去，到下一个学期可以更换一个形式后再按主题培训。这样的循序渐进，能够在保证教师积极性的情况下达到更好的效果。

（四）培训形式方面，灵活多变的形式更受欢迎

培训的形式或者活动需要不断变化，让教师一直保持新鲜感和好奇心，让教师觉得这样的一次活动很特别，是之前没有尝试过的，内心深处是愿意尝试、愿意参与的。形式灵活多变也能更好地满足不同性格教师的需求。有的教师比较张扬，喜欢表现自己，有的教师比较内向，喜欢默默练习。不同形式的活动，能让教师心里更加舒适。

（五）培训力度方面，无痕培训效果更佳

把校本培训活动与上级或学校的其他活动进行整合。减少教师收到的通知数量，让教师感觉做一件事情可以完成多项任务，能提高教师的成就感与职业幸福感。让教师更愿意参与校本培训活动。主观上接受了，培训时行动上就更积极，效果才能更佳。比如讲党史故事的活动，是与书记室的学党史活动进行整合；教育故事演讲比赛是与师德师风活动相结合；春节将近，组织老师们写“福”字、送“福”气，教师书法练习与工会活动相结合。把校本研训与各部门各主题高度结合起来，让教师们在不知不觉中进行着练习与提升，这样的效果更好。

总之，基于校本研训的中小学教师国家通用语言文字能力提升的活动，要在遵循教师这个特殊学习对象的特点上，由易到难，由基础到提升，由用得规范、用得对到用得好，甚至能创新的总思路上，用化整为零、循序渐进、形式多变、高度整合的方式进行。

四、经验总结

通过研究，为有效开展校本研训活动打开了一扇窗户，提供了可供借鉴的模板。为支援农村教师队伍的建设提供了有效的方式。收集和整理的视频及图片，也能让其他学校的直接使用，可用性非常强。各种活动的形式，可以直接引用，推广起来非常方便。

（一）四一——研训课程

即以每个学期的四个月为一个周期；每个月围绕一个研训主题：普通话、钢笔字、粉笔字、毛笔字；围绕这个主题开展学习、练习和展示交流活动；所有的课程与活动，都可以从课程菜单中随机组合，并结合本校的特色，将教师研训内容形成一套体系课程。如此各学期循环往复，不断提升教师国家通用语言文字能力。

（二）基于校本研训的中小学教师国家通用语言文字能力提升研究活动案例集

在研究过程中，将每次开展的活动汇集成册，并形成一本活动案例集。每次活动的照片或视频整理归档，形成一个微视频。介绍了活动的开展情况。作为校本研训的课程资源，也是校园文化及学校特色的展示。

五、反思提升

“学然后知不足，教然后知困，研然后知美。知不足，然后能自反也；知困，然后能自强也；知美，然后能自创也。”教师国家通用语言文字能力提升的研究虽然取得了一定的成绩，但同样存在不少问题和不足，如：

一是怎样更加充分地调动参与课题研究教师的积极性，推动课题研究持续走向深入，能满足不同程度与水平的教师的需求。目前整理的培训资源还只是非常小的一部分，要形成更完备的结构体系，需要投入大量的精力时间反复打磨，包括课题主持人在内的老师都在教学一线，工作负担本来就很大，有时会感觉压力过大难以兼顾，应该考虑组建专业团队，并投入专项经费及政策支持，以激发老师们的研究热情。

二是怎样在更大范围内形成与同伴共同练习提升，把研训的收获应用到自己的课堂上和生活中去，更加自主学习或者小组学习，使课题研究成果的推广应用得到进一步加强，从而更好地支持研究的发展，也让更多的教师从中受益。

三是怎样借助信息技术、互联网、人工智能等技术手段，为教师的线上学习、移动学习、随时学习提供可能。目前是在工作群中推送视频课，实现在线学习，但是这一步功能明显不够完善。比如在管理功能上，无法确定学习者自主学习的认真度及效果路径的学习分析技术，后期的深入研究则希望借力专业团队力量，建构集建设、管理、应用，特别是学习评价反馈要能逐步实现由系统自动基于过程性数据收集，精准定位问题，实现智慧培训。

（该成果为：湖南省教育厅、湖南省语委课题“基于校本研训的中小学教师国家通用语言文字能力提升研究”结题材料，项目编号：XYJ2019ZB02）

第二章

实践探索

用共享思维，办一所没有围墙的学校

“一个校长的使命在于构建照亮时代的教育精神”，这是我做校长以来一直秉承的一个重要理念，同时，我也一直勠力探索将互联网时代精神与学校教育融合的实践模式，所以，今天，我选择的主题是用共享思维办一所没有围墙的学校。这个新话题，既是一个和大家探讨的理论主题，更是我所在的育英学校未来治理的基本理念和变革的主导方向。教育学上对共享教育的研究正逐步清晰，国家、省级政策层面的优质数字资源共建共享机制也日趋完善，而基础学校是“共享教育体”的基本单元，实践探索才刚刚起步。我只想结合这几年在学校校长工作岗位上的实践，谈谈共享教育对于基础学校治理与变革有关的三个很粗浅的观点。

一、让“学以为己”成为可能

学生是共享教育最直接的受益者，学校需架设个性化学习环境，让“学以为己”成为可能。无论哪一种教育理念、哪一种教育形态、哪一种教育策略首先都必须面向学生，同样，共享教育就是一种面向学生真实需求、多元化需求和个性化需求的教育形态。

（一）共享教育，“学以为己”是目标

教育的出发点是学生，落脚点还是学生，同样，共享教育亦如是。《论语》有一条语录曰：“古之学者为己，今之学者为人。”所谓“学者为己”，是说学习的目的在于提高自身的修养，成就自己的人格，学习是出于自己的兴趣。与“学者为己”相对的是“学者为人”，其目的则是向别人炫耀自己的学问，而与自己的人格完善不相干，学习并不是出于完善自己人格的内在要求。

而当下，我们的学生被一些顽固的传统误导和功利性教育机构绑架，出现了一些虚假的学习需求，严重偏离了教育的轨道，甚至触及教育的底线。中央文史研究馆馆员、原国务院参事刘彭芝在“2017国是论坛”对话环节发言中指出：“我们基础教育出现的问题，有这样那样的各种原因，但最深层最根本的原因，还是没有把儿童作为中心、没把学生作为主体。”如何让学生有更多自由的时间和空间，让每个孩子的个性和特长都能挖掘出来并充分发挥等成为重大课题。作为一种新探索，还原“学以为己”的本义，实现按需学习，而不是制造的需求，是自然的、真实的、合规律的需求，是共享教育的核心价值所在。

（二）共享教育，差异是前提

共享教育旨在唤醒学生个性化学习需求。审视人口众多、教育资源不足的现实国情，现行的班级授课制虽有共性教育优势突出等特点，但不得不正视的是，班级授课制所存在的个性教育弱化、一刀切的传统教学模式又在客观上使学困生得不到帮助、优秀生缺乏挑战、特长生的个性发展受影响。如何从学生学业基础和学习能力实际出发，在班级授课制下让学生的学习潜能得到最大发挥？如何在培养学生学习能力、开发各种潜力的教育教学操作点上有一些突破？在大班制背景下，教育发展的现实需求迫切呼唤差异化教育。

（三）共享教育，连接是基础

学校作为共享教育体系中的重要部分，要提高共享教育体的分享性，需要为广大师生架设一个便捷的技术平台，这个平台可能是一个消费平台，可能是一个检索工具，可能是一个储存路径与空间，也可能是一个可视化呈现媒介，更可能是知识、技能、本领的记录与分享视域。在这样的整合平台下，学校教育就具有了呈现分享性，需要进入这个共享教育体的人持有一个泛互联网时代下的“工具箱”，从而让自己的对外分享与接受分享畅行无阻。育英学校创新做法，首创“共享校园”。一是整个校园搭建了一个泛在的接入环境，它以无所不在为基本特征，实现在任何时间、任何地点都能顺畅地接入网络；二是智能终端的互联互通，方便、快捷也是共享教室的特征，为了广泛地使我们现在所拥有的智能终端真正意义上“为我所用”，我们经过对终端设备的技术研究和再造，实现了PC与移动终端、多媒体电视三者的互联互通。为共享教育的实现创设了一个连接且通畅的物理环境。

总之，我们借用华东师范大学终身教授丁钢先生的话来说：共享教育面对的现实是满足不同差异个体的学习需求，以及学习个体越来越多元化和个性化的需求；从未来来看，运用共享教育的理念在于不断改进我们的教育形态从而满足不同学习阶层和年龄层次个体的需求。这既是基于教育最根本的宗旨，也意味着这种理念转化的必要性。这与以往的教育理念并非相互对立的，而是一种在现实基础与对未来变革的思考基础上的理念拓展和延伸。

二、让“学有优教”落地扎根

教师是共享教育的关键，学校需唱响课堂创新实践主旋律，让“学有优教”落地扎根。习主席在十九大报告中提到：要坚持在发展中保障和改善民生，在幼有所育、学有所教、劳有所得、病有所医、老有所养、住有所居、弱有所扶上不断取得新的进展。如何保证“学有所教”，甚至“学有优教”？教师是一个很重要的部分，强师才能兴教。

（一）共享教育，名师储备是基本保障

共享教育的资源、能源、信息和实物，在这些当中，最重要的是“人”。在互联网全球脑上，每个人都是一个知识建构者，尤其是，任何一个专业领域中的人都是教师。教育者和被教育者是“知识的产权人”、拥有者、输出者，但又是“知识的享有者”、接纳者，既是生产者也是消费者，所有权与使用权互为交替，大家在这个共享教育体里是文化并喻的关系。那么，要实现共享教育，举荐、打造、储备名师是实现共享教育的基本保障。育英学校作为一所有67年办学历史的老校，一直致力于名师的培养。多年来，立足校本，通过名师培养计划，以师德建设为抓手，以培养教师专业素质为目标，通过实实在在的教学实践活动，打造名师、培养梯队，建设一支具有良好职业道德，具备现代教育理念，能适应课程改革要求，具有综合专业素质的、有实践和创新意识的教师队伍。育英名师培养计划采取的主要措施有：一是加强组织管理。成立“名师培养计划”工作领导小组。二是提供经费保障。设置专项经费用于教师培训、考察调研、科研等活动，以保障名师培养计划的落实。三是制订教师个人发展计划，建立健全教师成长档案袋。四是打造有利于教师成长的校本环

境。办好“教师博客”“教育教研”“教师读书沙龙”等系列活动。五是名师培养确认机制，凡符合名师培养对象基本条件的教师，经本人申请，学校“名师培养计划”工作领导小组审核确认，即作为本校名师培养对象。更为重要的是，除了本校名师培养，我们进一步将增设“网师”，积极引入优秀家长、知名专家，甚至教育公共知识分了壮大我们的教师队伍。正如华为技术有限公司主要创始人、总裁任正非在国家科技创新大会上所说：“让教师成为最光荣的职业，成为优秀青年的向往，用最优秀的人去培养更优秀的人。”

（二）共享教育，课堂创新是实践路径

传统课堂教学的标准化、单一化和弊端，需要综合、深度改革。传统课堂主要是以教师的主动讲授和以学生的被动反应为主要特征，教师往往注重通过语言的讲述和行为的灌输来实现知识的传授，在教学过程中教师的主导地位倾向突出，而学生的主体地位却被习惯性地忽视。在这种教学模式下的课堂教学往往过于死板，教师搞“一言堂”，学生的学习地位得不到充分的体现和尊重，即使他们在学习过程中有自己的看法，也往往不敢表达。因此，传统的教学模式严重忽视了教学中的情感因素，无视青少年学生心理发展的正常需求，严重束缚了学生学习的积极性、主动性和创造性的发挥。

互联网时代背景下，所谓教育与学习，也不再是传统的老师讲，学生听的模式，每个人都是一个知识的载体，个体的差异性衍生了众多的知识热点，每个人都能做老师，每个人又能是学生，当你把你的知识输出到某个共享教育体或其中某一平台媒介，感兴趣的人就可以看、可以学、可以用，这时候“交换价值”被“共享价值”代替，我想这是学校作为共享教育体成立的一个标志。

共享教育的着力点和主战场是课堂教学，探索课堂结构和改变师生课堂行为成为共享教育背景下的思考与追求。目前，育英学校正在着力探索一条适合自身发展的共享课堂新模式，促进信息技术与教育教学深度融合。

一方面，依托课题，理性引路。2016年5月，育英学校正式开始平板电脑进课堂的探索之路。2016年9月申报省级信息化课题“基于智能终端下的共享课堂的应用研究”，目前已经进人研究阶段。2017年又开始探索基于手机终端的共享课堂研究项目，项目研究的目标是：通过基于平板电脑和智能手机两个不同环境下共享课堂的对比研究，研究出两个环境下在课堂实施中的共同点、优点和缺点。今年10月，我们申报并获批为中央电化教育馆重点课题“名校SPOC课程建设与应用研究”，将从课程变革的角度，积极探索在线共享课堂模式。

另一方面，聚焦课堂，深度实践。在小学数字化学习试点基础上建立共享课堂示范点，开展慕课、微课、翻转课堂、电子书包等新型教学模式和新型载体的试点示范应用。通过上述实践，我们发现：建立共享课堂能有效解决教育共性与个性问题，以受教育者本人所需来寻求知识的习得方式和方法，弥补课堂授课制中个性教育不足的缺憾，让因材施教、分层教学在受教育者端成为现实可能。教育共享能有效解决传统教学中课时、场地、时间等限制，促进受教育者适时学习，满足受教育者时间、场地等不同需求。教育共享能有效培养受教育者合作、共享、坦诚等优秀品质，在共享中实现道德的内化和乳化。

总之，学校只有通过名师共同体和梯队建设，形成覆盖全学科、跨学科的名师团队资源，突破教室空间，创新课堂实践模式，实现弹性制选课，建立学校共享教育的新格局，满足在校不同层次和不同年龄学生的个性化需求，“学有优教”才能落地扎根。

三、打破学校线性办学思维，实现“因材施教”的教育理想

学校是共享教育体的基本单元，打破学校线性办学思维，实现“因材施教”的教育理想。“因材施教”一直是任何一个有情怀的教育人的理想与追求。目前，要破解教育行业壁垒，解除“烧钱式”教育的弊病，打破学校线性办学模式和办学机制，形成共享教育新生态，是未来学校的不可懈怠的责任与担当。

（一）基础学校应该作为一个基本的共享教育体

随着社会经济的高速发展和教育手段、教育技术的不断丰富，国民对教育质量的要求越来越高，教育教学水平的发展还不能完全满足国民对教育高质量需求之间的矛盾，依然并且将一直是教育面临的最大的矛盾，教育也是在不断解决或缩小这个矛盾的过程中实现内涵发展。据《半月谈》报道：目前出现一种“烧钱式”教育，英文1.2万元，逻辑数学1.4万元，舞蹈7000元，看图说话1.1万元，绘画6000元……一年各类补课就要5万元。近日，网上晒出的一张补习账单令人咋舌，晒账单母亲感叹“养的不是孩子，是台碎钞机”。从媒体调

查来看，这种“烧钱式”教育，还具有普遍性。同时，另外一种现象也受到关注和争议，就是“网红”教师。曾有媒体报道在线辅导开始走红，一些在线辅导老师“一小时收入18842元，收入超网红”。相对于课外辅导的高成本，线上辅导每堂课收费简直就是“白菜价”。针对以上出现的新概念、新变化和新挑战，如何适应新形势下的教育发展形势，则成为教育人必须思考的问题。未来，基础学校是否可以作为一个教育共享体，让其像共享单车一样发达，实现优质教育资源的合理配置？

（二）开放办学，打破学校围墙

“用一所学校去改造另一所学校”是共享教育体系形成的重要条件。育英学校率先承担一个教育共享体的责任，进行了网络联校和“精准扶贫”校探索，积极融入湖南大教育共享体系。

育英学校是长沙市教育局网络联校项目的主校，负责小学英语和小学美术两学科。网络联校专递课堂建设带来了教育的深刻变革。育英名校的英语、美术等高水平优质课已通过网络“飞”入了寻常“百姓家”，上名校、听名教师课在教育相对薄弱地区已经成为现实。网络联校也为学校教师的专业成长搭建了很好的平台，老师们充分利用这个平台，开展教学研究，探索教师教学方法与学生学习方式，达到主校主讲教师教学行为最优化、分校辅助教师现场辅导同进步的目的。网络联校的建设和推广，对于均衡教育资源、激发教师活力、开阔学生的视野，更新教师的教学理念和教学方式，都具有十分重要的意义。

与此同时，学校还与IPTV教育共同开发创建了以精准教育扶贫为目的是“双师课堂”。双师课堂构建的基本背景：一是教育优质资源地域分布不均，在村小，部分地区一个老师身兼多职，或者就一名老师，师资的匮乏影响着孩子们对知识的吸收。二是名校优势：开展双师课堂项目的目的是实现课程资源共享，传播名校教育理念。育英作为名校，有其独特的教育教学理念，与此同时名校的名师发挥着重要的价值和作用，并创设丰富的课程资源供学生学习和成长。三是电信优势：湖南电信光纤网络全面铺开至乡镇，IPTV用户规模已达460万，借助此基础实现优质教育资源的分布均衡，提升基础教育水平是一个很好的思路。

目前，育英学校双师课堂项目依托电信光纤网络和IPTV电视教育平台等信息化技术手段，结合学校名校名师资源，为打破城乡教育资源分布不均和地域的限制，将名师名课资源通过IPTV平台、互联网、手机多种渠道，打造立体的O2O教育分享平台，实现教育点播和直播相结合，线上和线下教学相互补充的现代化教学新模式。

双师课堂目前主要课程内容有：小学语文同步课堂：同步字词讲解、同步课文解读、课外拓展。小学数学同步课堂：课堂知识趣味讲解、家里的数学、课后习题讲解。小学英语同步课堂：同步词汇学习、同步课文解读。延展系列：美术水墨画、学生作文范文评点、数学竞赛培训、英语演讲比赛培训等。课后作业系列：同步课后作业题库设计、如何批改。应该说，育英学校网校雏形基本成型，正在积极“用一所学校去改造另一所学校”。

（三）用共享思维迎接“千人千面”的教育奇点，最终实现“因材施教”

用共享思维迎接“千人千面”的教育奇点，引发教育“井喷”，最终实现“因材施教”。当人们谈到对教育的认知时，很多人还是用线性思维方式，即如何利用互联网为教育服务这样的问题。时至今日，我提议换一种思维方式，也就是“共享思维”或者“指数型思维”来思考和解决教育问题。比如美国有一个比“哈佛”还牛气的大学叫奇点大学，一所由谷歌（Google）与美国宇航局（NASA）展开合作举办的，致力培养未来科学家的学校。它们的教师是兼职的行业中的精英，能提供“千人千面”的个性化定制教育，旨在学员们建立起“指数型思维”，通过教育、启迪并武装这些领袖人物，让他们掌握以指数速度飞速发展的科学技术，从而在10年内改善10亿人的生活，并对人性产生正面影响。它们认为：利用指数型思维及科技来对传统行业进行一个10倍级的颠覆或创新，这比用线性思维方法来改进10%的传统还要容易。我们是否可以利用共享思维在教育领域引发一场前所未有的“井喷”，解决我们人口大国的教育资源共享的问题，值得大家期待和努力。

总之，学校要改变办学的思维方式，用共享思维打破校园围墙，积极融入共享教育的新生态，满足不同层次和不同年龄学生的个性化需求，最终实现“因材施教”。

综上所述，判别一所学校是否是共享教育的标志有三个方面：一是海量的名师等优质资源；二是一个畅行无阻的共享平台；三是变革学校线性思维治理体制。我们在此所谈论的学校教育共享是一种敞开式的、相互分享、交流与碰撞，并能在不同场合、不同区域进行的对于学习的交流、分享、感悟与争鸣，教育共享要求我们摈弃教育中的保守思想，以敞开的心态构建教育新场景、新规则和新模式，以共享促进知识更好地传承、内化与创新。

更重要的是，回归“教育即爱”的初心，为共享教育砥砺而行。共享教育作为泛互联网时代下的改革创新的产物，一定是要源于现实与实践，源于教育与终身学习的理念思想实践一线的，因为源于一线的理念思想才有指引力，源于实践的方法举措才接地气，而不是空洞其说，夸夸其谈。

（此文发表于《教师》2018年第1期）

共享发展理念下中部地区“精准扶教”路径分析

一、前言

扶贫先扶智，中共中央、国务院印发的《乡村振兴战略规划（2018—2022年）》文件中第三十章第一节中就指出了要优先发展农村教育事业。但近些年来，在中国的中部地区的乡村教育还是处于“洼地”状态，中部地区乡村教育发展水平还是落后于东部，增长速度落后于西部。为促进教育均衡发展、提升教育质量、促进乡村教育质量提升，切实助力乡村振兴，湖南省立足共享发展理念，联合高师院校、城市优质小学、中国电信IPTV电视网络、乡村小学等构建联动共享联盟，精准识别帮扶对象，定向培养乡村师资，创立O2O教育共享机制及创建乡村教师职后培训机制，精准化落实中部地区乡村扶教方略，探索出了扶教联盟、网络联校、城区名师下乡村与乡村教师进名校离线共享、“双师课堂”在线精准扶教共享、网络大课堂、网络教研等一系列“精准扶教”的路径。

二、“精准扶教”路径

在共享发展理念政策的指导下，在“精准扶教”的道路上，育英学校走上了教育共享发展创新之路，先后探索出了五条“精准扶教”的路径。力图通过扶教联盟、网络联校、“双师课堂”、网络大课堂以及网络教研这五条“精准扶教”路径。育英学校以期通过“五管齐下”来促进乡村学校的教师与学生的发展进而推动中部地区乡村教育信息化环境建设和中部地区乡村教育水平的进一步提升。

（一）扶教联盟

1. 教育局和高校

首先，从2010年开始湖南省教育厅就委托湖南第一师范学院对来自各县、市、区的农村地区村小学的教师进行定向培养初中起点六年制本科。这些来自乡村的教师通过采取“个人自愿报名的方式进行申请。各个学校则会通过初审推荐、县市区教育局初选、市州教育局和湖南一师综合测试、县市区教育局组织考生体检、市州教育局预录、县市区人民政府与考生签订培养协议书、湖南一师录取、省教育厅审核”的程序进行招生和录取工作。湖南第一师范学院会根据农村小学教育、教学的需求来设计培养方案，并依照按需设计的培养方案来对这些定向生进行为期六年的培养。六年学习期满，定向生会回到当地农村小学进行执教。这六年制的定向培养模式被列为了全国教育体制改革试点项目，也被称为是从乡村来、回乡村去的“精准扶教”重要举措。通过由高等师范院校与优质小学联合，精准定向培养乡村小学教师，从乡村来接受培训再回到乡村中去，构建的乡村本土教师补给培养机制为乡村小学提供了大量学科专业基础知识扎实、教学技能优秀、专业情意深厚的优秀师资力量。

其次，高等师范教育机构、城市优质小学教育单位共同建设的学历提升系统课程，其依托电信IPTV平台所打造的职后培训机制，精准助力于不同地域乡村在职学校低学历教师的学历提升与专业发展。

最后，湖南省教育厅电教馆、湖南省芙蓉区教育局等教育部门对高等师范教育机构、城市优质小学教育单位联手打造的学历提升系统课程进行行政参与部署和指导。最终形成坚固而有力的高校扶教联盟。

2. 小学

小学联盟，即汇集城市优质的小学包括湖南长沙育英小学、长沙市育才小学、大同古汉城小学、湖南第一师范学院第一附属小学等名校构成的小学教育联盟。其目的是为乡村学校进行小学优质资源共享。

小学名校、名师、名课资源将依托中国电信IPTV平台，精准点对点帮扶乡村小学教师，创立O2O（线上与线下）教育共享机制，融合长沙市育英学校等名校名师资源，精准对接溆浦县、花垣县、宁远县等中部地区乡村小学，试验

“双师课堂”教育共享模式，致力于“精准扶教”为乡村小学提供优质的教育资源。

3. 企业

湖南电信公司为乡镇提供光纤网络。目前，湖南电信光纤网络全面铺开至乡镇，IPTV用户规模已达460万。湖南艾特维科技有限公司为乡村提供相应的技术人员，做好网络及其他设备服务工作。通过获得湖南电信IPTV平台的支持，以及湖南艾特维科技有限公司提供的技术人员帮扶，将实现城市优质教育资源的向偏远乡村地区的转移与共享发展。

（二）网络联校

网络联校是指以推动义务教育均衡发展为目标，以提高教育教学质量为重点，借助现代化信息设备，依托网络平台，探索异地、异校网络联合办学模式，整合优质教育资源、实施教育资源城乡共享，促进教学质量共同提升，实现两校教育全面协调、可持续发展的一种办学模式。

为了网络联校办学模式的顺利开展，育英学校一方面专门成立了领导小组，负责督促本校教师有序、有效地开展教学活动，巡视、检查网络联校课堂上课情况并且负责协调联系对口帮扶学校，组织本校教师规范有序、深入开展工作。另一方面，学校还组建了专门的教学团队、分校助教辅导团队（负责组织分校教学）、技术团队（负责保障每节课的网络、设备的正常运转并及时改善设施，为活动提供运行流畅、稳定、安全的网络环境）、专家指导团队（负责指导新课堂模式的开展并对学校网络联校进行研究）、教研团队（负责新课堂模式的教学研讨、资料整理）、服务团队（负责后勤保障、线下与分校活动开展等工作）共同保障教学常态化开展。

网络联校主要任务内容有：①利用网络灵活、便捷的特点和高度的互动性，为两校教师专业共同成长架设交流、探讨的平台。②形式多样地开展异地、异校网络互动研讨活动，拓展研讨空间，深化研讨内容，改变教师传统的教研理念，树立新的资源观和教研观。③发挥两校优质师资资源，实现最优资源、最低成本、最方便快捷的学习模式、办学模式的共享。④整合网络优势，探索网络联合办学模式，推动义务教育均衡发展。

在网络联校的结对帮扶中，育英学校通过前期对网络联校课堂的实践研究，已形成了“网络联校双师课堂”的课堂模式及双师课堂标准。接下来学校计划进一步深入研究，研究出一种易操作、可复制的“网络联校多师课堂”的课堂模式和课堂标准。为快速有效提升芙蓉学校教育教学水平起到帮助作用，有效地解决了偏远地区学校缺乏专业师资的问题。

（三）双师课堂

1.“双师课堂”的基本概念

“双师课堂”是指线上线下两个教师合作完成教学工作。线上教师负责通过直播呈现精彩课堂，线下老师负责全程陪伴以及课堂跟踪反馈。

2. 精准扶教实施过程中双师课堂模式优势

（1）可以有效解决由于农村和教育资源匮乏地区相关的教师资源短缺状况。

在农村地区，很多学校面临学生少，教师队伍参差不齐，缺乏师资力量。“双师课堂”为农村地区教师资源匮乏的学校提供了宝贵的线上教师资源，使得线下教师可以合理地安排教学任务以达成预期的教学目标，通过这一方式学生也得到了充分的锻炼，获得更加丰富的知识。

（2）可以有效地提高教学质量。

由于单个教师能够对口帮扶的教学点有限，对时间、设备和网络具有更加严格的要求。而且受设备与环境的限制，必然会导致教学质量的降低。“双师课堂”便可很好地解决这一问题，提高乡村的教学质量。

3. 教学成果

在“精准扶教”的过程中，育英学校与怀化溆浦、永州宁远、益阳安化等薄弱学校，通过湖南电信IPTV教育频道开展了“双师共享课堂”的多次实践，线上名师（育英学校老师）与线下乡村教师共处于同一课堂进行教学，两位教师相辅相成，共享课程资源、共生课堂教学，为学生提供了良好的教学环境，有效提高了学生的学习水平。

目前，“双师课堂”取得了阶段性成果，长沙育英学校共计开发线上名师课程约300节，涵盖了语文、数学、美术、音乐等各个学科。日后，学校将继续开发线上名师课程，完成涵盖语文、数学、英语三科1—6年级的名师课程，与更多的学校开展“双师共享课堂”的教育实践活动，实现精准帮扶，促进了教育的均衡发展。

（四）网络大课堂

网络大课堂是利用网络联校、直播平台、电视融媒体等，主要开设思政德育、心理健康、生命安全、科技探索、文化艺术、法制教育、家校共育等育人课程，全力开拓网络育人新阵地，创新网络育人新模式，培养德智体美劳全面发展的社会主义建设者和接班人。其汇聚了各部门的课程资源，将这些课程资源统一、精准、有效地传导给全省中小学生，建立了一个有效育人的全新渠道，形成多部门网络育人合力。其中“我是接班人”网络大课堂，高举网络立德树人旗帜，主要面向全省学生推送思想政治、道德教育、心理健康、生命安全、法治精神、传统文化、科学创新、劳动教育、家庭教育等育人大课。借鉴影视大片和网络红人IP的制作方式，打造富有感染力和吸引力的网络育人新课程、新名师、新模式，引导全省学生改“追明星”为“追名师”、改“追网红”为“追网课”。

大课堂采用“1+3+N”模式即实现全省中小学生共上一堂课。“1”为主校，设在湖南教育电视台；“3”为互动分校，每堂课轮流接入3个县市区的各1所学校与主校进行同步互动教学，互动分校以农村学校和教学点为主；“N”为全省其他学校，通过网络直播平台和电视频道同步收看、合建共享。

在网络大课堂中领导人、科学家、工程师、歌唱家、世界冠军、医生、护士、警察甚至智能机器人都来到了网络大课堂中，成为学生们的老师，使课堂走出教室迈向更广阔的“大舞台”。

（五）网络教研

网络教研是一种以网络协同学习平台为技术支撑而开展的有组织、有引领的教师自主研修活动的新方式，它是对传统的教师常规教研与培训的增容、延伸与发展。网络教研与传统教研相比，具有跨时空性、共享性、交互性、平等性、协作性，能使教师与教师之间形成多向交流。

在育英学校，学校教师通过在教育教学使用智慧黑板过程中产生的数据（如教师教学中的提问方式、提问数量、习题数量、教学效果等行为）进行讨论、研究分析，提炼出能够促进教师专业成长的有效数据种类，为基于大数据分析促进教师专业成长提供数据采集的方向，最终初步研究出基于大数据分析促进教师专业成长数据模型，为后期智慧教育促进教师发展提供支持。而在

“精准扶教”的工程中线上优秀教师、专家可以通过网络同线下乡村教师进行实时研讨，通过每门课程产生的教学数据分析每门课的教学情况，线上线下教师相互学习、相互提高达到和谐共生。

三、精准扶教的技术实现

（一）湖南电信光纤网络和IPTV电视教育平台

乡村教育在信息化建设方面较为落后，这是一直阻挠乡村教育发展的重大问题，中国电信电视网络、湖南艾特维科技有限公司等作为强大的技术支撑，通过搭建乡村电视电信光纤网络，解决了乡村教育技术难题，优秀的教师教学资源从而依托电信IPTV平台来实现向乡村地区流动，通过这一网络渠道实现了教育资源共享，有如此强大的技术支撑来全力推进乡村教育信息化建设。中部地区的教育资源必将摆脱以往的匮乏，迎来教育资源的“大丰收”。

（二）湖南教育大平台技术

“湖南教育大平台”是省教育厅针对我省教育系统当前发展需求组织开发的教育综合应用平台，包括网站平台和“湖南教育”客户端。大平台技术为“我是接班人”湖南省网络大课堂等平台提供支撑服务。“湖南教育”客户端是结合湖南省实际情况定制开发的教育应用APP，具有即时消息、信息收发、邮件往来、工作建群、语音视频、教学直播、电话会议、视频会议、多终端同步等功能，可以实现师生在家进行网络上课和交流答疑，同时为各学校办公管理、家校沟通提供方便、快捷、高效的技术手段。

各级教育机构、学校可借助“湖南教育大平台”，为自己单位的工作安排、信息报送、工作交流、应急处置、在线教学、家校联系等工作提供信息化支撑，更好地实现办公管理、教育教学的信息化、数字化、扁平化和一体化。

（三）优智多APP

优智多APP是一款为教育培训机构与学生提供在线教学、学习的教育软件。其前卫的教学模式最大限度地保证了孩子们的学习成果，使学生和教师随时随地便可以拿出手机接收、掌握更多新的知识内容。同时该平台还有专业的老师在线提供帮助。

城市中的名校资源可以通过优智多APP传输到各个乡村地区的教师和学生

手中，其海量的免费优质学习内容以及名师的在线直播，教师和学生安装好手机端程序后可自己完成账号注册，便可登录听课。在直播课上远在乡村地区的学生可以同APP上的教师互动，教师也可通过课后的学生留言来答疑解决学生的所有难题。这能帮助孩子查漏补缺，巩固薄弱环节，有效提升孩子学习兴趣，让学生和老师不再囿于时间和地点，更好地安排学习时间。

育英学校每周五都会利用优智多平台以直播的形式进行教学研讨。教师如需参与评课，便可同管理员联系参与线上评课。总而言之，优智多课堂可将教师教学过程同步到手机端，使得不同学校、不同班级的学生、教师以及教育专家同时在线收看相应课程。如此一来，学生学到了知识，教师获取到了教学方法并应用到自身课程中而教育专家进行观看评课、评教，随时对这堂课给予反馈，并作出实时评价，推动了“精准扶教”目标的进一步实现。

四、结语

“精准扶教”是一项艰巨而又伟大工程，在城市名校名师资源、高校与教育局、企业的带动下，乡村学校教育实力会通过扶教联盟、网络联校、“双师课堂”、网络大课堂、网络教研这五条“精准扶教”路径渐渐地成长壮大起来。毫无疑问，这一切与信息技术的发展是密不可分的，尽管教育信息化还有很长的路要走，但这是大势所趋，也是“精准扶教”的必要支撑。尽管在“精准扶教”的道路中会暴露出很多问题如网络延时、卡顿、不稳定等现象，但是相信随着技术的不断进步、国家教育专用网络开展与实施建设以及5G网络基站的不断建设，“精准扶教”一定会搭上现代技术的快车道驶向终点站。

（此文发表于《教师》2021年第8期）

名校SPOC课程的应用研究

——以育英小学为例

随着互联网与信息技术的快速发展，MOOC已经从尝试推广阶段走向发展衍生阶段，在其发展过程中也出现了许多问题，如高辍学率和低完成率等。为了解决学生在线学习的有效性问题，SPOC——小众私密在线课程应运而生，它不仅吸收了MOOC的诸多优点，如微视频课程、大数据学习分析、学习情况及时反馈等，还在教学运行机制、教学设计、教学流程等方面进行了巨大的创新，其课程需要一定的准入门槛，对学生学习有了纪律性要求，并有机结合了面授活动和在线学习，很好地解决了学习有效性问题。随着共享教育理念的深入贯彻，SPOC课程可以成为解决当下教师资源缺乏、课程资源建设时间和成本效率不高以及教学空间限制等问题的良方。育英学校依托其深厚的文化底蕴、优质师资和丰富的教学资源，充分利用信息化教学手段，结合实际情况进行SPOC课程开发与设计，并付诸常态化的教学实践，形成了具有名校特色的SPOC课程模式和建设策略，满足了学生的主动学习需要和个性化的学习需求，切实有效地提升了学生的学习效果。

一、名校SPOC课程建设的价值

（一）创生优质课程资源，推动课堂教学改革

名校利用其自身优势开展SPOC课程建设，可以很好地优化资源配置，创生出优质的课程资源，虽然地区差异会导致教材内容呈现方式不一，但是这些内容的基本要点和教学框架是相通的。依托于名校丰富的教学资源和雄厚的师

资力量，SPOC课程的设计、开发、运用、管理和评价将更加科学、有效，所进行的课堂教学改革也能够得到及时的反馈，从而不断地修改、打磨，最终形成完整的课程资源和经验丰富的实施方案，供其他学校组织进行学习、交流和使用。区别于MOOC、SPOC课程资源建设的目标是打造精细化、结构化的知识片段资料，这就使得在资源制作时可以大幅度降低工作量，有效地提高了SPOC课程资源创建效率。与此同时，采用多样化的混合教学模式可以让学生在学习过程中达到课前与课中、课后相结合，做习题与讨论相结合，老师主导与学生主体相结合，通过持续性的过程性评价可随时掌握学生的实时状态，颠覆了传统的备课、上课、课后练习的教学模式，有效地促进了课堂教学改革。

（二）扩大名校品牌效应，促进课程持续发展

SPOC采用混合教学模式，既有利于共享优质在线课程资源，提升学校的品牌效应，又能够发挥SPOC集约化、小众化等在线学习的特点，使线下课堂变得更加动态、灵活，从而提高教学质量。名校SPOC课程被赋予了特殊的“期望”，即高质量、高效率、可实施的SPOC课程体系，这种“期望”建立在名校强大的资源整合能力和日积月累的教学文化及教学氛围上，是一种信任和认可。一方面，名校通过SPOC系列课程与其他学校产生交流与合作关系，共同扩充优秀课程资源，践行了SPOC课程的初心，很好地扩大了学校的品牌效应；另一方面，名校SPOC课程的发布与实施将反作用于学校相关课程资源建设，在高标准的“期望”下，SPOC课程建设者将更加积极地投入，充分吸取学生反应、校内外老师意见甚至远程参与教研的专家评议，开展更优质的SPOC课程建设，带动全校师生从课前准备、课中学习到课后练习的所有教学过程中激发灵感，鼓励创新，从而形成良性循环，促进课程可持续发展。

（三）贯彻共享教育理念，助力乡村精准扶教

教育扶贫工作的重难点在于农村教学点，教学点的师资水平是扶贫的精准发力点。解决农村教师师资水平的方法有二：一是通过常规的教师培训和人才引进来提高乡村教学点的师资力量；二是使用在线资源和在线课程，通过远程资源共享的形式直接让课程进入乡村课堂。更新教师队伍和提高现有教师能力是一项长期的工作，需要投入大量的资金和时间，但从共享角度出发，以直播课堂和双师课堂的形式把优质课通过网络传输到乡村，将城市的优质教学资源与农村教学环境无缝对接，可以从另一种角度很好地解决乡村教师水平与能力问题。在共享教育和精准扶教行动的催化下，SPOC课程是实施共享教育的落脚点，名校将承担起教育共享体的责任，利用悠久的办学历史、先进的办学理念和丰富的教学资源，为偏远山区打通优质资源的“隧道”，架起名师优课的共享“桥梁”，使得城市老师可接触乡村学生，促进课程进一步完善；也可使乡村学生接触城区教师、上课模式和教学资源，增长知识，开阔视野，从而提升学习水平。总的来说，SPOC课程运用可以从共享教学理念出发，“用一所学校去改造另外一所学校”，为山区的孩子们送去更好的学习体验，共同助力乡村精准扶教。

二、名校SPOC课程建设的策略

（一）提升校长信息化领导力

校长信息化领导力是一种能力，是校长作为学校的技术领导者领导学校所有成员在制定学校信息化发展规划、创建信息化教学环境、建立并执行一定的技术使用标准和问责制度，成功地促进技术在学校各个方面有效使用的能力。在SPOC课程建设过程中，校长无疑是项目的总设计师，负责各级各类目标的制定和过程与方法的实施，因此，校长的信息化领导力至关重要，是SPOC课程建设的重要前提。如何在教育信息化的潮流中把握课程建设目标，如何利用名校优势整合可利用资源，如何组织好项目小组成员顺利完成课程建设等，都是校长在SPOC课程建设中必须要考虑的问题。因此，校长需要有接纳新兴技术的积极心向，勇于尝试并总结经验，积极参加信息技能培训活动，借鉴其他学校相关经验并总结反思，切实有效地提升信息化领导能力，为名校SPOC课程建设指引方向。

（二）建设专业教师团队

SPOC综合了线上和课堂教学，其教学过程和教学方法与传统课堂存在着巨大差异，对老师的要求变得更加苛刻。一方面，教师需要不断更新观念，努力学习相应的教学知识，提高自身的信息素养，以适应SPOC课程所带来的变革；另一方面，教师要学会主动探索新的教学手段和方法，掌握各类线上课程资源的设计、开发、利用以及评价的能力。而对于SPOC课程的建设，单靠个人的力量是无法完成的，必须要形成一个结构合理、分工明确的专业化教师团队，如成立技术总负责人、资料总负责人，成立智慧课堂研究组、双师课堂研究组等，充分发挥各自优势，为SPOC课程的建设打下坚实的基础。

（三）建立统一资源平台

SPOC课程资源平台的建设在课程环境中有着举足轻重的地位，没有一个统一可靠的资源平台，在常规的教学中就会遇到阻碍，诸如湖南省网络直播大课堂、中国大学MOOC等，都拥有成熟有效的资源平台以将优质课程全面共享。在统一的资源平台中，一方面，有完善的运行原则和监管机制，可以保障学习者课前、课中、课后的学习行为，也方便实现在课堂中师生互动的教学形式，发挥学生主体教师主导的作用；另一方面，规范的教学评价体系能对学习者的学习状况进行评估和诊断，发挥学生的自主学习性和个性化的指导。建构SPOC课程资源平台是共享名校资源，提高教学质量的重要举措，为了达到SPOC课程在推广使用时的良好体验，SPOC课程要有统一的资源平台做支撑，保证学习过程中的完整性和流畅性。

（四）促进常态化教学

随着人工智能时代的到来，网络进行教学已似箭在弦上，衍生出来的SPOC课程教学也初露锋芒、百花齐放，但很多学校在SPOC课程实践中缺乏长期性的统筹规划，盲目求新、求热度，争先恐后地申报了各种教学资源建设项目，在“量”上达到了高峰，而在“质”这一方面——优秀的课程、专业的教学资源相对薄弱，并没有很好地运用到日常教学中。这也使得学校在资源建设期间的工作量被人为地加大，课程建设流于形式，做了很多无用功。目前，只有集中力量将学科资源的建设变为学校中的常态，而不是“剃头的挑子一头热”，SPOC课程才能在这一“常态”中不断完善发展，从而有效提高教师教学水平进而促使学生得到更好的教育，并最终为“精准扶教”添砖加瓦。

（此文发表于《教师》2021年第5期）

三点半难题的实质及其破解

“三点半难题”由来已久，连续几年成为全国两会期间的热议话题，虽然各地探索出“课外活动”“弹性离校”“社区托管”“公益托管”等三点半课后服务模式，但因各地实情差异，三点半难题（各地时间节点会有差异）依然突出。鉴于此，我们需要厘清三点半难题到底“难”在何处？其问题的实质是什么？如何破解这一难题？

一、三点半难题“难在何处”

三点半难题自产生以来伴随着诸多因素的矛盾纠葛。其“难”表现在：因学生减负而导致三点半托管之困；三点半后托管带来利益、安全、质量等各种衍生性问题；交由学校托管导致教师工作负担加重，学生学习负担增加。

（一）由“减负”而生“三点半托管”之困

2018年两会上教育部部长指出三点半难题“是中国经济社会发展、中国教育发展特定阶段的一个产物”，但追溯起来该问题起因于“减负”政策的实施。一直以来“应试”的观念、思想、方法影响深刻，中小学生竞争压力大、学习负担重，20世纪90年代，减负的呼声高涨，国家出台相关文件规定小学生“每日学习时间不超过6小时，中学不超过8小时”。该规定执行后，各地小学在三点半至四点半之间放学（各地略有差异），而孩子放学与家长下班时间存在时间差，家长无法及时接孩子回家，导致学生放学后无人监管。本意减轻孩子学习的负担，却无形中增加了家长的工作负担、生活负担。与此同时，很多孩子在这一时间段不得不被送往各种课后补习班、托管班，进一步又延长了课后学习时间，不但未能减负反而使学生增加学习负担、徒增厌学情绪。如此带来减负的治理悖论，不但未解决减负问题，而使问题转移为“三点半托管之困”。

（二）校外托管导致利益、安全、质量等问题丛生

由于三点半前学校已经承担应有的职责和义务，而且人们普遍认同孩子的教育是学校教育、社会教育、家庭教育等各方合力的结果，因此三点半后孩子托管是家长不可推卸的责任。但矛盾在于：家长大多是工薪阶层，工作和孩子接管之间的矛盾难以调和，不工作难以维系家庭生活，不接孩子则影响孩子的健康安全成长。在这两难局面中，巨大的市场需求催生了一大批托管培训机构，很多家长“转投社会上的高价培训机构，尽管路途远、安全系数下降，质量缺乏保证”。但是，市场运行逻辑的核心是利益，由于巨大市场利益的存在，一些不法分子和非正规托管培训机构浑水摸鱼逐利市场，在无培训资质、无卫生许可证、无专业教师的情况下大肆招揽学生，并在托管内容和形式上以低质量时间消耗为目标，导致消防安全、饮食卫生、收费高等乱象丛生，托管的内容安排及托管质量良莠不齐，严重影响孩子学习兴趣和自信心的培养。

另外，也有地方将托管工作交由社区来承担，毕竟社区教育本身也是教育的重要环节，孩子们社会领域的认知、社会服务意识的培养、公民意识的塑造、不同社会职业的体验、企业文化的感知、公益活动的开展等等，都需要由社区教育来承担部分职能，因此，三点半后由社区来服务，针对学生开展社区教育不失为有效的解决办法。如上海市浦东非营利组织发展中心和上海睿新社区服务中心联合在三林世博家园市民中心开设“快乐三点半”兴趣班，“每周一到周五的下午三点半到五点半，接纳辖区青少年开展管理服务和兴趣辅导”。但尽管社区在一些社会资源上具备优势，但是我国各地的大部分社区在设施设备、专业师资、教育水平、活动组织、内容设计等方面都较为匮乏，同时由于社区与各学校之间往往有一段距离，交通安全仍是重要的影响因素。因此，除一些教育资源、教育能力较强的社区，能够较好地承担课后服务工作外，大部分社区并不能有效解决三点半难题。

二、实质：学校“三点半课程”的建设

当研究者聚焦“三点半后由谁来托管孩子”这一问题时，不自觉陷入一种

思维陷阱而执着于各种托管的方法路径，事实上，问题核心并不是谁来托管的问题，而是学校突破当前课程建设瓶颈，如何实施和建设“三点半课程”的问题。

（一）学生“减负”非学校减负

前已述及三点半难题因减负而来，但“减负”是减谁的“负”？减负的“负担”是什么？当初减负政策的推行，其目的在于减轻学生课业学习的负担。20世纪90年代，原国家教委发布《学校卫生工作条例》，明确规定“学生每日学习时间（包括自习），小学不超过6小时，中学不超过8小时，大学不超过10小时。学校或者教师不得以任何理由和方式，增加授课时间和作业量，加重学生学习负担”。文件规定的是“每日学习时间，小学不超过6小时”，这里的每日学习时间是指在学校学习列入国家义务教育课程计划表中的课程的时间，它和“在校时间”并不能画等号。也即，“每日学习时间，小学不超过6小时”是指学习课程计划表中课程的时间不应超过6小时。然而，在具体执行时操作层面将“学习时间”演变成了小学生“在校时间”不超过6小时。政策的出台目的是为学生减负，但在理解和执行时的偏差，把学习时间等同于在校时间，从而演变为给学校及教师减负，导致在校时间的缩短，直接导致三点半难题的产生。

（二）三点半问题的解决关键在学校

由上我们发现三点半问题的解决并不在于去考量各种托管的主体，毕竟学校作为教育的主阵地，必须承担起相应的社会责任，而且随着时代发展及社会需求的变化，学校教育必然会在职能和功能上相应会有延伸和拓展，所谓的边界并非固定不变。因此，学校履行三点半后托管工作并非强制性工作捆绑，乃是国家和社会赋予学校教育的新职能与新任务。除此之外，在学校托管具备诸多先天的优势。首先，学校拥有大量专业的师资人员，能够提供良好的优质的课后服务；其次，学校拥有教室、图书馆、操场及各种设备设施，具备良好的开展课后托管服务所需的设施条件；再者，在学校托管便于监管，能更好地保障孩子的安全。总之，三点半问题的解决其立足点和出发点必须服务于孩子，为了孩子的健康成长。

另外，世界各国的经验其实也为我们提供了他山之石。在德国一般小学中午就放学，政府实施“全日学校”，并增加针对十岁以下孩子开设的课外辅导站；在荷兰，政府规定小学必须为学生提供上学前和放学后的托管服务。法国学校实施“课外接待”，在正规教育时间以外，如上课前、午休、放学后以及节假日期间为儿童提供多样化服务。韩国政府从2006年开始推行“放学后学校”，即放学后根据学生和家长的需要与选择，以教育成本由财政拨款和家庭共同分担的方式在校内进行正规教育以外的教育活动。各国的解决路径亦表明，学校是解决三点半课后服务的关键所在。

（三）学校托管质量关键在三点半课程建设

综上分析，三点半问题的解决就在于学校如何接好三点半的课后服务工作。2017年教育部印发《关于做好中小学生课后服务工作的指导意见》，把课后服务工作纳入中小学校考评体系，要求广大中小学校充分利用管理、人员、场地、资源等方面的优势，积极作为，主动承担起学生课后服务责任。充分发挥中小学校课后服务主渠道作用，积极探索形成各具特色的课后服务工作模式。应该说各地探索卓有成效，但仍未能从根本上解决问题，关键是三点半后学校提供什么样的课程服务。

基于此，教育部明确规定“坚决防止将课后服务变相成为集体教学或‘补课’”，显然，三点半课后服务必须不同于三点半前的课程学习。如果把课后服务工作等同于三点半前课程学习的延伸和补习，就违背了三点半时间节点设置对于学生成长的价值和意义。因此三点半课后服务的内容首先要不同于三点半前的课程学习内容，而且课后服务工作的开展形式也应不同于传统的课程学习形式。《指导意见》就指明：课后服务内容主要是安排学生做作业、自主阅读、体育、艺术、科普活动，以及娱乐游戏、拓展训练、开展社团及兴趣小组活动、观看适宜儿童的影片等。总之，“三点半难题”并不是“三点半”的时间节点问题，只要孩子放学与家长下班存在时间差，即使“三点半”的问题解决了，还可能会形成“四点半难题”“五点半难题”。该问题真正关乎的是素质教育在课后如何良好开展的问题。因此，三点半难题的实质也就是学校如何建设“三点半课程”的问题，即学校立足服务于孩子发展的角度，为学生提供区别于国家义务教育课程计划表中所列课程的更好的优质的三点半课程。

三、破解：以“三点半课程”服务学生个性化发展

三点半课程的建设问题是破解三点半难题的核心，那么三点半课程建设遵循怎样的建设理念？它与学校的传统课程有何差别？其建设主体是谁？通过何种途径来实施？这是建设学校三点半课程必须回答的问题。

（一）以学生发展为中心促进个性化课程建设

中小学校教育属于基础教育阶段，“小学阶段更是基础的基础”，联合国教科文组织认为基础教育是“向每个人提供并为一切人所共有的最低限度的知识、观点、社会准则和经验”的教育。这一阶段是为未来生活打基础的阶段，需通过基础教育阶段学习各种基础知识、基本技能、基本品质等，其层次和水平是达到基础要求，是每个正常的孩子需要也能达到的水平，乃是一种共性化的要求，因此校内三点半前开设的课程是在基础教育阶段满足所有孩子共性化的基础水平的，他并不能满足每个不同孩子的个性化需求。虽然一些地方和学校根据当地及学校的特色开设了一些地方课程和校本课程，一定程度上可以实现课程的丰富，但是这些个性化课程的建设和实施毕竟受到课程计划表课时数的限制，开发和实施的空间和力度极为有限。而三点半后孩子由学校接管，其实对于学校来说，是进行个性化课程建设和开发的极佳的空间和时间。不同学校可以充分利用这一时间段开发各种丰富的满足学生个性化需要的课程。

总的来说，三点半课程内容的建设要遵循三个原则：一是区别于传统课程，即三点半后的课程在课程内容上应与三点半前开设的国家课程、学科课程等相区别，避免三点半课程成为学校基础教育课程的延续与补习，如果三点半后托管只是传统课程的延续，势必不能达到促进学生个性化发展的目的，还可能给学生带来更大的学习压力和负担。二是内容丰富，即各个学校可基于核心素养体系从人文底蕴、科学精神、学会学习、健康生活、责任担当、实践创新六大方面构建个性化课程体系，比如在人文底蕴方面，在现行已有的人文课程之外，从文化自信角度出发，开设国学、书法、民俗游戏、泥塑、茶艺、十字绣、剪纸、戏剧表演等课程，根植孩子的文化自信；健康生活方面，开设适合孩子身体素质发展的各种体育运动创新课程，如跳绳课程，短绳“可用夹、甩、拉、拼、折等方法，做踩蛇尾、抓尾巴、拼图、掷准、拉力赛等游戏”运

动，长绳可“进行单人单跳、双人单跳、加减跳、童谣跳、双绳跳等”运动，通过游戏体育的方式塑造学生健康的体魄；实践创新方面，结合时代需求，积极探索和建设人工智能课程、编程课程等，为孩子未来适应科技社会和引领科技发展奠定科技思维与创新的基石。三是综合化，即突破原有学科的分明界线，通过学科整合，开设融合科学、技术、工程、艺术、数学等学科的STEAM课程，如机器人课程、人工智能、3D打印、Scratch编程课程、艺术设计与创造、微电影制作等等，以3D打印课程为例，可将设计创意、语言表达、合作分享、计算推理、艺术审美等融合在一起，实现学生问题解决能力、合作互助能力、创新能力及各方面综合素养的发展。

（二）用共享思维构建主体多元化的合作模式

三点半课程必须极大丰富才尽可能满足不同学生的个性需求，但是任何学校在各种课程方面的师资都不可能做到完备，因此三点半课程需通过共享的方式实现个性化课程资源的极大丰富。共享是当前经济领域非常火爆的词汇，共享是指“网络技术使闲置资源在供方与需方之间得到精准配置，实现‘物尽其用’和‘按需分配’的价值目标”。显然，共享实质是通过将闲置资源合理配置实现不同主体之间资源的共同享有。从教育领域来看，课程资源的建设并不只是依靠学校教师，事实上一所学校之外的其他学校、家长、社区、高校、民间艺人等等都是潜在的课程资源，因此在三点半课程建设上，学校可以打破壁垒借助共享思维让不同主体来共同分享不同的优质教育资源，在共享中实现个性化课程资源的极大丰富。具体来说，可以从这样五个方面着手构建主体多元化的合作模式建设三点半课程。

一是区域内校际间的共享。地区内的一些学校各自主攻并发展自己的特色课程，如区域内一学校集中力量主攻国学课程弘扬传统文化，另一学校则大力建设运动课程发展体育素质，还有一学校集合资源建设STEAM课程培养学生的创新能力及综合素养等，然后地域内学校实行各类课程互补共享，如此既节省人力财力，又利于学生共享优质课程资源。二是与校外家长、名师、高校教师、民间艺人等的共享。积极吸纳和鼓励有才干有能力的家长、社区人员、校外名师、高校教师及民间艺人等到学校来开辟“多元课程”，并在区域内学校间共享。三是与社区、企业、俱乐部等的共享。虽然课后托管服务主体是学校，但是仍然可以借助社区的资源和力量，如少年宫、博物馆、图书馆、科技馆、水厂、音乐厅、福利院、企业公司、俱乐部等有价值资源为孩子提供“社会实践”参与性课程服务，同时学校也为一些有课程开发和实施能力的俱乐部、企业、围棋社等提供场地资源和条件。如北京市西城区2014年开始实施“城市学校少年宫”计划（城宫计划），将校外教育资源引入校内，让学生们不出校门便能免费享受到优质的教育资源。在美国，许多公司、政府议会组织等积极提供便利条件向学生开放，“帮助学生们认识各种社会行业，也为自身行业未来积蓄人才提供基础”。四是与师范院校师范生的共享。师范院校师范生未来将从事教育教学工作，吸纳过来参与小学三点半课程的服务工作，对师范生是一种锻炼，是理论与实践融合的最佳途径，对学校而言，则是有效降低人力成本，提升服务质量的有效方式。五是与全国名校的共享。当课程资源建设逐渐丰富和发展的情况下，则可以与全国各地名校进行资源共享，让学生受益于其他地区名校的优质教育资源和优质课程。

（三）以现代技术手段革新课程实施模式

通过不同主体的参与实现共享，有些可以请到校内来承担三点半课程，如师范生、家长、志愿者等；但有些并不能来到现场，如名师、名家及一些专业人员等，因此资源共享往往受到地域空间与时间的限制，而且即便是区域内师资，也可能因为师资不足及时空限制而导致三点半课程难以共享。基于此，三点半课程的共享可借助现代化技术手段革新课程的实施模式。

首先，通过选课平台实现走班上课。学生通过选课平台，选择自己感兴趣的三点半课程，在三点半后时间段内打破小学年级的界限，破除固定的班级授课的限制，依据兴趣、水平等分班并实现走班上课，每个学生在三点半后拥有自己独特的课表，在三点半课程中满足自身个性化发展需求。

其次，依托互联平台变革授课方式。不同主体通过录制可重复利用的优质“三点半在线共享课程”，上传互联网课程教学平台。有的课程如观赏和趣味知识类的像动漫电影赏析、名人轶事、历史故事等可以通过在线播放观看的模式学习。有的课程如问题导向及实操类型的像自然探究、毛笔书法、诗歌朗诵、现代礼仪等，可先在线学习优质的课程简短视频，线下则由教师、师范生或志愿者等在教室进行现场个性化辅导、答疑、实操，形成线上名师授课与线下教师现场辅导的“双师共享课堂模式”。此模式可实现线上与线下空间的充分融合，极大降低课后服务人力成本，又能丰富三点半后课程资源，提升课后服务质量。在这方面，长沙市育英小学进行了开创性探索，通过“双师共享课堂”开发线上名师课程约300节，与怀化溆浦、永州宁远、益阳安化等薄弱学校开展“双师共享课堂”实践，该模式依托互联网在线平台通过线上线下的配合有效地解决乡村师资不足及课程资源欠缺等难题。有的课程采取项目化学习方式学习，如3D打印、编程、机器人课程等，以小组合作方式借助iPad或笔记本电脑实现项目式探究、学习及分享，这样既能充分发挥小组合作的功能与作用培养学生的合作探究能力，又能在任务驱动中借助技术手段实现资源共享。

除此之外，构建“三点半”MOOC课程平台。MOOC平台面向各个主体汇聚优质课程资源，形成大型三点半课程资源平台，教师与学生均拥有独立账户及个人学习空间，教师可以在平台建班立制，了解班级每个学生在MOOC平台学习情况。平台借助大数据能及时反馈学生的学习行为、习惯、态度、兴趣、认知思维能力、学习内容乃至学习意志等信息，从而为教师三点半课程的个性化教学提供支撑，也为学生的个性化学习提供资源与环境保障。

综上所述，三点半难题之“难”不在于由谁托管，其托管的主阵地只能是学校。从学校角度而言，三点半难题的实质就是学校课程资源建设的问题，破解该难题需以学生发展为中心促进个性化课程建设，用共享思维构建主体多元化的合作模式，以现代技术手段革新课程实施模式。

（此文发表于《现代教育科学》2018年第12期）

小学名校SPOC课程创生的内涵、优势及路径

随着教育信息化的蓬勃发展，一些新兴的在线课程如：微课、MOOC等课程形式在中国教育界风起云涌，然而，基础教育阶段的SPOC课程建设却明显落后于高等教育的发展步伐。在《国家中长期教育改革和发展规划纲要（2010—2020年）》中，我们可以看出国家将教育公平问题作为教育改革的主要突破口，提出“促进义务教育均衡发展和扶持困难群体”的方针。所以通过SPOC实现基础教育均衡发展是我国目前教育事业的主要手段。

一、问题的提出

（一）MOOC发展新要求

自2012年MOOC在国际教育格局中掀起热潮后，国内涌现大量MOOC平台，许多高校都跃跃欲试打造自己的在线教育平台，在线学习资源逐渐充盈，然而，随着MOOC这种大规模开放式网络课程的迅速发展，开放、免费的MOOC平台被广泛应用，但是MOOC的教学效果并没有想象中的那么好，一方面，由于MOOC本身对学生而言没有先修条件和规模限制，就会导致如教学模式相对单一、学习对象太广、针对性指导不足、课程完成率低等弊端；另一方面，很多课程的教学设计并不适宜通过MOOC来完善传统课堂的不足，浪费了学生在线上大量学习的时间。由此可见，教育信息化对MOOC未来的发展提出了新要求，也正因如此，一种小规模限制性在线课程——SPOC开始备受瞩目。

（二）城乡教育发展不平衡

一方面，由于经济发展的不平衡和城乡二元结构矛盾的突出，导致城乡之间、区县之间、学校之间的教育差距依然存在。教育政策会更倾向于满足城市

的需求。考虑到农村的经济落后，教育经费有限，所以对优质的教育资源投入较少。而一些先进的课堂电子设备、网络课程资源和优秀的师资配置大都集中在城市的少部分名小学。

另一方面，乡村学校的教师年龄普遍偏高，教学专业化程度较低，低学历化现象严重，甚至还存在一些“缺师少教”“一师多教”的情况，严重影响了教学效果。而城市的名校有着专业化程度高和经验丰富的卓越教师，能对学生的学习和成长带来良好的示范促进作用。因此，教师作为教育资源的配置中极其重要的一环，如何进行科学合理的优化是城乡教育需考虑的重要问题。精准扶贫，从而推动城乡教育均衡发展。

（三）基础教育SPOC课程匮乏

SPOC作为网络时代的教学新模式，目前主要在高等教育领域产生广泛的影响，而基础教育领域仍处于观望阶段，未曾与新型在线网络平台进行深度融合，更没有很好地结合在线网络平台推出有价值的SPOC课程。然而，小学名校有着优秀的教育教学理念，众多名师资源、课程资源，通过网络在线平台的传播能够有效地传递教育教学理念、共享课程资源、提升基础教育教学质量。

综上所述，小学作为基础教育的发端，由来已久的城乡差异使得当前我国教育资源分布不均。Hughes曾提出教育资源共享理论，资源分配均衡是缩小城乡教育差异的关键，所以教育工作者应使用富有灵活性和创造性的手段，利用名校丰厚的教育资源缩小城乡差距，实现义务教育均衡发展，推动教育公平和城乡一体化的发展。故此，本文聚焦基础教育阶段小学名校的课程资源，探索SPOC课程的理论建设。

二、名校SPOC课程的内涵

所谓名校SPOC课程是基于小学名校的立场来讨论小规模限制性在线课程，其内涵可理解为通过名校名师创建SPOC课程，根据SPOC课程在网络平台开设后以及不同学校联网使用和建设情况，进而开发形成新的师生教学环境、空间、资源，创生为新的SPOC课程。应用名校SPOC课程，在限制性的小班教学中，教师可以弥补MOOC的短板，发挥SPOC课程的优点，在教学上关注小学生的学习需求和主体地位，可以促进精准帮扶和教育均衡，推动课程资源开发，促进教师专业发展，提高学校教学质量。

三、名校创生SPOC课程的优势

（一）名师优势

目前我国的大部分小学校都是以班级授课制为主，老师教、学生学这一传统的教学方式仍然是大面积覆盖，若想在课堂上实现以学生为中心的个性化学习还有很长一段路要走，同时考虑到小学生身心发展的特点，可能很多基础知识无法通过自主学习来解决，那么教师的高水平传授就显得尤为重要。名师的讲授不仅只是将知识一股脑灌输给学生，而是囊括了一种互动交流的启发式教学，通过老师与学生探讨式的启发教学训练学生的思维模式，给予学生展示自我的机会和平台。在网络时代，越是优秀的教师越应该多讲，技术的作用不是为了取代教师的讲授，而是要让优秀教师的讲授让更多的人能够分享。育英学校是湖南省长沙市芙蓉区名小学，拥有一支优秀的教师团队，校内有特级教师1人，副高级教师4人，全国优秀教师3人，国家级骨干教师2人，省级骨干教师8人，拥有大量的优质师资及丰富的课程资源，拥有名师工作室，有其独特的教育教学理念，有明确的师德与业务能力，通过SPOC创生的课程实现教师资源共享，为乡村学校提供更优质的教育。

（二）技术优势

实现学校优质教学顺利开展的必要前提就是拥有健全的硬件设备和技术支持。长沙市芙蓉区育英学校融合物联网、大数据、云计算等前沿科技，进行教育信息化2.0升级建设。所有教室都升级为智慧教室，配备了41套透明学生计算智慧黑板、1600张透明计算智慧课桌以及智慧校牌、云课堂等设备，并建设了2间透明学生计算机房、1间直播录播教室、教学大数据和教学资源平台等信息化系统，使信息化的教学应用覆盖到每个教师和学生，为他们带来了全新的智慧校园新体验。学校会定期安排技术团队为网络联校课程录播教室进行网络设备调试，并对授课教师进行使用培训。在课前和课中信息技术老师会全程予以技术支持，及时解决技术问题，出现不能解决的问题向相关部门和公司反馈，提出限时解决问题，确保设备正常运转。同时，学校搭建了教育管理、教育资源公共服务平台特别策划和大数据平台，对智能终端设备上的数据进行采集分析，并实现教育资源的开放共享。为学校SPOC课程创生提供了技术保障。

（三）课程优势

SPOC课程建设的关键是课程资源，育英智慧校园在共享理念的指引下拓展课程建设主体、开拓资源共享渠道，实现课程的极大丰富与体系化。育英学校以名师和技术资源为优势，根据不同类型的科目以及知识点，结合课程的特点选择合适的微视频呈现方式，与其他教学资源互补，满足不同层次的学生学习需求。开发与建设了芙蓉动画双师课程、码课码书微课程、“三点半课程”等丰富多彩的课程资源库，整体规划了学校培养目标及课程体系，形成了具有育英特色的未来学校课程谱系，服务于每个孩子的个性化发展，让因材施教成为可能，并最后通过教育资源公共服务平台实现共享。

（四）教研优势

教师教学专业能力，通过实实在在的教学实践活动，建设一支具有良好职业道德，具备智慧校园时代现代教育理念，能适应课程改革要求，具有综合专业素质的，有实践能力和创新意识的教师队伍。学校会组织优秀青年教师外出培训，听名师公开课；积极开展教材研究活动，提升优秀青年教师把握、分析教材的能力；与兄弟学校开展合作教研活动，促进学校之间的交流，给优秀教师创设锻炼的机会。

教师科研能力方面，芙蓉区名校长工作室和名师工作室会组织教科研领导小组的成员定期参与各类科研学习、培训，提高自身的研究能力与指导能力，从而发挥引领作用。通过定期组织教师观摩学校课题组的活动情况，让全校教师了解课题研究的过程与主要内容，提高课题研究质量，为老师提供学习的机会，并认真做好每个课题的资料积累工作，在研究中学习与提高。例如，很多优质的课程如“三点半课程”的研发，名师工作室的重要骨干力量起到了无可替代的核心作用，所以，一支优秀的教师团队能在教学研究方面发挥好小学名校骨干教师队伍的带头作用，为小学教育事业添砖加瓦。

四、名校SPOC课程创生的路径

（一）核心团队规划体系形成SPOC课程体系

以名校长工作室为依托，以育英学校为实践基地，依托共享教育理念，汇聚学校、家庭、社区、高校等不同主体开发“三点半课程”体系，以“在共享中成就最好的自己”为基本理念，按照学生个性化发展需求，制订整体课程规划，研制课程开发指南，使“三点半”课程具有丰富性、创新性和可操作性。让不同家长、社区、培训机构、社会团体或机构成为教育主体，在学校、家庭、社区不同应用场景，采用移动录（直）播等形式，汇聚大量“微教育”力量，建设差异化、丰富、弹性、自生长式海量课程资源，打造成SPOC课程，形成SPOC课程序列带动芙蓉区小学课程资源建设。

“三点半”SPOC课程是全社会优质教育资源个性分享的课程。它将学生、家长、老师、社会资源都参与到课程资源的建设中来，它将打破教育资源的封闭性、重复性和割裂性，将突破三点半课程资源瓶颈，实现课程资源的极大丰富，使名校SPOC课程创生成为可能。

（二）微课程建设常态化打造资源课程馆

课程馆的特点包括学习资源的丰富性、学习环境的多样性、学习空间的共享性，通过整合和共享学习资源为学生的全面发展和核心素养的提升提供了十分充足的保障，为老师、学生、家长和社会之间的联系拓宽了联通范围，提升了联通效率。课程馆是新技术背景一种新的存在，它将重建学习模型，利用现代信息技术将一年级到六年级的各个学科系统条理地整编成码课码书，形成“一师一课程、一师多课程”的微课程资源。比如，我们精选课本中出现的文学大家，把他们的逸闻趣事、创作背景制作成小视频，形成学科内的微课程资源，整编成二维码，学生可以通过扫描“二维码”学习以满足自己个性化的学习需求，解决了教师烦琐的解说和冗长的知识介绍，也满足了小学生这个年龄阶段自我探索的心理特征。当前学校计划建立40套教师微课程馆，300本学生自编书，初步打造微课程馆，将线上各类教育资源链接变成二维码的方式，实现网络空间与现实空间的互联互通，丰富教师资源的空间建设，形成育英网校雏形，打造共建、共享、互通、联合的空间和平台。

（三）校际合作创生SPOC课程形成聚合效应

一是与村小学结对帮扶，借助现代化信息设备，依托网络平台，探索异地、异校网络联合办学模式，实现“上联名校、下联村小”的网络联校，有效推动学校在区域内发挥辐射引领的作用，快速提升教育薄弱学校的教育教学水平；二是学校依托长沙市网络联校项目，与新晃芙蓉实验学校等4所小学进行网络教学，通过互联网和专用设备进行校际合作，以双方教师在线实时互动的方式为4所学校的学生上课，分校学校安排线下教师配合我校老师共同完成教学，为偏远地区因缺乏专业师资而无法达到理想的教学效果提供帮助；三是学校通过前期对网络联校课堂的实践研究，目前初步形成“网络联校双师课堂”的课堂模式，如课前三环节、课中五环节、助教七环节等，后期将进一步深入研究出一种易操作、可复制的“网络联校多师课堂”的课堂模式和课程标准。

通过三种形式的校际合作，利用完整的录播设备，灵活便捷的网络互动，与各地小学联动形成聚合效应，从而生成SPOC课程，打造“网络联校”品牌与生态，快速提升教育教学水平，解决偏远地区学校缺乏专业师资的问题。

（四）双——多师教学开拓SPOC课程应用新模式

双——多师教学课堂是指线上教师和线下教师共同教学完成课程学习。作为智慧教育的核心，育英学校在多年的发展中探索出一条崭新的发展道路，学校可以利用丰富的资源，融合信息技术手段和互联网思维，将出类拔萃的名师所形成的课程资源，利用智慧双师课堂教学，共享优质的课程文化。育英学校基于共享教育的理念，与湖南电信IPTV频道合作设计开发“双师课堂”教师资源共享模式，通过线上教师与线下教师相结合的方式，开拓双师SPOC课程，解决农村学校优质教师资源不足的问题，弥补农村教师教学过程中的欠缺。目前育英学校的双师课堂包括三类：一是双师共享课堂，指线上名师与线下乡村教师，共享课程资源、共生课堂教学；二是双师专递课堂，由育英学校安排骨干教师，在学校通过互联网和专用设备，以双方在线实时互动的方式为乡村学校的学生上课；三是中美在线课堂，由美国正规专业英语教师通过互联网利用专业设备，与线下英语教师共同为我校学生开展实时在线互动的英语口语教学。后期进一步深入探究形成易操作、可复制的“智慧双师课堂”的课堂标准和应用模式。

五、结语

小学名校作为名校，要起到示范引领的作用，要持续发挥资源优势，整合网络优势，打造属于小学名校系列SPOC线上课程，为名校SPOC课程的应用夯实基础，实现与各地区的其他兄弟学校相互共享、相互学习，打造资源的互联互通互享，提高教育资源的使用率，促进教育的均衡发展，能一起为更多的中小学校共享更多丰富的优质教育资源。

（此文发表于《教师》2021年第4期）

在共享中成就更好的自己

——育英学校共享教育的创新与实践

湖南省长沙市芙蓉区育英学校，是承载湘楚灵韵的一颗教海明珠，创建于1950年10月，原系湖南省军区干部子弟学校。60多年文化积淀，一代代育英人艰苦奋斗、开拓进取、不辱使命，形成了学校独有的文化品质和教育品牌，成为一所享誉三湘的历史名校。

特别是近年来，学校以“在共享中成就更好的自己”为办学理念，以“追求真实唯美的教育生活，构筑幸福完整的学习人生”为办学宗旨，构建了丰富多彩的课程体系，让孩子们拥抱幸福美满的童年。走进学校，这里教学楼、综合楼、篮球馆、校史墙、红军战马雕塑等先进的设施和优雅的环境，令孩子们置身于春意盎然的花园之中。

信步在高标准的多功能报告厅、游泳馆、篮球馆、创客空间；还有校园苗苗电视台、心理咨询室、计算机房、形体室、英语活动室、科学互动室，这里为孩子们的成长提供了广阔的舞台。学校被授予“全国儿童工作先进单位、全国体育传统学校先进集体、全国首批现代教育技术实验学校、国家外语实验学校、全国红旗大队”和“湖南省绿色学校、省教育先进集体、长沙市示范化学校”等多项荣誉称号，成为在基础教育界蜚声湖湘的排头兵。

一、共享理念：在共享中成就更好的自己

学校奉行“在共享中成就更好的自己”的办学理念，一直致力于用共享思维打造一所没有围墙的学校，以共享教育推动学校的改革与发展。学校将共享

的核心立足于成人成己的全面发展上，使每一个孩子在共同分享中体验生命的自由与幸福。

用学校校长的话说，“在共享中”是学校教育发展的路径和方略。因为学校是一个学习化的社区大家庭，需要汇聚学校、家庭、社区等各方力量共同参与学校治理，开发与建设学校课程，服务于每个孩子的个性化发展。

而“成就更好的自己”，是共享教育的目的。认可与尊重每个个体生命存在的差异是教育的前提，教育是让每个孩子成为他“自己”；关爱与引领每个个体生命的成长与发展是教育的灵魂，教育是让每个孩子成为“更好的自己”；“成就”乃是成就每个孩子“更好的自己”，成就每个孩子“更好的自己”更是成就“更好的教育者自己”。

二、共享课堂：创新“双师课堂”模式促进教育均衡

党的十九大报告提出了“乡村振兴战略”，明确指出了要优先发展农村教育事业。而长沙市芙蓉区育英学校作为一所小学名校，在多年的发展中形成了名师荟萃、课程资源丰富的教育品牌。近年来，学校主动承担起为乡村教育服务的重任，充分发挥名校名师的辐射示范作用，为乡村教育的快速发展，探索出了一条崭新的发展道路。

育英学校创新的“双师共享课堂”模式，是指线上名师与线下教师实现课程资源共享、课堂教学共生的一种新型教学模式。目前，学校这项创新已经取得了阶段性成果，共计开发线上名师课程约300节，涵盖了语文、数学、美术、音乐等各个学科。学校与怀化溆浦、永州宁远、益阳安化等学校开展“双师共享课堂”的教育实践活动，实现了精准帮扶，促进了教育的均衡发展。

在此基础上，学校加大“双师共享课程”建设力度，实现了优质课程资源的数字化、网络化和常态化，有效地为学生提供了线上线下混合式学习的支撑。同时，学校还通过与不同学校的网络连接，实现了课程资源、教学空间的共享。2017年“双师共享课堂”作为湖南省教育信息化典型案例上报国家教育部门，得到了教育专家的广泛认可，引起了社会各界的广泛关注。

三、共享课程：建设“三点半课程”突破课程资源瓶颈

为解决三点半课后服务的社会难题，育英学校依托共享教育理念，以学校周方苗校长工作室、邓仕秀小学数学名师工作室、郭晓芳小学美术名师工作室为核心成员，汇聚多方力量开发建设“三点半共享课程”，主动承担“三点半”课后服务工作，积极完成家庭和社会赋予学校教育的新职能和新任务。

“三点半共享课程”的基本做法是：以创新素养的培养为核心目标，从能力维度上扩展为观察力、专注力、想象力、批判力、沟通力、实践力、预见力、自信力八项能力的培养，从品质维度上对应实现问题意识、坚强意志、艺术美感、质疑精神、务实精神、合作精神、科学理性、爱国情怀八项品质的塑造。

“三点半共享课程”建设遵循“五个”原则（个性化原则、优选性原则、开放性原则、基础性原则、趣味性原则），目前，学校已研发童话创编、创意造型、皮影艺术、奇趣心理、古诗词吟诵等20多门课程，形成了“连贯一体”的三点半“跨学科课程群”，为学生的发展插上腾飞的翅膀。

“连贯一体”的创新方法作为一种课程建构模式，首先要将每个板块课程与其他版块课程，实行学科整合、综合培养。每个版块课程依据ALT（X）基本课型组合建构，即凸显艺术（A）、语言（L）、技术（T）课程的基本要素，同时从创新素养的能力维度中选择能力点任意组合（X），从而体现了全方位、整体性的设计思路，且版块课程之间相互融合、贯通，落实创新素养八项能力的培养，从而构成了“全方位课程”。其次是基于学校核心形成家庭、社区、高校、图书馆、博物馆、植物园、动物园等各种群体机构的共同参与和建设的课程资源体系，而且三点半课程不仅仅在学校实施，更可以在不同场景、不同机构内形成线上线下连贯一体的“全场景课程”。

现在，学校在三点半后学生通过网络课程平台自由选择“三点半共享课程”，实行走班上课，共享个性化课程资源，让每一个孩子成为更好的自己。

四、共享空间：使共享教育特色品牌更具有新鲜活力

育英学校将创客理念融入教育，创设适宜儿童创新能力发展的教学空间，

以创新设计、创意表达、创造实践为核心，培养儿童的创新能力和创新品质。近年来，学校打造“创客”共享空间，从创客空间的整体设计、局部空间优化、座位空间布局、虚实空间构建等方面着手，实现共享教育的全面创新。

创客空间打破了传统教室内师生固有空间的区隔，摒弃了传统上的教师讲台，让师生、生生之间共同分享互动、交流、操作的舞台，从而形成了民主、平等、自由、和谐的新型师生关系。创客空间体现了“ALT”课堂学习模型，由创新设计区（A）、创意表达区（L）和创造实践区（T）组成。创新设计区（A）以头脑风暴为方法，以思维导图为工具，开启学生思维，激发创意灵感，锻炼学生创新思维能力；创意表达区（L）以多元化的展示方式为儿童思考、交流、展示提供开放式、沉浸式、合作式的共享平台；创造实践区（T）为儿童创客实践方案提供高科技产品、材料及智能工具设备，最大限度支持儿童团队协作、动手操作、实践探索。

育英学校创新的创客共享空间还有一个显著的特点：联合企业共同开发8大类（包括机器人、智能硬件、传统文化、编程、3D打印、科学等）共计20多门创客课程，提供了超过400课时的创新教育课程，能够满足小学各阶段的创客教育课程需求。特别是，创客空间可实现线上线下课程的学习，还可现场教学直播，以更广阔的空间共享，满足不同区域、不同人群对创客课程的实际需求。作为湖南省最大的创客教育基地，学校还以此为契机开展创客教育导师培训、创客大赛、青少年主题工坊、创客教育论坛等教育服务，为青少年的全面发展提供了丰富的创客体验和成长舞台。

“东方欲晓，莫道君行早。踏遍青山人未老，风景这边独好。”现在，湖南省长沙市芙蓉区育英学校，在共享教育理念的引领下，书写着唯美的教育生活，构筑着儿童幸福完美的锦绣华章，在办好人民满意教育的道路上阔步前进……

（此文发表于《中国教育报》2018年8月25日）

共享理念下的智慧校园建设五重奏

国家教育部颁布的《教育信息化2.0行动计划》中明确提出，要依托互联网、物联网，以人工智能、大数据等新兴技术，利用各类智能设备积极开展新技术支持下教育生态的重构和创新模式的研究，推动智慧教育的发展。育英学校充分抓住改革契机，全面推进智慧教室、智慧课堂、智慧评价的建设，努力建设一所没有围墙的学校，让“在共享中”成为校园师生生活的常态，让“互联网+教育”助力学校再发展、再腾飞。

一、基于共享理念构建技术赋能的办学文化

要有效推进教育信息化2.0的建设，不只是硬件技术上的更新和武装，更关键是思维方式的转变，从单一思维到跨界融合，从独立封闭到开放共享，是推进2.0行动计划的第一步。自2016年开始，育英学校一直致力于用互联网的共享思维打造一所没有围墙的学校，以共享教育理念推动学校的改革与发展。

以“自主、自律，在共享中成就更好的自己”为办学理念。学校将共享的核心立足于成人成己的全面发展上，使每一个师生在共同分享中体验生命的自由与幸福。认可与尊重每个个体生命存在的差异是教育的前提，教育是让每个孩子成为他“自己”，关爱与引领每个个体生命的成长与发展是教育的灵魂，教育是让每个孩子成为“更好的自己”；“成就更好的自己”，是学校基于开放共享的技术赋能建设实现的办学目的，依据“育英”办学传承，整体规划了学校培养目标及课程体系，形成了具有育英特色的课程谱系（如图2-1）。

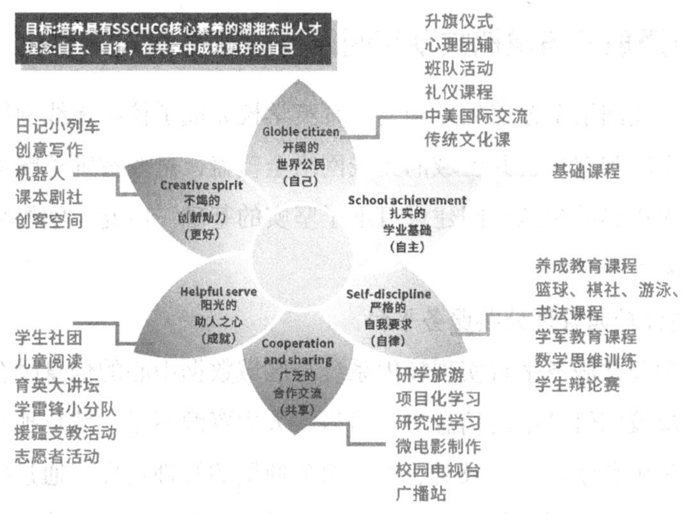

图2–1　育英学校培养目标及课谱图

以“六六行动计划”为治校路径。学校是一个学习化的社区大家庭，共享的学校校园必须依托于互联网、物联网，借助人工智能、大数据、虚拟现实等新兴技术，以技术赋能实现人、物、知识、数据、信息、智慧的开放共享。育英学校通过实施“六六行动计划”，即培养目标、文化立校、特色办学、课堂变革、课程开发、基础建设六个部分，汇聚学校、家庭、社区等各方力量共同参与学校治理，开发与建设丰富多彩的课程，服务于每个孩子的个性化发展，让因材施教成为可能。

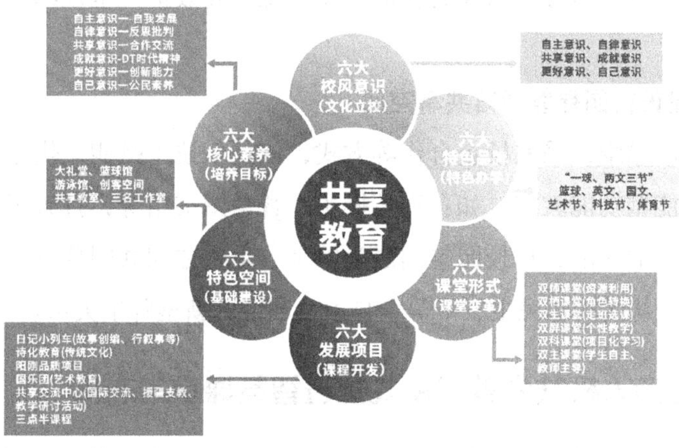

图2–2　育英学校“六六行动计划”

二、连通现实与虚拟共享空间促进智慧空间无边界化

在建成有线网络全覆盖的基础上，育英学校完成了校园无线网络建设，实现了办公教学区和室外公共区域的无线网络全覆盖，全校教师可畅通无阻地接入网络，为无边界的智慧空间建设打下了坚实的基础。由此，学校将努力构建三重空间的无边界化。

（一）建设校园管理公共服务平台

校园管理公共服务平台实现校内系统与区域数据中心的信息融合及互联互通，有效解决校园管理中的信息更新滞后、人力资源不足、信息孤岛等问题，实现校园管理中科学决策、及时管控、服务便捷的管理目标。通过电子身份及统一认证系统，构建课堂教学、教师教研、学生学习、管理评价、家校互通、学校安全管理等一体化智能校园环境。同时，每位学生配备智能校牌，智能校牌内置4G卡，能为校园安全、教育教学、家校共育提供有力的数据支撑与服务。可实现走班排课、身份识别、刷卡消费、安全定位、亲情通话、课堂答题、作业通知等功能，实现校园师生管理的智能化。

（二）搭建校园网络信息资源平台

以育英学校信息网为信息门户，统一身份认证，实现单点登录，对校园网内的信息资源、应用系统进行管理和整合，实现数据、用户、权限、应用、服务、流程、内容等各个方面的集成，提供集成的、无缝的、安全的、个性化的资源访问，极大地方便访问者获取所需信息，高效提升全校师生的学习、工作、管理等。

（三）建设校园智慧场馆共享空间

学校创新思维，采取校企合作等方式，依托新技术赋能，优化传统教学空间，建立智能型功能教室，如：智慧操场、智慧图书馆等，打破了传统教室内师生固有空间的区隔，让校园空间成为师生、生生之间共同分享互动、交流、操作的舞台，从而构建民主、平等、自由、和谐的新型师生关系。

三、打造人机共生教学模式推进智慧课堂常态化

学校以“网络扶智”为契机，秉持共享的精神、成人成己的理念，学校聚

焦课堂教学阵地，“从网络联校专递课堂、双师课堂、发展到中美连线”，创新人机共生教学。

（一）完善“双师”共享课堂教学模式

以学校主持的国家教育部重点课题“共享发展理念下中部地区城乡精准扶教策略研究”和中央电教馆重点课题“小学名校SPOC课程创生与应用研究”为抓手，依托长沙市网络联校项目，中国电信IPTV、中美连线课堂等平台和项目，开展了“双师共享课堂”的在线、离线双师模式的研究，初步形成双师共享课堂模式。

（二）创新基于透明计算的智慧课堂教学模式

从以教师为中心、强调知识传授的传统教学转向以学生为中心、强调能力培养的新型教学；师生、生生、家校之间的沟通交流更加立体化，无障碍地进行即时交流互动；学习资源实现媒体化、智能化、碎片化，按需推送、实时同步；可实现导学式、互动式、合作式、游戏式、泛在式等各种教学方式。课堂教学流程和方法均发生了变化，从“先教后学”到“先学后教”“以学定教”，教师依据动态测评分析，了解每一个学生的知识掌握情况和个体差异，有的放矢，实现个性化分层教学。

四、汇聚多元主体共建课程实现智慧课程体系化

校园的建设离不开课程的建设，课程的丰富与否直接关系到学生的成长与发展。育英智慧校园在共享理念的指引下拓展课程建设主体、开拓资源共享渠道，实现智慧课程的极大丰富与体系化。

（一）基于育英信息门户网开辟“共享课程”平台

汇聚学校、家庭、社区、高校等各方力量开发建设课程，并将课程资源共享到平台供师生选择，共建课程建设遵循“五个”原则，即个性化原则、优选性原则、开放性原则、基础性原则、趣味性原则，构建自然科学、身心健康、儿童艺术、思维方法、工程技术、社会交往、生活创意、语言文化八大版块课程。形成了“连贯一体”的“跨学科课程群”，实现共建课程平台与电子班牌、学生校牌无缝对接，为学生走班选课提供可能。

（二）建设芙蓉动画双师课程

学校充分利用学校名师，并结合技能型课程特点，着力打造为线上线下结合的芙蓉动画双师课程。双师是指线上和线下教师的结合完成技能型课程的教学，动画是指课程视频中有牛博士、芙娃、蓉娃等生动形象的动画角色陪伴学生一起学习。课程充分利用现代信息技术手段，通过知识点的可视化、技能学习的情境化、活动安排的多样化等实现线上线下的有机融合，智慧化地缓解教师工作量，针对学生学习特点实施教学，有效促进学生综合素养的全面发展。

（三）开发码课码书微课资源平台

充分利用名校名师的教学资源，利用微课技术，把1—6年级语文、数学部编教材系统地、序列地整编成码课码书，开发丰富多元的微课资源，实现“一师一课程、一师多课程”，丰富教师空间建设，基本形成育英网校雏形，实现“用共享思维办一所没有围墙的学校”的目标。

五、利用大数据互通共享推进智慧评价精准化

走向基于大数据的发展性评价是智慧评价的发展大势，智慧评价的核心既在大数据，又在智能化提取、智能化归纳、智能化批改、智能化判别、智能化呈现，通过开发数据共识评价，真正实现立体式的、科学的发展性评价，从而通过评价促进学生的发展。育英学校将着力建设以下三项工作：

（一）建设多渠道的实时数据采集平台

实时数据采集平台通过覆盖全校的无线网络、无处不在的校园一卡通应用、智慧教室的智能终端和摄像头等设备，实时采集在校师生的位置、时间以及行为等数据，为数据分析、行为管理提供了评价的科学依据。

（二）建立错题收集分析平台

依托透明计算错题分析收集系统，精准分析学生学习难点，实现教师精准教学、学生个性辅导、家长了解学习情况、精准推送个性化资源等智能化服务。

（三）构建学生学习行为信息反馈机制

大数据是智慧校园建设与应用的重要技术，它具有从多种类型的数据库和海量复杂的数据中迅速处理、分析和获取有意义、有价值信息的能力。学校将智能校牌、学习行为大数据分析技术运用于校园及课堂，能及时捕捉学生的行

为数据，从而为学生的行为、学习等提供有效的信息反馈，精准帮助教师、家长获取学生成长信息。

为迎接教育信息化2.0时代机遇和挑战，建成长沙市智慧教育示范区，芙蓉区育英学校将唱响“共享型办学文化、无边界式空间建设、常态化课堂实施、体系化课程开发和精准化教育评价”五重奏，立足“育人”初心，担任“育英”使命。

［此文发表于《湖南教育》（D版）2020年第1期］

智慧校园建设背景下“三个课堂”的探索与实践

——以长沙市芙蓉区育英学校为例

一、引言

智能时代背景下教育方式正逐渐发生改变。教育教学形式逐渐由传统走向数字化、智能化，智慧教育应运而生。智慧校园建设作为智慧教育推进中的核心一环，正在全国各大中小学积极规划与筹备中。2019年中共中央、国务院发布《中国教育现代化2035》政策文件，强调发展中国特色世界先进水平的优质教育，基本实现公共教育服务均等化。三个课堂作为智慧校园建设的重要构成，全面落实“三个课堂”，充分利用现代信息技术手段，有效丰富课堂教学形式、创新人才培养方式、提升课堂教学质量，构建智慧校园建设新通道。育英学校因地制宜，充分利用现代技术优势，发挥教育信息化助力立德树人、促进城乡教育优质均衡发展、探索教育未来的作用。2019年起融合物联网、大数据、云计算等前沿科技，进行教育信息化2.0升级建设，制定了全员培训、分层指导、分步实施、分项落实、重点突破的“三堂一馆育英行动计划”全面战略部署，全力围绕智慧校园建设和未来学校建设精准发力、稳步实施。

二、理论探究：凝练“三个课堂”教学范式

（一）专递课堂内涵及实施模式

专递课堂是实现义务教育优质均衡发展的重要途径。目前学术界对专递课

堂概念基本界定为主讲教师通过网络设备为农村薄弱教学点的学生上课，农村地区当地教师主要配合主讲教师组织课堂教学、维持课堂纪律等。网络联校作为专递课堂的一种呈现形式，是指以教学条件好、师资团队优、教学质量强的学校作为网络主校，薄弱农村学校或单个教学点作为网络分校，通过互联网实现课堂共享的方式而组建的“1+N”（N≥1）新型教学模式结构。网络联校专递课堂的建设突破了教育教学时空局限，有效缓解了农村薄弱教学点师资供需不平衡、城乡教育资源不均衡间的矛盾。

网络联校专递课堂的建设要求教师必须掌握“互联网+教学”的特点与规律，其基本教学模式可分为直播前、直播中和直播后三个阶段，其主要操作流程如图2-3所示。直播前主讲教师钻研教材、提前备课，与助教教师沟通交流，了解农村薄弱教学点学生的相关特征，根据农村地区学生的学习需求针对性布置课前任务，如通过网址链接或二维码的形式发布学情问卷或预习材料，同时助教教师也能够提前了解教学活动流程，对学生课前任务完成情况予以反馈，主讲教师依据反馈信息再次梳理教学内容；直播过程中，主讲教师在网络联校教室内根据课前学情数据、预习数据进行有针对性的直播讲授，农村薄弱教学点学生通过信息化设备在线听课，助教教师在教学过程中需与主讲教师通力合作，组织和引导学生全身心参与到教学活动之中，保障课堂教学活动的顺利实施；直播后主讲教师给农村地区学生发布课后任务。教师可以通过线上平台了解学生在直播课堂中学习情况以及学生完成作业的即时反馈。教师根据学生的反馈修改和改进教学设计，并有针对性地对学生进行差异化的指导。

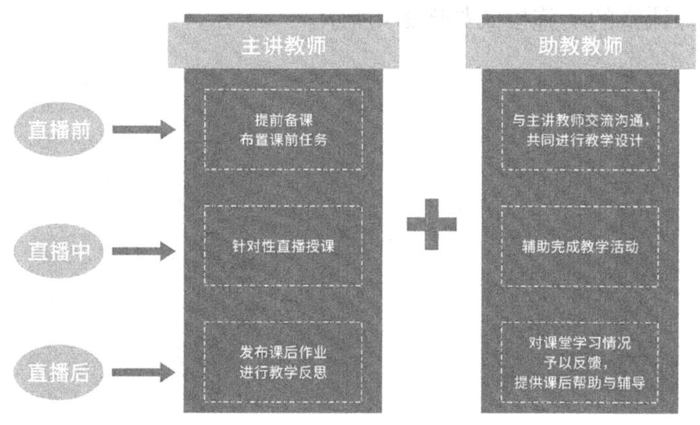

图2-3 专递课堂实施模式图

（二）双师课堂内涵及实施模式

关于双师课堂内涵的界定，不同学校依据本地双师课堂实施的具体模式及流程有其自身独到的解读，就育英学校而言，双师课堂是指由线上主讲教师和线下辅助教师共同协作完成教学任务的一种教学模式。“线上教师”通常是由全国名师及各省市骨干教师担任，而“线下教师”则是由教育资源相对匮乏的普通学校教师担任。

线上教师及其教学团队要充分发挥学科优势及教学实践经验进行课程教学设计，精讲重难点内容，由专业团队对线上教师的教学全过程进行录制，在录制过程中，线上教师要注意“留白”以便线下教师与学生进行课堂互动，经过技术人员的后期加工最终形成8—15分钟的微视频，发布至网络共享平台如“一师一优课、一课一名师”“国家教育资源公共服务平台”等供全国中小学师生使用。此外，线上教师还需编写教学指导材料和相关配套练习供线下教师使用。与此同时，线下教师则是根据本班实际情况，选择适宜的线上教学资源，反复观摩学习线上名师的教学风格与技巧，进行本土化课程设计。当遇到复杂难懂的知识点时，让学生观看线上名师的讲解视频，学生弄懂后，线下教师可以采用提问、课堂练习、复述强调等方式加以强化，在此教学过程中，也促进了线下教师自身的专业成长。而全国各地区的线下学生则是正常参加课堂教学活动，努力结合线上名师的讲授以及线下教师组织的各种学习活动，从而掌握和内化知识。当学生对课内某些知识点还存在疑惑时，可以在课后自行下载相关教学视频进行巩固学习，在此学习过程中，学生的学习兴趣与学习成绩也显著提高。双师课堂的实施模式如图2–4所示。

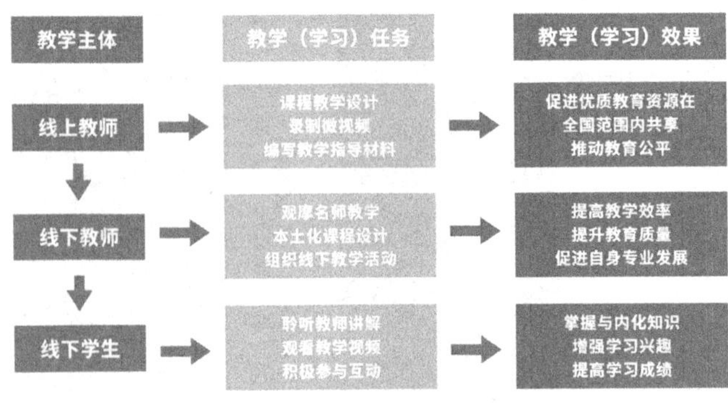

图2–4　双师课堂实施模式图

这种类型的双师课堂实质上就是“三个课堂”中的“名师课堂”，其本质就是利用互联网信息技术发挥名师的辐射引领作用，从而促进优质教育资源均衡发展，推动教育公平。同时也为育英学校智慧校园的探索与实践提供重要支撑。

（三）智慧课堂内涵及实施模式

在智慧课堂的界定方面。因为使用不同的信息技术，注重于不同的应用目的与场景，针对不同的学科教学应用，致使智慧课堂的概念和类型多种多样。本文中长沙市育英学校的智慧课堂属于物联网和云端一体化技术的智能课堂。以“微云服务器、移动平台端工具及智慧课堂云平台”三大应用为主体。通过“云、网、端”的一体化应用。实现了教室内智慧课桌、智慧黑板、实物展示台等设备的连接和智能化运用。为丰富课堂形式结构，实现教与学的创新提供了有利条件。

在课前环节教师首先要进行学情分析。然后，教师将在与该课程相关的培训资源中发布。通过基于课前数字预测和反馈，准确了解学生的学习分析，从而确定学生的认知基础知识和学习水平。通过以上的信息反馈和数据分析，确定本节课的教学目标，拟定合适的教学内容和教学方法。以期提高整堂课的教学效果。学生则需要在预习老师推送的课前内容、完成相关的预习题目的同时，记录下自己在预习过程中出现的问题。在课开始之前学生进行讨论或者对教师推送的资源提出疑惑。教师根据学情报告的相关数据，教师进行整体教学设计调整和修改。在课中环节中，在学生预习的基础上，教师直接导入本节课的新内容。并首先对学生自学时出现的疑惑进行展示和分享。解决了学生的疑问之后进行新课的教学任务的下达。学生对教师的新任务开展合作探究。针对新任务的完成情况进行课堂实时测评，并进行反馈。依据实时测评的相关数据进行精准讲解。学生巩固新学知识及实践运用。最后课后环节，教师要根据课堂相关数据进行个性化的作业推送。学生按时完成教师的个性化作业并通过平台提交作业。在修改作业时，客观题可以采取智能批改，教师主要批改主观题。最后教师通过平台后台查看整堂课的教学数据并总结与反思。智慧课堂的实施模式如图2-5所示。

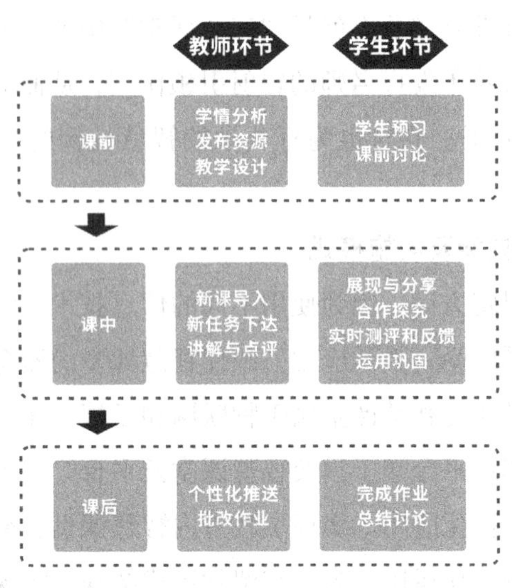

图2-5 智慧课堂的实施模式图

三、实践探索：促进“三个课堂”创新应用

（一）专递课堂案例及效果分析

农村薄弱教学点的建设是义务教育均衡发展的重中之重，事关中国教育事业的全局性发展。但农村地区因其自然条件差、地理位置偏等因素，存在师资结构性短缺、优质教育资源匮乏、教学水平参差不齐等问题，正面临着开不出、开不齐、开不好课的严峻挑战。为解决现阶段农村薄弱教学点课程开设问题，长沙育英学校立足本校现代信息技术设备、优秀的师资力量，以“手拉手、结对子”的形式，与宁乡市流沙河山林小学、苏家小学等农村薄弱教学点开展网络联校专递课堂的实践探索，破除农村薄弱教学点发展滞后性壁垒，有效推动义务教育公平与优质均衡发展。当前，育英学校网络联校专递课堂已持续性建设与推进，利用一根网线牵起两所学校开展专递教学，于每周二、四、五针对三、四年级学生专程开设英语、美术、音乐三门学科课程，并配置专职负责教师进行设备的调试与维护，从根本上保障网络联校专递课堂的常态化应用。

彭静老师的美术课堂向我们很好地展示了专递课堂的优势所在。课程开始前，城乡双方教师互相研讨，共同进行教学设计。课中彭老师将教学内容与农村学生的生活经验紧密联系在一起，通过交流对话唤醒孩子们的生活体验，采用讲故事的方式吸引学生注意力，使其在积极的情感体验中提高想象力和创造力。巧设过程，聚焦鸟儿找家，让鸟儿在故事中翱翔，渗透美术源于生活思想，让孩子们在想象、创造中升华。专递课堂的开展，整合了网络优势，突破了时间、空间的界限，让农村薄弱教学点的学生也能够享受到优质教学资源，能够在轻松、愉悦的环境中接受教育，其学习兴趣大大提升。同时专递课堂也为城乡双方教师提供了共同成长、交流探讨的平台，改变了教师传统的教研理念。但也存在着一定的不足，因其通过一对三或一对多的方式给异地学生上课，师生存在时空异质性，主讲教师如何与农村薄弱教学点学生建立良好的师生关系，活跃课堂氛围，促进师生情感交流都是我们需要考虑的问题。

（二）双师课堂案例及效果分析

2021年12月16日，湖南省“智慧教育赋能课堂学科教学创新发展”主题研讨会分会场活动在育英学校开展。由彭攀老师执教的五年级英语双师课堂*Making Contact*，通过“教育+互联网”的形式，有效地借助国家网络云平台中的名师资源，将学生生涩难懂的知识点逐一击破，并带领学生使用智慧课桌进行提问互动，课堂练习等，有效检验了课堂学习效果。彭老师还利用思维导图指导学生掌握阅读技巧，实现从教知识到教思维、教思想的转变，让学生充分享受线上优质教育资源，熟练运用现代信息技术，提高课堂效率，促进学生英语阅读素养和语言综合运用能力的发展。

通过此案例我们不难发现，线下教师利用线上名师资源给学生讲授重难点内容，极大地提高了教学效率。当线上教师讲解内容超出学生认知经验范围时，线下教师也能及时起到沟通桥梁作用，帮助学生理解知识完成学习。其次，尽管线上教师与线下学生没有处在同一时空，无直接的互动，但线下教师可以充分发挥主观能动性，为学生组织各种形式的学习活动如辩论、协作学习、角色扮演等来弥补异步教学的不足，提高学生的学习兴趣与合作能力。最后，这类双师课堂教学模式的推广过程也十分简单快捷，学校只需在现有的服务平台上开设专门频道提供资源点播服务，对教师的技术要求也较低，极大地推动了优质教育资源在全国范围内的共享。

（三）智慧课堂案例及效果分析

王俊老师执教语文智慧课堂《猎人海力布》，课前利用平板游戏，让学生回忆三年级所学的民间故事，激发学生的学习兴趣，利用平板进行课前导学，通过导学大数据的反馈对预习中出现的问题进行精准教学，课中，推送课堂练习，帮助孩子梳理故事情节，长文短教，让孩子感受民间故事情节曲折的特点，利用平板推荐民间故事资源，进一步让孩子感受民间故事的特点，拓宽孩子的阅读面，实现课堂的延伸。平板的使用，将信息技术与语文学科深度融合，打破了课堂的壁垒，提高了课堂效率。

通过此次案例我们可以发现，在教学过程中，不管是教师端还是学生端，操作方便，互动性强，能够有效地提高学生的学习兴趣，并能利用大数据技术让教师在最短时间内，掌握学生的答题情况，及时了解学情。在信息技术手段下通过推送课堂练习，梳理故事情节让学生有较强的个性化学习体验。不仅有利于教师更具体地了解学生的思维情况，从而进行个性化辅导，而且有利于学生进行自我反思，不断提高思维能力。人人均能参与操作，学生学习的兴趣浓厚，有效提高了教学效率。

四、结语

育英学校秉持“自主自律，在共享中成就更好的自己”的办学理念，努力探索智慧校园的建设，牵手新云网等科技公司，建立“产、学、研”友好战略合作关系。紧跟国家教育信息化浪潮，打造全新智慧化教学环境，以“三个课堂”——专递课堂、双师课堂、智慧课堂为主要抓手，精准发力未来学校建设，取得了较好的办学效果和社会效应。学校教师在智慧校园建设过程中，积极转变教学理念，提升自身信息化水平，促进其综合素养的提高；基于“三个课堂”的新型教学形式的出现，有效提高了学生的学习效率，促进了其创造意识与实践能力的提升。育英学校紧扣智慧校园建设这一工作重心，以点带面，充分发挥辐射引领作用，带动区域内中小学信息化建设新发展。

（此文在“湖南省‘智慧教育赋能课堂，学科教学创新发展’”主题研讨会上作交流）

第三章

创新管理

基于学生核心素养下的自主自律校园文化发展途径

当下核心素养体系的提出，就是要培养“全面发展的人”，旨在文化基础、自主发展、社会参与三个方面培养拥有一定能力的人。其中注重学生的自主发展，让学生自己学会管理自己的学习和生活，充分认识自我价值，成就自己的人生目标是核心素养的关键所在。

作为一所学校如何用战略的眼光，分析和找准校园文化特征，强调和突出校园文化的培植过程，用校园文化来引领学生核心素养的培养。

育英学校立足校情，把自主自律校园文化建设作为师德师风建设和加强未成年人的思想道德建设的重要内容，融入学校的各项工作之中，实现自主自律文化发展与教育教学工作的有机结合，构建以“自主促发展、自律强内功”为主旨，强力推进开展“四维立体式”（即氛围营造、课程建设、课堂实施、资源整合四个维度）的校园文化发展计划。

一、营造自主自律文化氛围

基于学校历史发展和文化根基，学校提出了“自主自律文化”的办学特色，其内涵为：自律之言行、自主之精神。“自律之言行”是要求师生对自己的一言一行的自我约束和自觉遵守，“自主之精神”是要求师生不仅要自我约束还要主动作为，始终保持思想和行动上的先进性。

学校以优化校园文化环境为重点，在基础建设中融入自主自律文化元素，让学生在校园生活中接受自主自律文化的熏陶和感染，营造出了自主自律校园文化氛围。比如通过提质改造学校喷泉、休闲凉亭，且命名为自主喷泉、自律亭。以源源不断的喷泉植入寓意：象征蒸蒸日上、自强不息。自律亭建设成为学生列队出操的自觉排队区。其次是建设校史馆，呈现67年的办学辉煌，增强师生自豪感。还通过建设自主自律文化长廊、文化宣传橱窗等方式，形成自主自律文化宣传系列。

为更多地体现学生团队自主智慧，学校让学生参与到学校的文化建设中来。比如学校校徽、校歌、校园吉祥物的原创就来自学生，学生以香樟为主要元素进行整体设计；学生社团园艺社自觉负责学校绿化与维护；全校27块班牌、100多条文明提示语的创意与美化全都来自学生之手……这些由全校学生参与共同营造的文化氛围，真正做到让校园中的每一寸土地，每一面墙壁都无痕地传达着学校的自主自律文化，同时也让学生在参与建设的过程中真切地体验到自主发展的自豪感和获得感。

二、开发自主自律校本课程

在课程改革方面，学校构建了丰富多彩的课程体系，有传统特色课程、社团选修课程、自主实践课程、德育体验课程等。充分体现了尊重学生、自主选择、全面普及、个性发展的特点。

（一）传统特色课程的分层课程

学校的传统特色英语与篮球课程采取分层教学，充分尊重学情、满足学生个性发展。学校英语组与外籍教师一起对英语教材进行整合、开发和利用，实行“2+1英语外教课分层教学改革”。每周，英语教师执教两节课，第三节课学生则根据自己英语学习能力的高低，自主选择教师，实施分层教学。英语水平程度高的学生可以选择外教执教，全程英语交流，进行英语课外知识的拓展与延伸。英语水平程度稍低的学生则由英语教师完成基础知识的巩固与操练。通过这样的举措，让不同英语水平程度的学生在学习上自主选择，且有不同的发展，找到自信。学校篮球课程上，也做了大胆的尝试与创新，二年级至四年级篮球校本课程，按学生掌握篮球技能的程度自主选择训练阶梯班，既全员普及又提高发展。

（二）学校社团选修课程

学校的社团课程实施分层管理，有校级特色社团、年级社团、学生自主社团三个层次。学生拥有两项权利：自主选择社团的权利和自主组建社团的权利。学生自主组建的社团从出海报招募社员到组织授课、评价和期末总结都由学生全程自主负责完成。在这个过程中，学生的综合素质得到了充分的锻炼。在期末社团工作总结会上，学生社长侃侃而谈，畅怀收获。比如“怪兽研究社”社长说道：“在这个略带诡异而又充满欢乐的大家庭，每个人都变得积极踊跃、活泼开朗，我们收获了知识、收获了成长，收获了友谊。”这一特别的社团还曾被《十几岁》杂志进行过专题报道。

（三）德育体验课程

学校德育体验课程以“育英大讲坛”和“学雷锋小分队”影响深远。“育英大讲坛”从报名到资料收集，从教案到PPT课件制作，包括大讲坛的标志设计，全部由学生自主完成。内容从历史到动植物、从探险到魔术，包罗万象。只要学生感兴趣，都可以成为讲坛的主题。先后有100多人次“小讲师”报名并进行授课，近7000人次参与听课。“育英大讲坛”现已成为全校同学最期盼的活动之一。有学生写下这样的感言：“一场场精彩的讲坛就像一堂堂丰富多彩的课外知识课，我不禁要佩服小讲师们的知识渊博啦。许许多多初高中的知识，他们都了如指掌、脱口而出，而且和台下的我们还有互动交流，真像一个经验丰富的小老师！我也要好好努力，争取到‘大讲坛’当一名‘小讲师’！”“学雷锋小分队”由各班学生自发组织，报经大队部审核批准后成立。学校从制度上给予支持和保障，每年有相应的考核评比机制。学校现有18支“学雷锋小分队”，他们利用课余时间到湖南省图书馆志愿领养书架、到步行街慈善义卖、看望抗战老兵、走进福利院慰问……每年活动达40多次，其中很多活动被各大媒体报道。通过这些德育体验活动，学生的自主自律意识、创新和实践能力得到提升，爱心和奉献精神得到彰显，同时也扩大了学校的社会美誉度。

（四）着力建设自主自律实践基地

为强化学生自主自律意识和能力培养，学校还因地制宜，成立了培养学生自主自律能力的食堂、寝室实践基地，学生进入食堂寝室后，通过自行列队、自助就餐、内务整理等内容实现自我管理。还与省军区合作开发军营实践基地，让学生走进部队，体验军营生活，感受自主自律军营文化。通过建设实践基地的方式，构建自己动手、自我约束的生活方式、提高生活能力，强化自主自律能力培养。

三、打造自主自律文化课堂

课堂是学生学习的主阵地，是培养学生自主自律发展的主要场所。学校通过多年研究，初步构建了基于合作小组的“六步”自主学习课堂教学模式：课前自学—自学交流—生成问题—小组合作—汇报展示—拓展延伸。在课堂中始终抓住“自主、合作、探究”的基本原则，充分关注学生的“学”，引导学生参与学习的全过程，主动探寻各种解决方案和学习策略，在问题的探究与解决中自主自律，逐渐把课堂教学由教师为主的讲练结合转变为学生为主的自主合作探究的学习方式，成为学校新的课堂教学常态。

（一）课前自学

课前自学是一种行之有效的学习方法，它能明显地提高学生学习的效率，激发学生自觉学习的主观能动性，获得课堂学习的主动权，从而达到优化课堂整体结构以至优化课堂细节的作用。比如语文学科设计的《自学单》分为扫清文字障碍、读懂课文内容、品读课文语言、星级挑战四个版块。以“美猴王出世”一课的预习单为例：

1. 扫清文字障碍

正确、流利、有感情地朗读课文，认读新词，把不懂的词语或句子在文中画记下来，猜猜大致意思。

2. 读懂课文内容

认真阅读“导读提示”，研究提示中的问题，在文中找答案。把文中不懂的地方画下来，用红笔标注，提出自己最想知道的问题。

3. 品味课文语言

品读文中描写石猴活动的生动语句，发现语言文字表达上的特点。（画记文中相关语句在旁边简单批注，摘抄自己最喜欢的一句写出自己的发现）

品读文中描写石猴语言的语句，发现语言文字表达上的特点。（画记文中

相关语句在旁边简单批注，摘抄自己最喜欢的一句写出自己的发现）

4. 星级挑战

（感兴趣的同学可以挑战完成）石猴高登王位后为什么称之为“美猴王”？“美”有何深意？请你结合课文学习以及你对《西游记》中孙悟空的了解谈谈自己的认识。

（二）自学交流

学生在充分自学的前提下，将自学的内容、方法、情感体验在小组内进行充分的展示，这是对“自学”感知信息材料进行整合再现，并在同组异质之间的反馈中，互相学习、比较、检验，是又一次的学习过程，在交流合作中可以在知识和能力层面更好地形成情感态度价值观、体验小组合作的力量，进而学会学习、学会合作。教师在小组交流中，及时掌握各小组自学情况、交流效度、问题收集等，突出学习重点，把控教学目标。

（三）生成问题

自学环节的创设“我的疑问”就是引导学生大胆地自问，通过自学存疑、合作释疑，促进思维的发展，在学生自主学习交流中，教师将各小组不能解决的问题归类梳理，并根据教材的重难点，揭示学习的主题。从而达到学生会的自己解决，小组会的组内解决，都不会的集中突破。

（四）小组合作

在教师的有机组织下，分小组、分任务或者任务认领的方式来组织合作探究。教师在巡视中，关注探究方向、方法、困难，及时予以适当的调整、有效的启发。尊重学生，允许探究有不同声音的存在；相信学生，不要因为一时的卡壳，就急于叫停合作交流活动。

（五）汇报展示

充分地依靠学生，根据合作探究的情况，有机地引导学生由浅入深地展示，并引导学生能够发现规律，总结规律，找到问题的原因所在。同时，抓住讨论的关键，引导学生不断开展深入汇报、交流、补充、提升等自我理解的学习。

（六）拓展延伸

及时开展练习，了解学生学习掌握程度，并通过有效的练习内化为能力。

并适时进行课外知识的延伸，以课内学习为基础，课外学习为补充，引导学生自主学习。

在这样开放、民主、生态的课堂里，学生敢于表达，乐于表达，能够分享教学的决策权，有自主探究的空间和实践体验的机会。教师则尊重、接纳、欣赏每一个学生，承认学生的差异性、重要性和潜能性，师生关系更加民主平等、教学相长，这种课堂新常态呈现了时代性、交互性和自主性，实现为学生终身学习奠定基础的目标。

四、整合自主自律教育资源

学校自主自律文化熏陶并不仅局限于学校围墙和专业教室之中，还应该把学生的发展置于比课堂和学校生活更为广阔的社会场域中，把学生的视野从校园拓展到社会，在尽可能丰富和鲜活的实践课程中，培养和发展学生的意识与能力，让学生在探究和发现中知晓自己在学校和未来社会生活中的角色和作用，真正为培养学生自主发展的核心素养奠定基础。

（一）提高家长对学生教育的指导能力，形成对学校教育必要而有益的补充

以学校家长理事会、班级家长委员会、家校信息平台、班级家长QQ群为纽带，通过创新家长会形式，以班级、年级、校级为不同单位，以家庭教育报告会、课堂教学观摩、学生活动展示、亲子互动沙龙等不同形式，传递育人理念，引导家长关注儿童身心发展特点，关注教育本真，做孩子的知心朋友和健康成长的引路人。

（二）拓宽亲子沟通途径，促进亲子间有效沟通

在班主任的指导下，班级亲子活动开展了爱心活动、体验活动、素质拓展活动、阅读活动等系列化的丰富多彩的主题活动。在家长的支持下，各班级学生都主动与西藏山区孩子、湘西、浏阳等地贫困学生、长沙社会福利院、孤儿院、社区孤寡老人、失独老人建立了长期的爱心联络，持之以恒地开展爱心行动。

（三）学校在校外建立教育实践基地

让学生从学校“小课堂”走到校外“大课堂”，让学生在实践中体验，在体验中成长。如与湘雅附二院心理咨询科结成共建单位，对学生进行心理健康

教育；与派出所结成共建单位，对学生进行法制教育；与社区紧密结合，为学生提供服务社会的机会；与湖南省图书馆、科技馆、博物馆等机构合作，开展了许多丰富而有意义的特色活动。

育英学校通过自主自律校园文化培育，助力学生的自主发展的核心素养，使学生从被动学习走向了主动学习，从关心自身走向关心集体、关心他人、关心社会，实现教育要为学生的终生发展奠基的目标。

[此文发表于《湖南教育》（D版）2017年第6期]

实施“二三三”融合机制，促进党建+教学纵深发展

育英学校作为一所名老优学校，在多年的发展中形成了名师荟萃、课程资源丰富的教育品牌。为响应党的十九大报告提出的“乡村振兴战略”和教育信息化2.0行动计划中网络扶智的目标与任务，学校紧紧围绕“立德树人”根本任务，依托育英名校名师优质资源，以“党建+教学”为抓手，实施“二三三”线上线下融合机制，推动党建工作与师生发展、精准扶教紧密融合。依托“支教先锋队、送教小分队”开展教学指导，开辟“联校直播课堂、双师共享课堂、名师工作室互动课堂”开展精准帮扶，开设“思政大课堂、书法德育大课堂、全省网络大课堂”深化师生思想道德建设，强化爱国主义教育，探索出一条促进乡村教育快速发展的崭新道路。近三年来，学校派遣支教教师8人；网络联校开课300余节，录制IPTV双师课310节，优质教学课堂辐射多地偏远薄弱学校；“书道习得”活动获湖南省优秀德育案例奖，“我是接班人”全省网络大课堂第一课《我和我的祖国》面向全省700万中小学生在线同步直播，引发社会强烈反响。

一、主要做法

（一）依托两支党员队伍，实施线下教学帮扶

一名党员就是一面旗帜。育英党员教师主动承担起为乡村教育服务的重任，通过全程支教、送课下乡、志愿服务，实施教学帮扶，受到当地人民群众的高度赞誉。

1. 党员支教先锋队，促进薄弱地区教育发展

2016年起，学校四批次派遣7名党员教师至怀化市溆浦县北斗溪镇学校支教，该校语文、数学、英语、美术等学科教学质量飞速提升，该校教学质量实现一等奖零的突破，2019年毕业班语文、英语实现合格率100%的超越。2018年9月，学校派遣党员教师1名至新疆吐鲁番市第六小学支教，因其工作能力突出，她被选聘为吐鲁番市数学教研员。三百多个日夜，她行走在吐鲁番市各中小学校课堂，倾情示范，手把手指导；她倡议的校际联盟行动，推动了当地学校教研捆绑发展。吐鲁番市无数教师在她的感召引领下走上了专业发展之路。

2. 党员送教小分队，促进山区薄弱学校发展

2019年10月，学校精心组织“践诺重行，爱心服务”党员活动。七个党员送教小分队怀揣“不忘初心，牢记使命”的信念，分赴宁乡、新晃、浏阳、溆浦、麻阳五地对口牵手薄弱校开展教学帮扶、志愿服务，展示语文、数学、英语、体育、美术、科学、心理健康等学科示范课11节，组织现场评课9次，开设专题讲座4个，开展网络联校线下交流活动3次，组织语文教研互动研讨1次，开展支教学生回访活动1次，捐赠宁乡三所网络联校价值一万多元的学生物资（篮球、羽毛球等），党员个人捐赠教育管理或教学用书达80余本。

（二）联线三个网络课堂，实施网上精准扶教

扶贫先扶智。为促进城乡义务教育一体化发展，努力让每个孩子都享有公平而有质量的教育，育英学校开放名师优质课程资源、教学资源，通过网络课堂，实施对口精准帮扶。

1. 联校直播课堂，促城乡教育交流互动

宁乡白沙小学、山林小学、苏家小学缺乏美术、英语专任教师，2017年初，学校启动网络联校帮扶行动，推出了“联校直播课堂”。育英美术、英语教师每周开设联校同步课堂，育英优质的教师资源、教学资源输送到偏远的宁乡三校，较好地解决了乡村学校专职教师资源严重不足的问题。目前，每周三、周五已形成了稳定的联校开课节奏，学校共计开出美术、英语直播课300余节。

2. 双师共享课堂，促城乡教育资源共享

为促进长沙省会城市与湖南偏远乡村学校共建联络，共享资源，学校推出了“双师共享课堂”。育英教师主动录制《名师同步课堂》网上课程，通过湖南IPTV电视的传送，乡村留守儿童足不出户，便在同一片蓝天下共享教育的美好。目前，学校已开发育英名师线上语文、数学、英语、美术等课程300多节，课程点击量达到20多万次，双师课堂辐射至怀化溆浦、麻阳、永州宁远、益阳安化等偏远山区。2017年“双师共享课堂”受到教育专家的广泛认可，引起了社会各界的广泛关注。

3. 名师工作室互动课堂，促城乡教学教研共生

2018年9月，育英学校数学教师、区数学名师工作室首席名师邓仕秀带领工作室通过网络联校开展数学名师网络教研，先后组织了宁乡三校、新晃宁乡四校网络互动课堂教学研讨；指导工作室成员编制数学典型案例，制作成码课码书，深度指导溆浦乡村学校开展教学教研工作。目前，工作室制作的数学系列码课程已辐射至溆浦当地，让众多师生受益。工作室为推动城乡数学教学教研一体化发展，充分发挥了辐射引领作用。

（三）开设三个德育大课堂，落实立德树人根本任务

育英学校开设特色德育大课堂，依托信息技术优势，增强德育教育的实效性，落实好立德树人根本任务。

1. 思政大课堂，弘扬社会主义核心价值观

学校以庆祝2019年“六一”国际儿童节为契机，结合伟大祖国70华诞来临之际这一特殊背景，开设了“献礼祖国华诞 · 连通共享未来”思政大课堂，充分运用“思政+音乐”的理念，通过丰富多彩、喜闻乐见、寓教于乐的教育活动方式，带领全校师生集体回顾祖国自强不息的成长历程，点亮艰苦奋斗精神；重温中国共产党和新中国的苦难与辉煌，点燃爱党爱国情怀；展望建设中国特色社会主义的美好未来，牢记责任与使命。活动通过网络直播受到社会各界关注，切实推动思政课在学校落地生根。

2.“书道习得”大课堂，探索“艺术+德育”实践之道

2018年11月，学校举行校园书法作品展暨“少年传承中华传统美德”主题教育活动，用“传统”表达“当下”，用“书法”习得“书道”。“书道习得”活动以郭晓芳名师工作室为平台，组织育英全体师生品读和书写《习近平用典》，将书法教学与学校德育有机融合，探索以书法为载体的立德树人之道。通过网络直播，宁乡山区三所学校的学生同步参与现场活动，有力地推进了师生思想道德建设，坚定了传承中华优秀文化、坚定理想信念、坚守文化自信的决心和信心。

3. 全省网络大课堂，创新爱国主义教育形式

2019年11月15日，由湖南省教育厅主办，湖南教育电视台承办的“我是接班人”网络大课堂启动。全省网络大课堂首席主讲名师兼总班主任，育英学校教师、长沙市魅力教师、芙蓉区首席名师郭晓芳老师和育英学校40个学生共同参与，承担了第一课《我和我的祖国》主校主讲任务。本次教学活动采取网络联校“1+3+N”的模式开展，育英学校作为主校，十八洞小学、韶山学校、麻阳第一芙蓉学校作为分校共同参与，通过“五星红旗在心中飘扬”“革命传统精神永不忘”“中国梦激扬少年梦想”三大主题板块活动，借力信息技术，融合学校、社会、家庭教育，实现爱国、爱党、爱学习主题思想升华与情感升华。全省近700万中小学生通过在线课程同步收看，当天手机点播达到15万余次，社会反响热烈。

二、工作成效

育英学校实施线上线下融合机制，将育英名师优课等教学优质资源共享覆盖到城乡广大中小学校特别是乡村薄弱学校，努力实现教育优质共享、推动城乡义务教育优质均衡发展。育英新疆、溆浦支教教师努力奉献，带动了当地教师群体教育理念的更新和学校教学质量的提升，湘疆援微信公众号多次报道袁冬芳老师的优秀事迹，溆浦北斗溪镇学校教学质量提至当地前三名之列。育英名师名课通过网络联校、湖南电信IPTV传播辐射至省内偏远山区，让众多乡村学子受益。2017年湖南教育家大讲坛活动中，“双师共享课堂”成功展示，并被湖南卫视报道。2019年全省芙蓉学校建设工作座谈会上，育英美术网络联校课堂受到省委副书记、省长许达哲等领导的高度称赞。“书道习得”活动获湖南省优秀德育案例奖。“我是接班人”全省网络大课堂第一课《我和我的祖国》播出后，人民网、中新网、湖南教育电视台等多家媒体争相报道，引发社会强烈反响。近几年来，育英学校党组织也先后获得省、市、区“先进基层党组织”荣誉称号。

三、创新评价

育英学校深入贯彻党的十九大和全国教育大会精神，贯彻落实党中央《新时代爱国主义教育实施纲要》精神，近年来不断推进教育信息化，坚持信息技术与教学深度融合，先后通过教师支教、送课下乡、“双师课堂”、网络联校等方式，将优质资源辐射至贫困偏远地区。学校充分利用现代技术优势，发挥教育信息化助力立德树人、促进城乡教育优质均衡发展、探索教育未来的作用，创新“党建+教学”实践融合方式，作出了一系列有意义的现实探索和行动，取得了一定的社会效应，具有一定的借鉴性和推广价值。

（此文获长沙市中小学“党建+”融合创新优秀案例）

以共享教育思维推动教师职业发展

湖南省长沙市芙蓉区育英学校是首批国家级现代教育技术实验学校，国家外语试验学校，是湖南省对外交流的窗口学校之一。学校先后被授予“全国儿童工作先进单位”“全国体育传统学校先进集体”“全国现代教育技术实验学校”“国家外语实验学校”“湖南省绿色学校”“湖南省教育先进集体”“长沙市示范化学校”等光荣称号。育英取得这么多的荣誉，之所以成为名校，最根本的在于育英拥有一支优秀的教师团队，拥有大量的优质师资及丰富的课程资源，从而使育英学校在基础教育的办学声誉、办学质量上成为长沙乃至湖南响当当的排头兵。近年来，很多教师在个人专业发展上走过成熟稳定期，进入一种发展的瓶颈状态，这种职业倦怠同样在许多名师身上发生，他们缺乏前进的动力、失去目标、没有激情。如果任由这种状况发展势必影响学校整体教育风气和基础教育质量，因此，怎样调动育英老师的积极性，如何发挥育英教师的示范价值和引领作用，为老师们寻找新的职业生长点成为学校亟待解决的问题。

这一问题困扰了学校的发展，未能得到解决，直至这几年共享经济迅猛发展，共享单车、共享汽车、共享房屋等产品大量涌现，并在全社会掀起“共享”的狂流。事实上，共享背后的实质是“利用闲置资源实现资源的优化配置”，从育英学校的现实情况分析，如果这些优质师资、名课资源能够充分利用起来，承担起一定的社会职责，最大化地服务于其他城市学校及偏远乡村学校，必定能够为老师们提供新的生长点，寻找到工作和自身职业发展的更大价值和意义所在，与此同时，还能有效传递我校的办学理念，促进优质课程资源的辐射引领，提升育英学校的基础教育办学声誉和影响力。

基于这些思考，我们提出了教育即“共享”的教育理念。“共享”简单说就是共同分享，你把你的经验知识分享给我，我们就可以一起共同享有，我把我的思想分享给你，我们就可以共同享有思想的价值和意义，这样人们乐见分享，共同进步。当然，人性会有私有私享的一面，但是从教育的角度来看，只有在共享知识、共享文明成果的教育推动中，人类社会才可能不断前进和发展。其实，原始社会时期就有共享，但那是一个物质条件、信息知识、智慧资源等较为匮乏的社会，共享的内容、共享的形式、共享的范围、共享的程度都极为有限，所以是一种低限度低级别的共享。随着社会经济的不断发展，共享的程度会逐步提升。到了现代社会，随着现代科技的迅猛发展，过去我们不可想象的共享单车、共享汽车、共享雨伞、共享房屋等都成为现实，而现代科技的迅猛发展为共享教育、共享社会的最终达成提供了良好的技术支撑，因此现代教育已经不再是过去低限度、低容量、小范围的共享教育，而一定是大规模、高级别（关于知识、能力、方法、情感、思想、体验等）、全方位的高度共享。

在共享教育的理念指引下，育英学校开展了一系列探索和实践，提升教师专业能力和素质发展，促进教师专业化成长。

做法一：聚焦“共享教育”理念思考，加强师德建设提升教师教育教学研究能力

为了在全校师生中形成共享教育的理念共识，学校全方位动员，凝神聚力，研讨共享教育的内涵和思想。一是组织专家团队到学校进行专题讲座，先后邀请了北京师范大学、湖南师范大学、湖南第一师范学院等高校的专家学者为学校教师开展专题诠释，思想引领。二是组织教师开展共享研讨会。每月组织一次专题研讨会，汇报个人阅读思考，分享读书体会。在分享中进一步增强了对共享教育的认识和理解，促进共享理念形成文化的意义与价值。在广泛而深入的研讨中，教师们形成了关于共享教育的诸多前沿性理解和思考。如：现代教育的目的就是为了人人共享，促进共享社会的最终形成。现代教育的内容是共享课程。“共享课程”是指课程内容来源于“共享”，来源于人与自然的共享，人与自我的共享，人与他人、社会、国家乃

至全世界的共享，也指生成于“共享”，课程内容从来不是固定形态的，而永远在生成过程之中，而课程内容是在前人、科学家、文学家、学者、编者、教师、学生等主体之间关于知识、情感、价值等方面的共享中生成的；共享课程用于“共享”，它用于教育活动中师生的共享、生生的共享，同时也是为了“共享”。现代教育与传统教育最大的区别在于共享的程度不同。现代教育以大数据、人工智能、虚拟现实等现代信息技术促进大规模、个性化的共享。三是鼓励老师们探索共享教育的多样化创新实践。老师们基于共享的深入理解后，大胆创新实施班级的共享文化建设，开展班级读书共享会，开拓网络学习的共享空间，拓展学校公共共享空间，创建创客共享教室等等。通过共享理念与共享文化的深入思考与建设，有效推进了师德建设，同时促进全校上下形成共享的思维和共享的理念，孕育出共享教育的文化氛围和环境。

做法二：着力建设“双师共享课堂”，强化信息技术与教学深度融合能力

党的十九大报告提出“乡村振兴战略”，明确指出要优先发展农村教育事业。乡村教育在决胜乡村振兴战略中有着举足轻重的地位，而乡村教育质量的提升关键在教师。然而，乡村师资却存在着诸多发展阻碍性因素，如老龄教师偏多、专任教师不足、优质师资欠缺、教育资源匮乏等问题，如何针对乡村教育缺师少教的具体情况“精准扶教”以促进乡村教育提升与城乡教育平等是当前乡村振兴亟待研究的重大课题。正是基于这样的背景，作为一所小学名校，育英学校名师众多、课程资源丰富，我们应主动承担起为乡村教育服务、振兴乡村的重任。基于此，学校立足共享的理念，着力建设“双师共享课堂”，充分发挥名校优质资源的辐射示范作用，引领和推进乡村教育的发展，与此同时促进了本校教师在课堂教学中积极探索信息技术与教育教学的深度融合。

“双师共享课堂”，是指线上育英教师与线下乡村教师，共享课程资源、共生课堂教学。目前，这项工作取得了阶段性成果，育英共计开发线上名师课程约300节，涵盖了语文、数学、美术、音乐等各个学科，与怀化溆浦、永州宁远、益阳安化等薄弱学校开展了“双师共享课堂”实践，充分发

挥了名校名师资源辐射示范作用，实现精准帮扶，促进了教育公平。而且，由于双师共享课程的全力建设，充分实现了优质课程资源的数字化、网络化，有效地帮助学生开展线上线下的混合式学习，同时通过不同学校的网络连接，实现了课程资源、教学空间的共享，实现了校校之间教育教学理念的深度理解与广泛传播。2017年“双师共享课堂”作为湖南省教育信息化典型案例上报国家教育部，得到了教育部基础教育司湖南调研一行专家的认可，引起了社会广泛关注，《人民日报》、《光明日报》、湖南卫视、新华网等媒体进行了宣传报道。

做法三：全力打造“三点半共享课程”，培育教师课程设计与开发能力

“三点半难题”由来已久，连续几年成为两会期间热议的话题，虽然一些地方探索出“课外活动”“弹性离校”“社区托管”等三点半后服务模式，但因各地实情差异，三点半难题依然突出。但很显然，要解决三点半难题，关键还是在学校，学校作为教育的主阵地，必须承担起相应的社会责任，而且随着时代发展及社会需求的变化，学校教育必然会在职能和功能上相应会有延伸和拓展，所谓的学校教育边界并非固定不变。因此，学校实施课后服务工作是国家和社会赋予学校教育的新职能与新任务。那怎样才能更好地承担课后服务工作服务于学生的发展呢？我们同样立足于共享教育的理念，大力开发建设“三点半共享课程”。三点半难题实质就是课程资源的建设问题，我们依托共享教育理念，以学校周方苗校长工作室、邓仕秀小学数学名师工作室、郭晓芳小学美术名师工作室为核心成员，并汇聚学校、家庭、社区、高校等不同主体开发“三点半共享课程”，突破课程资源建设的瓶颈，建设了篮球、书法、剪纸、国乐、绘本、创客、“芙蓉动画双师课程”等“三点半共享课程”。其中“芙蓉动画双师课程”是在线课程，突出长沙市芙蓉区的特点，设计芙娃、蓉娃、牛博士等动画角色形象，开发出线上线下相结合的双师课程，极大地吸引学生学习兴趣，培养学生综合素养。通过系列三点半共享课程的开发与建设，老师们的课程设计与开发能力得到巨大的提升。

“东方欲晓，莫道君行早。踏遍青山人未老，风景这边独好。”现在，

湖南省长沙市芙蓉区育英学校，在共享教育理念的引领下，抒写着唯美的教育生活，构筑着儿童幸福完美的锦绣华章，在办好人民满意教育的道路上阔步前进……

（此文在教育部学校规划建设发展中心主办“未来学校儿童友好教育发展”研讨会交流）

“双减”落地，“智慧”生根

——长沙市育英学校的智慧校园建设与应用

2021年7月，中共中央、国务院引发《关于进一步减轻义务教育阶段学生作业负担和校外培训负担的意见》（简称“双减”）。为呼应国家政策要求，减轻学生学业负担，关注学生身心健康，育英学校自政策颁布以来，认真贯彻国家教育方针政策和新时代人才培养目标及要求，通过全员学习、问卷调查、试行试点、全面铺开等方法，构建形成了以“数字化”“智慧化”推进的“双减”政策落实方案。

一、贯彻教育方针，统一思想认识

（一）贯彻教育方针：5+6（即五育并举、六个关注）

受应试教育观念影响，许多学校几乎把所有的精力都放在提升学生学习知识和运用知识的智育上，而忽略了最重要的学生人格培养。为真正培养出全面发展的社会主义建设者和接班人，“双减”政策落地，旨在以学生为本位，通过五育并举的方式促进学生全面发展。育英学校确保“双减”不偏航，方向正确。坚决贯彻党的教育方针，为党育人，为国育才，五育并举，培养德智体美劳全面发展的社会主义建设者和接班人。学校实施“六个关注”：既关注学业水平，又关注品德发展和身心健康；既关注共同基础，又关注兴趣特长；既关注学习结果，又关注学习过程和效率。这一系列举措促进了“双减”政策的实施。

围绕“双减”育英学校开展一系列活动：创新小学思政课形式，以“思政+音乐”的理念和“跨界跨地跨校合作”的方式共同创作并推出原创音乐作品，4月，以礼敬“卫国戍边英雄”为主题，创作并演唱《让世界看到我们的身影》；5月，以杂交水稻的种子为意象，创作《为世界种下一个梦》；9月，以展现学生在“双减”之下的良好精神风貌，创作歌曲《快乐飞翔》；12月，为迎接省第十二次党代会首发原创歌曲《倾听湘江》，红网近四十万的点击量。以上四首原创歌曲，学习强国等媒体进行了转载，产生了深远影响。学校结合日常工作，积极开展丰富多彩的校园活动。一是开展垃圾分类活动；二是开展“我们的节日”主题活动；三是举办了育英学校第三次少代会；四是广泛开展体育赛事，本年度先后举行了秋季田径运动会和班级篮球赛以及跳绳比赛；五是开展“六一”“元旦”庆祝活动。举行“传承红色基因，童声礼赞百年”2021年班级红歌合唱比赛暨六一主题教育活动以及“迎新年暨学科颁奖活动”等，使校园真正成为孩子们健康成长的乐园。

（二）统一思想认识：1+1（即学校、家庭）

“双减”政策的落地需要统一家校思想认识，通过构建新型家校协作关系落实党的教育方针。家庭教育可以通过建设好家庭教育环境，充分发挥身教、家教、家风教育对孩子的育人功能。学校教育中教师应转变教育观念，教育重点从原来的书面作业转变为实践操作，明确家校育人责任，共同建设适应“双减”要求的协同方式。通过构建良好的教育生态，共同构建家校协同育人共同体，从而使“双减”政策的实施效果达到理想化。

为落实家校协同促“双减”，育英学校做出了两点举措：第一，组织教师专题会议解读“双减”文件要点并结合教育教学进行详细操作培训；将双减、五项管理要求融入到学校常规管理，大队部开展手机科学管理、睡眠等主题队会。第二，引导家长树立科学的教育观念，及时将《“双减”政策致家长的一封信》印发给每位学生家长，学校校园网、公众号不定期发布“双减”政策学习内容，通过家长会、家访，教育引导学生家长树立正确的教育观念、成才观念，理性对待校外培训。通过大力宣传，引导师生家长全面认识政策内涵，统一思想、形成共识，减小“双减”政策落地的阻力。

二、加强智慧校园建设，构建高质量课堂

（一）打造虚实空间，优化培养环境

在社会各界力量的支持下，学校拓展多元化学习空间，全面升级学校设备设施，满足学生多样化、个性化学习需求。一是特色物理空间，学校建设了篮球馆、游泳馆等运动场馆，既是满足学生课后兴趣拓展的需求，也是呼应“双减”政策关注学生的身心健康，以学生的全面发展、健康成长为目标的现实诉求。创客空间等学习场馆的创设是关注学生素质的全面发展，在学习与合作中培养学生的学习、合作、组织、领导能力及创造力。二是虚拟网络空间，创建网络教学空间、名师空间、校长空间等无边界虚拟空间，让教师在网络空间中进行交互，互相学习，多方交流，共同取得进步。通过智慧班排、班级空间、学生空间等，实现智慧校园的升级改造。物理和网络空间的建设，使得学习空间得到拓展，解决了校园面积狭小，教学空间不足，学习空间开放力度不够等问题，在现有的校园学习环境支持下，通过一系列空间建设，形成了互联互通的教育空间，创设了虚实相生的学习场所，迈向了教育元宇宙时代，为未来人才综合培养搭建成长空间。

（二）“5+6”：五育并举+六个关注

为构建高质量课堂，响应国家“双减”政策，学校制订了“三堂一馆育英行动计划”，“三堂”指：专递课堂、双师课堂、智慧课堂；“一馆”指：微课程馆。全力围绕智慧校园建设和未来学校发展精准发力，稳步实施。第一，依托于学校智慧校园环境，组织全体教师参加各级各类活动和比赛，以赛促研，以研促学，不断提高教师的教育教学水平。如论文评选活动、智慧教育生本课堂教学竞赛专项行动等。论文评选活动共收到30余篇论文，参与人员以教师专业视角出发，结合课堂实践经历，为教师职业发展和学校智慧校园建设提出了宝贵的建议。智慧教育生本课堂教学竞赛专项行动调动了教师专业提升的积极性，经过层层筛选和实践效果验证，最终提交12节精品课程，课程结合学校特色智慧环境，为教师教学做出了良好示范。第二，及时反思和总结各项活动及赛事的实践经验，形成具体的文本材料，通过不断的整理及修缮，提交了育英学校专项案例——《校本培训助力教师成长——育英学校教师基本功培训

活动》《育英学校智慧教育研讨活动》。集合群体智慧，总结凝练实践成果，生成的案例文本助力教师职业发展和学校智慧校园建设。第三，常态化开展校级智慧教育专项研讨。成立校级智慧教育研究团队，每周五上午开展主题研讨活动，不断提升教师教育教学研究能力。通过广泛开展校级智慧教育研究，学校教师信息化能力、教育教学水平得到明显提升，课堂教学效率得到有效保证。

三、优化课后服务，建设多元评价制度

（一）完善“2+4”作业管理

育英学校在课后作业的划分以及制度上执行“2+4”作业管理，即两种作业，四项制度。两种作业包括课内和课外两种作业；四项制度包括班级作业量统筹、家庭作业公示、零书面作业日、作业布置校本研究四项常规制度。对于两种作业的完成时间作出了明确的要求，课堂作业要求在课堂上完成，教师合理统筹课堂教学任务，维持课堂纪律，保质保量高效完成课堂作业，保证教师在课内“教足教好”，学生在课内学足学好；书面家庭作业争取在课后服务时间完成，依据学生的实际完成作业的情况以及个性化发展的需求因材施教，减轻学生作业压力，提升课后服务质量。

表3–1　四项常规制度表

班级作业量统筹	由班主任牵头，统筹各学科作业并进行公示，与各学科教师依据班级学生的学习情况合理安排各学科作业量，同时强化艺术体育类课程的作业
家庭作业公示	教师及时更新每日家庭作业，将年级、班级、学科、作业要求等具体信息表述清晰，严格按照各个年级的书面总量时间执行，互相监督，保质控量，认真批改作业
零书面作业日	特设立每周一天为无书面作业日，班主任根据当天上课的实际情况选择。以社会实践活动代替常规书面作业，从书本和教室中走出来，减轻学生学业负担，在社会中学习，拥抱大自然
作业布置校本研究	创新作业类型，根据学段、学科特点、学校特色课程和项目、学生的实际需求与完成能力合理布置书面作业、科学探究、体育锻炼、艺术欣赏、社会劳动实践等不同类型的作业。鼓励布置分层作业、弹性作业和个性化作业

学校将作业的设置作为校本教研的重点，结合教学目标以及学情，依据学

生的发展规律以及学习规律，建立以素质教育为导向的基础性作业，创新作业内容与方式，注重科学探究与实践，在注重学科教学的同时，强健体魄，培养创新精神与实践能力。

（二）开展“1+X”课后服务课程模式

学校积极响应“双减“政策，学生拥有更多可支配的时间。育英学校设立了丰富多彩的“三点半”课后服务课程，在确保完成教学任务的同时鼓励学生个性化发展。学校协助学生合理安排课后时间，在课后服务时间基本完成书面家庭作业，减轻学生放学后的负担，在教师的管理下，提升课后家庭作业完成效率及质量。教师作为课后服务的服务主体与陪伴者，需要对本班学生的学习情况有足够的了解，因此本校陪伴者是语文、数学、英语教师进行轮转。“X”种课程是指多种兴趣课程，学校建立健全课后服务管理制度，坚持学生自愿的原则，开发出了各具特色的课后服务课程，引进校外机构及社会资源，补充课后服务课程。鼓励学有余力、学有所长的孩子参加丰富多彩的特色活动和训练，从而发现自己、发展兴趣特长。目前共计开设31个基础+30个特色的课后服务班级，每次授课均有行政进行随堂听课与检查反馈，较大满足了学生个性特长发展需求。学校搭建的人才综合培养成长空间，为课后服务的多元化课程开展提供了坚实的硬件保障。

（三）建设多元化评价体系

在低年级学段（一、二年级）没有纸笔考试，中高年级（三、四、五、六年级）举行一次期末考试。不考试或考试次数减少，减轻了学生的学习压力，减少了功利性地一味追求提高学生学业成绩从而忽视学生全面发展的畸形教育方式。平时的作业反馈、课堂表现、实践操作等成为对学生评价的重要依据。学校通过对于不同年级学生、家长、教师的问卷调查、访谈座谈、针对性地“游戏闯关”等新的评价方式掌握学生的实际情况。育英学校“幸福航线童心飞扬”学科节活动持续开展，让每个孩子都有展示的平台，在多种多样的活动中，便于教师多角度开展学生评价。同时，结合《芙蓉区小学综合素质过程性评价行动指南》，学校从品德、学业、身心发展、审美素养和劳动与社会实践五个方面开展学生综合素质评价。

表3–2　多元化评价体系评价表

评价依据	学业成绩：直观反映学生知识点的掌握情况，同时对比学生平时学习情况和应试能力，对反差较大的学生进行及时干预。 作业反馈：课堂作业以及课后家庭作业反馈出学生的学习态度以及课堂学习薄弱点。 课堂表现：课堂的纪律性、专注程度、表现力、参与程度、合作能力、问题的迁移能力及灵活性反馈出学生的特性与课堂效能。 实践操作：通过观察学生的实践操作表现，反馈出学生的动手操作能力、解决实际问题的能力、团队协作能力、独立思考的能力以及创新能力
评价维度	品德：对学生的思想品德状况作出事实判断，对学生的思想品德发展作出价值判断，促进德育目标的实现和德育质量的提高。 学业：通过学业评价激励、诊断、促进教师教学，反思教学过程，改进教学方法，提高教学能力。同时要弱化甄别和选拔功能，减轻学生压力，激发学生的内在学习动机，帮助学生认识不足，明确目标继续努力。 身心发展：少年儿童的心理健康是我们关注的重要议题，家庭环境的不良影响、少年儿童自身弱点的不良倾向、学校教育失误的不良影响、社会消极因素的不良影响都是少年儿童心理问题产生的原因。 审美素养：审美素养包括审美经验、审美情趣、审美能力、审美理想等各种因素，审美素养既表现为对美的接收和欣赏的能力，又转化为对审美文化的鉴别能力和审美文化的创造能力。 劳动与社会实践：培养学生劳动素养与社会实践能力有利于提升学生的综合素质，锻炼学生的动手能力及个人品格，培养学生的劳动观念与感恩意识，有利于实施素质教育

四、问题与困难并存，挑战与机遇共生

育英学校积极落实“双减”政策，响应政策要求，积极探求育英特色“双减”道路的同时，也遇到了一些困难和问题。第一，家校融合出现新状况，家长和学校的观念、时间、评价产生冲突。第二，教师工作出现了新负担，课后服务在下午五点半结束，大部分教师每周参与2—3次，部分教师参与得更多，挤占了教师平时备课科研的时间，部分教师带班多本身就工作量大，相对繁重的课后服务加大工作压力甚至挤占了休息时间。第三，学校管理出现了新风险。低年级学段和中高年级学段下课时间不同，课后服务自愿参加，安全管理风险加大，学校引进的STEAM创课等课程是校企合作，引进机构人员增加管理风险。

针对育英学校实际遇到的困难，提出以下对策。第一，关爱教师群体，关爱教师身体和心理健康，校领导班子深入教师当中，倾听教师真实想法以及了解教师实际困难，根据实际情况统筹教师工作，给予有困难的教师帮助。第二，更加营造全社会双减以及尊师重教浓厚氛围；加强双减政策宣传，力求做到家校社思想高度统一，肯定教师的付出，尊师重道，关注教师专业成长以及职业发展的目标，将课后服务与教师自我实现的需求结合，鼓励教师发展自己的专长，践行自己的教育理念，激发教师参加课后服务的动力，缓解教师的职业倦怠。

五、智慧校园建设助力落实“双减”政策

当今社会，信息技术与人工智能技术飞速发展，学校应该将技术与教育深度融合，结合党的教育方针，育英学校智慧校园建设推动了“双减”政策的实施，智慧校园的建设可以构建良好的教学平台和资源平台，帮助教师良好地开展课堂，学生获取广泛的知识，教师需要积极学习人工智能教育方式，构建信息化课堂，从而实现对学生的全面素质化教育。

育英学校依托“数字”举措，夯实“双减”政策，全方位提高学生素质，促进学生全面发展、综合发展，真正为学生的终身发展奠基。

（此文在长沙市芙蓉区人大教科文卫委“双减”调研会交流）

以共享思维推进素质教育发展

一、实施素质教育过程中的问题

一直以来，育英学校大力推行素质教育，在推进的过程中遇到了各种各样的问题，最突出的我想主要表现在三个方面。

（一）名师动力缺乏

育英小学创办于1950年，原来是湖南省军区干部子弟学校，办学七十多年以来，名师荟萃，形成了丰硕的办学成果，社会满意度较高，目前，学校老师平均年龄44.6岁，中老教师在学校占比很高，这些中老教师不同程度地遇到了发展的瓶颈，缺乏工作的动力，因此，怎样调动名师的积极性，如何发挥名师的示范价值和引领作用，为名师们寻找新的职业生长点推进素质教育的发展成为我一直思考的问题。

（二）时间不够

正如前面专家所说，素质教育是面向未来的，是为了孩子适应未来社会生活的各方面素质的发展。但有个浅显的道理大家都懂，每个孩子都是不一样的，加德纳的多元智能理论也告诉我们每个孩子所擅长和发展的方面其实是有差异的，因此，孩子的发展是个性化的，素质教育一定是适应这种个性化发展需要的教育。然而，每个公校首先要完成的是列入课表中的国家课程，作为基础教育阶段的国家课程其实是满足所有孩子的基础水平的，他并不是设计出来满足每个不同孩子的个性化需求的，因此，世纪初的课程改革提出了地方课程和校本课程的开发，一定程度上体现了个性化的要求，但是国家规定校本课程必须在国家课程之下一定的范围内开发，比如《湖南省义务教育课程计划设置表》中就规定，各年级校本课程每周2节课，整个九年基础教育阶段合计580节课左右，占总课时的比例仅6%。

与此同时，在减负政策的实施背景下，教育部在20世纪90年代就发布了《学校卫生工作条例》明确规定，学生每日学习时间（包括自习），小学不超过6小时，中学不超过8小时。因此，学校在完成国家课程的前提下，基本没有太多时间进行课程的开发和实施，素质教育虽然喊得很响，但是真要实施起来时间问题成了制约的重要因素。

（三）课程资源欠缺

素质教育的实施最核心的其实就是课程的建设，有了好的课程才可能培养出好的学生。只有大量的丰富的个性化课程，才能真正地落实每个孩子的素质发展。但是作为一线老师来说，课程的开发其实是有很大难度的，缺乏专家的引领，开发理念的欠缺，操作经验的匮乏等导致校本课程开发初期质量不高，实施效果不佳。而且，学校内部能开发出的课程也屈指可数，远远不能够满足全校几千名孩子的素质发展需求。

二、推行素质教育的举措

在经过大量的探索和实践后，我们逐渐探索出了一条解决的路径。那就是以共享思维的方式来推行素质教育。

（一）共享名师

基于共享的理念，我们的第一个举措就是“共享名师”。建设“双师共享课堂”，激发名师的职业动力，为他们提供新的职业生长点。

我们都知道，湖南乡村师资存在着诸多发展阻碍性因素，如老龄教师偏多、专任教师不足、优质师资欠缺、教育资源匮乏等问题，如何针对乡村教育缺师少教的具体情况“精准扶教”促进乡村教育提升与城乡教育平等是当前乡村振兴亟待研究的重大课题。正是基于这样的背景，作为一所小学名校，育英学校名师众多，其实可以主动承担起为乡村教育服务、振兴乡村的重任。我们不能仅仅只是服务于城市，服务于一小部分孩子，而一定要充分发挥名校名师资源的辐射示范作用，引领和推进乡村教育的发展。为此，我们团队酝酿并实施了“双师共享课堂”。

（二）共享时间

我们的第二个举措是“共享时间”。打通6小时的时间壁垒，开辟社团课程时间，成为孩子们共同享有的素质培养和发展的时间。教育部规定小学生在校学习时间不超过6小时，政策制定的初衷是减负，使小学生在6小时后不再继续学习那些应试的课程和方法，而能够自由自在地舒展身心，发展个人的素质。因此，我们理解的“在校学习时间不超过6小时”其实是指在校学习列入课表课程的时间不超过6小时，在6小时之后，如果我们能够开设丰富的社团课程，不遗余力地培养孩子的各方面素质，对于孩子来说绝对是一件幸福的事情。很幸运地，社团课程的开设得到了老师们的大力支持，家长们也非常认同，同时孩子们在放学后积极参与到社团课程中，为孩子们的素质发展提供了充足的时间保证。除此之外，还有效地解决了部分家长无法接送孩子的问题，而今年两会期间，三点半难题成为大家热议的话题，我觉得我们学校先行就在做这样一件事情，现在我们学校还在酝酿构建“三点半课程”，每天下午开辟90分钟时间，让每天的90分钟成为孩子们共享的乐园，同时为家长们解决托管的难题。

（三）共享课程

第三个举措就是“共享课程”。要实现孩子的各方面素质的发展，满足孩子个性化的需求，社团课程的资源一定要非常丰富，但是仅仅依靠学校的力量是不够的，为此，我们通过不同主体的共享来实现社团课程资源的丰富，让高校、社区、家长等参与到社团课程的开发中来，共享课程资源。我们学校很多培养孩子素质的社团课程如动漫、硬笔书法、机器人课程就是利用家长资源开设的课程。我们今后的“三点半课程”建设同样要依托共享教育理念，以周方苗校长工作室、邓仕秀小学数学名师工作室、郭晓芳小学美术名师工作室为核心成员，并汇聚学校、家庭、社区、高校、民间艺人等不同主体开发在线共享课程，突破课程资源建设的瓶颈，实现“三点半课程”资源的极大丰富，使走班选课、个性化教育成为可能，从而使素质教育真正落地。

（此文在教育部基础教育司、基础教育课程教材发展中心在长沙开展中小学教育教学改革调研会交流）

春风化雨润无声

——长沙市芙蓉区育英学校诗词大会参赛浅谈

“胸藏文墨虚若谷，腹有诗书气自华。”古诗词是我国优秀传统文化的典范和精华，是我们文化自信的重要源泉。习近平总书记在十九大报告中特别指出，要“推动中华优秀传统文化创造性转化、创新性发展”，“深入挖掘中华优秀传统文化蕴含的思想观念、人文精神、道德规范，结合时代要求继承创新，让中华文化展现出永久魅力和时代风采”。这为新时代的语文教育工作者指明了正确方向、提出了更高要求。

育英学校一直开展诗化教育特色活动研究，指导学生积极参与诗词赛事，无论是学校的诗词大会，还是长沙市芙蓉区诗词大会，以及覆盖全省的青春诗词大赛，全国性“国学达人”挑战赛、中央电视台举办的诗词大会等，育英师生均有不俗表现。下面，我将结合育英学校的一些具体做法，简要谈谈如何让学生在春风化雨中，将古诗词文化根植在心中，在诗词比赛活动中获得佳绩。

一、注重课堂，教学内容由浅入深

我们根据由浅入深的认知规律，为不同年龄阶段的学生选择不同的古诗词学习内容，注重课堂教学，让古诗词的教学课程内容贴近学生，提高古诗词学习的成效。

我们指导低年级诵读注音版《三字经》《百家姓》《声律启蒙》等激发兴趣，推荐《中华经典成语故事》等为辅助阅读材料；中年级学习七绝、律诗、边塞诗，推荐阅读《写给儿童的中国历史》等相关历史书籍，接触名人的故事古文，让其入情入境；高年级以古诗文和古代名人故事的学习为主，推荐阅读《西游记》《水浒传》《古文观止》等，引领学生厚积薄发。

在各年级的古诗词教学中，我们重视诵读，“书读百遍，其义自见”。老师辅以科学的诵读指导，让学生在读中去理解，去体验、去积淀，在读中融入和谐的音韵，去欣赏那深邃的意境。

二、丰富形式，春风化雨润无声

“熟读成诵，不求甚解”是我们开展古诗词诵读的主要形式，我们也注重丰富学习形式：学校活动与班级活动相结合；个人学习与集体辅导相结合；诵读与展示相结合；评比与激励相结合。

在长期的诵读积累中，育英师生发挥智慧，开展了精彩纷呈的综合性学习活动，例如：课堂、课间开展的“飞花令”游戏；在了解经典创作以及作者相关的故事后，创编成有丰富内容、语言生动的故事，开展课前三分钟讲故事活动；根据自己对经典的理解进行仿写、改写、扩写活动；根据经典的内容和意境，进行诗配画活动；以硬笔书法为主，开展经典书法比赛活动；学校通过诗文图展以及宣传栏、黑板报等形式让学生随处可欣赏到古诗文佳作佳句，让学生在多样的学习形式中潜移默化接受熏陶。

三、创意比赛，百花齐放春满园

中华五千年的悠久历史，孕育了底蕴深厚的国学文化，古代诗词只是其中的一部分。我们让学生边积累边理解边运用，不仅能熟读成诵，也要能引经据典和内化于心，比赛是推动诗词强化学习的高效方式。

（一）班级比赛，星星点点都是光

在日常教学中，我们在班级里开展人人参与的比赛，让每个学生都有机会登台挑战。个人与个人、小组与小组、男生与女生之间进行诗词比赛等，都是学生非常喜欢的比赛方式。在班级比赛中，点燃学生积累、表达、展示的激情，闪现星星点点的光彩。

（二）年级比赛，小荷才露尖尖角

分年级开展诗词擂台赛，通过背诵、抢答、“飞花令”等形式，让各年级优秀学生在不同的平台上脱颖而出，用丰厚的积淀、流畅的表达呈现，在年级比赛中崭露头角。

（三）校级比赛，这边风景独好

学校组建诗词比赛校级代表队，由学校安排指导老师，利用晨读、夕会课时间，进行专项训练。一方面，师生在训练中一起读诗词、诵诗词、读诗人、读历史，全面深入地走入到诗词的学习当中。另一方面，学校积极组织初赛、复赛、决赛和诗词代表队开展“踢馆”赛，让校级代表队进行不同层面的“交锋”，使学生学会自主学习，相互促进，在竞争中成长，在成长中进步。

自开展诗词大会活动以来，学校从班级赛到年级赛，从校级初赛、复赛、决赛到踢馆赛，借助平板、智慧课桌等现代化设备辅助实施，每一个热爱中华诗词的孩子都找到了展示的机会，呈现了在诗词浸润下少年儿童的文化自信与卓然气度，也带动更多的孩子亲近经典，感受传统文化的魅力。

（四）积极参赛，回望灯火阑珊

学校的比赛活动让育英学子的诗词学习像蜜蜂采蜜一样，在万紫千红的花丛中流连，获得更加丰盈的知识，了解诗词的境界之美、音韵之美。积极参加区、市、省以及全国性的诗词比赛，更让学生在不同层次的平台中精彩展示，领悟中华古诗词的魅力，激发学习祖国语言文学的热情。

学校《中华诗词　少年志气》情景诵读获得芙蓉区诗词大赛一等奖，参加长沙市青春诗词大赛获得最美古韵奖，学校荣获优秀组织奖。

在“长沙市中小学生经典美文朗诵暨中秋诗词会”中，学校诗词朗诵《四季诗》获得长沙市第二名。

学校的班级诵读《百善孝为先》在长沙市首届中小学生中华经典诗文诵读大赛荣获特等奖。

在湖南电台交通频道发起的“心愿湖南·朗诵春天”系列活动中，学校选送的班级朗诵节目《三字经》脱颖而出，成为启动仪式上唯一受邀现场表演的学生类节目。

在长沙市教育局、红网举办的青春诗词大会中，学校学生李翰铭、李佳瑜、彭奎皓、卿熙容从芙蓉区比赛中脱颖而出，获得团体总冠军，成功进入全市复赛。最终，李佳瑜获得长沙市青春诗词大会“诗词达人”称号，卿熙容凭借过人实力，夺得青春诗词大会桂冠。

在孔子故里——山东曲阜，第二届中华学子青春国学荟“国学达人”挑战赛总决赛上，学生卿熙容获得了小学组全国亚军，特等奖。

学生卿熙容、陈佳宜、秦敢和教师孙琨成功进入中国教育部、中央电视台联合举办的青春诗词大会百人团。卿熙容同学凭借良好的诗词功底，三次从百人团里脱颖而出，站到台前和高手对决。镜头里的她，出线时淡定从容，让人欣慰；落败时，她脱口而出的是：“江东子弟多才俊，卷土重来未可知。”是汉语言文字的滋养，让她一次次为育英代言，为湖湘学子争光。

古诗词等国学经典是中国的瑰宝，是中华民族生生不息、传承国脉的精神。当前在习总书记大力弘扬传统文化的背景下，践行诗化教育，丰盈学生的人生行囊——是育英学校一直在思考和实践的课题。如何以全员阅读为辐射点，更好地带动书香校园、书香社区、书香社会的发展，从而更好地促进诗化教育的进一步发展，更好地弘扬传统文化，也是我们今后努力的方向。

（此文在长沙市语言文字工作委员会调研会作交流）

“五项行动”促最美师德绽放

育英学校是芙蓉区一所大校、老校、名校，已有近70年办学历史。多年来，学校校风、教风优良，社会赞誉度高。近几年，随着学校教师队伍整体年龄的增大，老师们的职业倦怠感也逐渐增多。如何引领教师更好地发展，不断强化职业理想信念，让育英“构筑理想、追求卓越”的精神屹立不倒？学校依托“五项行动”，即“师德规范”行动、“师德评选”行动、“思政创新”行动、“智慧教育”行动、“爱心服务”行动，不断夯实师德师风基石，促进育英教师队伍建设良性发展，推进育英学校内涵品质深入发展。

一、主要做法

（一）“师德规范”行动，凝聚教育精神

学校以习近平新时代中国特色社会主义思想为引领，以做“人民满意的好老师”为目标，以“热爱学生、教书育人”为核心，以“学为人师、行为世范”为准则，将提高教师思想政治素质和职业道德水平摆在首要位置，力行师德规范，通过全员全方位全过程师德养成，不断提升教师师德修养。

学校编写《育英教师师德规范手册》，组织全体教职工开展《芙蓉教师宣言》集体宣誓，签署《师德承诺书》，聆听专家师德专题报告，开展“育英故事分享会”和“强服务、扬师德、正行风”师德交流会，开展党风廉政警示教育，聘请师德监督员，进行教师师德信用考核，评选“育英最美教师”等，不断加强教师师德规范意识和行为。

2021年，支部加强“学党史、感党恩”的学习教育，组织师生开展国旗下“党史故事讲述”活动，集体唱红歌活动，党员重温革命旧址活动，团员“红

色传承”演讲比赛，少先队员“党史学习”辩论赛等，将社会主义核心价值观贯穿教书育人的全过程，推动育英教师成为先进思想文化的传播者、党执政的坚定支持者、学生健康成长的指导者，为加快推进学校教育现代化治理进程、办好人民满意教育提供思想政治保障。

（二）“师德评选”行动，树立教师榜样

为营造教师爱岗敬业、乐于奉献、追求卓越的精神氛围，塑造教师高尚师德形象，传递教育正能量，学校先后开展“名师工作室”“魅力教师个人和团队”评选和建设活动。

1. 名师工作室建设

2017年以来，学校先后成立优秀教师校级工作室，如“莫永辉班主任工作室”“郭晓芳美术工作室”“王娟体育工作室”。2018年芙蓉区“邓仕秀数学名师工作室”“郭晓芳美术名师工作室”“周方苗名校长工作室”落户育英学校。名师工作室每月定期开展学科研讨、教师培训等工作，形成见贤思齐的校园积极氛围。

2. 最美教师评选

学校连续四年开展“阳光魅力教师和团队”评选活动，活动中共表彰“魅力教师团队”10多个，“魅力教师个人”达120余人次。2019年长沙市第五届“感动星城·十大魅力教师”评选中，郭晓芳老师脱颖而出，获此殊荣。“阳光魅力教师和团队”评选激发了教师个人及团队奉献教育、投身改革的积极热情，为老师们树立起身边可学习、可追赶的师德优秀榜样，引领更多的育英人不断为推进学校品牌深度建设而贡献力量。

（三）“思政创新”行动，弘扬传统美德

学校积极探索“艺术+德育”“音乐+思政”实践之道，创新思政教育形式，丰富思政教育内容，大力弘扬传统文化和传统美德，强化师生思想政治教育。

创新小学思政课形式，以“思政+音乐”的理念和“跨界跨地跨校合作”的方式共同创作并推出的原创音乐作品，4月，以礼敬“卫国戍边英雄”为主题，创作并演唱《让世界看到我们的身影》；5月，以杂交水稻的种子为意象，创作《为世界种下一个梦》；9月，以展现了学生在“双减”之下的良好精神风貌，创作歌曲《快乐飞翔》，以上三首原创歌曲，学习强国等媒体进行了转载，产生了深远影响。

（四）“智慧教育”行动，滋养教育情怀

学校开放育英名师名课优质教学资源，通过联校直播课堂、双师共享课堂、网络大课堂，实施教育精准帮扶，发挥育英名校名师助力城乡义务教育优质均衡一体化发展的作用。

1. 联校直播课堂

宁乡白沙小学、山林小学、苏家小学缺乏美术、英语、音乐专任教师，2017年年初，学校启动网络联校帮扶行动，每周开设学科“直播课堂”，育英优秀教师每周三、周五以稳定的联校开课节奏，将优秀教学资源输送到偏远山区。目前共计开出美术、英语、音乐直播课近400余节，赢得当地师生一致好评。

2. 湖南省网络大课堂

2019年11月，由湖南省教育厅主办，湖南教育电视台承办的“我是接班人”网络大课堂启动，郭晓芳老师担任首席主讲名师兼总班主任。她主持策划，利用网络联校“1+N”的方式，采用“大课+小课”模式开展网络授课。目前累计超过6亿人次收看湖南省网络大课堂，《人民日报》、新华社、《光明日报》、中新社、学习强国、中国共产党新闻网、央广网等多家媒体予以报道。特别是2020年新冠肺炎疫情暴发期间，她制作播出的“抗疫”系列网课，育人效果凸显，社会各界反响热烈，被誉为最红“网络金课”。因其突出贡献，2020年郭晓芳老师被评选为“湖南好人”、湖南省教书育人楷模（提名奖）、全国未成年人思想道德建设先进工作者。

（五）“爱心服务”行动，传递教育温暖

育英师生通过爱心捐赠、全程支教、送课下乡、志愿服务等活动，向社会传递教育的温度和美好。

1. 师生爱心捐赠

2019年，学校承办长沙市2019年“爱心捐赠零花钱，关爱困难小伙伴”主题活动，全校师生共募集爱心义卖款67802元，其中2万元捐赠到对口支援的溆浦北斗溪中心小学，为当地孩子安装净水机，解决了饮水难题，受到当地师生的高度称赞。2020年，学校支部组织党员自愿捐款，以实际行动支持新冠肺炎疫情防控工作，上交党员捐款累计29200元，其中退休教师、老党员张利民个人捐款达1万元。

2. 教师主动支教

2016年起，学校先后派遣邓军、陈琳、刘婷婷、吴建纯、谭晓煜、姚琪、邓仕秀等党员教师至怀化溆浦县北斗溪镇学校支教，该校语文、数学、英语、美术等学科教学质量飞速提升。2018年9月，学校党员教师袁冬芳至新疆吐鲁番市第六小学支教，2020年学校孔娟老师至怀化麻阳县锦江第二小学支教。目前，学校累计派遣9名教师至薄弱学校支教帮扶，支教成为辐射育英品牌的教师自觉。

3. 党员送教下乡

学校党总支精心组织党员送教送培下乡活动，强化党员队伍建设，牢记光荣使命，践行教育初心。2019年10月，支部组织“践诺重行，爱心服务”活动，7个党员送教小分队分赴宁乡、新晃、浏阳、溆浦、麻阳五地对口牵手薄弱校开展教学帮扶；2020年11月，支部集结成10个党员志愿服务小分队，携手学校名师、骨干教师共计40人分赴新晃、麻阳、溆浦、宁乡、浏阳五地十所乡村学校开展“爱心服务送温暖，立足岗位创佳绩”活动。活动充分展现了育英党员的风采，送教志愿服务深受当地一致好评。

二、工作成效

（一）学校涌现了一批师德高尚、业务精湛的优秀教师

近三年来，育英教师队伍呈现更优发展态势，教师67人次获区、市、省乃至全国综合荣誉奖励，如：区“班主任30年坚守奖”田美娥、莫永辉、罗友荣、贺湘艳、姚琪、周敏等老师，区“十佳教坛新秀”邓军老师，区“抗疫突出贡献个人”周文佳老师，区“班子好搭档”周方苗校长和陈喜琴书记，市“抗疫网络教学优秀教师”刘婷婷、黄喜、彭攀等老师；长沙市“华天优秀教师奖”肖奇志老师，长沙市第五届“感动星城·十大魅力教师”郭晓芳老师，长沙市优秀校长周方苗；湖南省教书育人楷模（提名奖）、全国未成年人思想道德建设先进工作者郭晓芳老师。

（二）学校承办了三次有影响力的大型教育教学开放活动

学校先后承办2017年湖南省“湖湘教育家大讲坛”活动、2018年湖南省德育工作“书道习得”主题教育观摩现场会、2019年“漫步未来·相遇智慧”长沙市第十三届小学校长年会。育英学校“智慧校园”坚实的建设行动和工作成效得以向全省、全市教育同行开放展示。学校现代化的教育环境构建、超前发展的智慧校园行动，育英教师良好的专业素养，赢得社会各界广泛好评，育英教育品牌和芙蓉教育美誉度得以充分展示。

习总书记提出：“一个人遇到好老师是人生的幸运，一个学校拥有好老师是学校的光荣，一个民族源源不断涌现出一批又一批好老师则是民族的希望。……国家繁荣、民族振兴、教育发展，需要我们大力培养造就一支师德高尚、业务精湛、结构合理、充满活力的高素质专业化教师队伍，需要涌现一大批好老师。”育英学校深入贯彻全国教育大会精神，贯彻落实党的十九大报告提出的“加强师德师风建设，培养高素质教师队伍”工作要求，扎实推进“四有好老师”建设工程。

以共享思维创建三点半课程

三点半后学生托管问题是当前教育的一大热点问题，也是国家目前非常棘手的难题。各地都在陆陆续续出台政策，也出现了一些处理方案。2017年教育部印发《关于做好中小学生课后服务工作的指导意见》，要求学校主动承担起学生课后服务责任。但学校承担课后托管存在两大难处，一是课程资源欠缺；二是教师工作量负荷加重。

为了解决三点半难题，为社会、家长、孩子们服务好，我们聚焦这一难题，积极探索三点半课程，从内容和形式上力图有效解决学校托管的难题。下面我就课程建设特色向大家做简单汇报。首先，先请大家看一个简短的视频，这是我们建设的三点半课程系列中硬笔书法的一节课中的片段，相信大家获得了一些基本的认识，那么我们建设的三点半课程主要有这么几个特色：

一、聚焦创新素养，助力学生个性化发展

三点半课程在课程内容上与国家课程、学科课程等相区别，聚焦创新素养，从自然科学、身心健康、儿童艺术、思维方法、工程技术、社会交往、生活创意、语言文化八大领域，着力培养学生观察力、专注力、想象力、批判力、沟通力、实践力、预见力、理解力的发展，实现孩子个性化发展。

二、依托共享思维，实现优质课程资源共享

共享实质是通过将闲置资源合理配置实现不同主体之间资源的共同享有。从教育领域来看，课程资源的建设并不只是依靠学校教师，我们打破壁垒借助共享思维，让学校、家长、社区、高校、民间艺人等潜在的课程资源主体来共

同分享不同的优质教育资源，在共享中实现个性化课程资源的极大丰富，推进课程资源建设。

三、线上线下结合，创建双师/多师教学模式

建设什么模式的课堂，我们思考了很久，如果做纯线上的课堂会影响孩子视力，同时学生练习、问题答疑得不到及时反馈；纯线下确实又会极大增加教师工作量，影响教学质量。经过专家论证，我们采取线上线下结合的方式建课，构建了双师/多师教学模式。双师是指线上教师和线下教师的配合，多师是指线上不仅有牛博士的教师角色定位，还有技能课上示范教师的指导，同时芙娃和蓉娃两个动画角色在共同学习中以互换教师的方式讲解知识点。这种模式，一是有效减轻线下老师的备课量，便于大力推广应用和服务孩子的发展，二是淡化教师角色定位，以润物无痕的方式实现孩子的快乐学习、趣味学习。

四、动画角色陪伴，建构情境体验性学习场景

设计了芙娃、蓉娃两个学习玩伴，取自“芙蓉”二字，因为湖南又称为“芙蓉国”，同时我们育英学校处在芙蓉区。所有的学习活动会通过两个学习伙伴的情境设计引出学习问题，简单的问题由芙娃和蓉娃在情境交流中解决，难的问题就由芙娃、蓉娃一起召唤类似机器猫的超能力动画形象牛博士来帮忙。同时设计大情境和小情境，实现情境化的体验式学习。有的课程是一个大情境串所有12节课，比如《摄影湘行》，通过芙娃、蓉娃和外国少年相遇，游览长沙的建筑、风景、美食、文化、风俗、活动、人物、动物等主题，芙娃、蓉娃介绍湖湘人文，外国少年讲解摄影技巧方法，这是大情境的设计方式。小情境是一个课程12节课，一课一情境。比如书法课，第一课是芙娃看到蓉娃写了象形字，于是回到商朝了解象形字及汉字发展演变历史，第二课是到了王羲之故居，从池塘了解王羲之练习书法的故事，从独木桥学习横画，由树干讲解竖画。第三课从蓉娃苦思冥想“撇捺人生”的字谜开始，逐渐引入撇捺的学习。这种动画角色及故事情境的设计，贴合孩子的学习心理，增强孩子的学习兴趣。

五、知识可视化与线下活动化的有机融合

课程中的知识点尽可能切合国家课程的知识点，帮助学生加强加深国家课程知识点的理解与思考。我们的做法是以可视化的方式呈现，助于学生思考和理解。比如讲解“书”字的象形字，通过可视化图像比对，就能很好地明晰“书”字的构架及意义；比如握笔姿势口诀抽象且难背，“一寸高，两点捏，两点靠”，比较抽象，通过实景拍摄，清晰的步骤演示，并通过实拍、要点提炼、动画强化，有效地帮助学生记住知识点，再辅之线下活动，就能帮助学生形成良好的握笔姿势。

同时线下环节我们通过有趣的活动化的方式开展，便于线下教师操作、指导和组织。比如书法课，我们会安排线下问题讨论、故事复述、线下练笔、课堂展示等活动形式，多学科融合，培养孩子语言表达能力、合作交往能力、观察想象能力、动手实践能力，等等；趣思科学汇，会通过小组交流、问题讨论、动手实践、小组展示、故事复述等活动，实现孩子观察力、专注力、实践力、沟通力等各方面能力的发展。

（此文在长沙市芙蓉区校长论坛交流）

书香校园　点亮童年

——育英学校书香校园建设实践

湖南省长沙市芙蓉区育英学校创建于1950年10月，自创办以来，学校一直把母语文化传承工作作为重点工作之一。基于学校厚重的历史和积淀，基于让阅读成为学生的“文化自觉”的目标，语文教研组先后承担了省“十一五”规划课题“小学语文交流式习作研究”“小学语文班级读书会的策略研究”、芙蓉区微课题“班级绘本阅读与看图写话整合实践研究”，实现了课内与课外文本相结合。作为长沙市第一批书香校园，育英学校以创建“书香校园”为导向，营造良好的读书氛围，精心设计积极可行的读书活动，让学生在活动中体验读书的乐趣；进一步提高了学生的思想觉悟和文化底蕴，营造清风缕缕满校园的书香氛围。

一、优质资源书香校园的土壤

校园内，校史文化墙，诉说着育英辉煌的来路；办学文化墙，彰显着育英坚守的理想；特色文化墙，展望着育英辽阔的未来。我们率先开设《儿童阅读》校本课程，电子班牌、中队角、“苗苗电视台”“心语聊吧”心理咨询室、“红领巾广播站”“创客教室”、推普活动宣传橱窗、文化长廊等阵地，以其规范、新颖、童趣的文字形式，成为学生进行阅读教育的主阵地。

学校图书馆、阅览室设立专用场所，专人负责管理，周一至周五全天开放，学生可以在课间、午间至阅览室自由阅读，也可以凭借书证借出图书馆阅读。每个班级都设有图书角，设立各式图书柜，学生在语文教师的引领和指导下轮读书籍，流通量约20本/（人·期）。

校园外，我们整合资源，形成合力，营造语言文字学习良好氛围。我们与湖南图书馆、岳麓书院、长沙晚报、红网、新华网等地共建德育基地，家校共建教室图书馆，为育英学子健康阅读提供优质阅读资源，用更多好书浇灌孩子的心田。

二、校园活动，书香校园的主旋律

（一）“每日一诵”涵养心智

在规范的语言文字中“熟读成诵”，使古典文化渐渐扎根在学生的心中。每天的晨读、夕会，都能听到班级传来琅琅书声。语文教师们把自己对古典诗词的喜爱融进教学日常，还按序列选背《日有所诵》《三字经》《千家诗》《增广贤文》和《笠翁对韵》。中年级学生的积累量一般达到三百首以上，高年级学生则达到六七百首，有的还能上千首。

（二）“每周一诵”启发德智

每周升旗仪式的吟诵让诗词与生活同在，从抬头见诗、耳中听诗、口中吟诗到心中育诗。2018年11月，我校结合《习近平用典》校园书法作品举办“书道习得”活动，1503班的孩子吟唱国学，对话圣贤。领诵与齐诵相得益彰、气度超群，获得来校参加来宾们的一致好评。

（三）“每周一课”激发兴趣

结合三点半特色活动，开展“经典诵读”“国学社”“小青虫读书吧”等课程，教师、学生、家长义工共同参加，兴趣浓厚。

（四）“全员诵读”升华品格

2018年，六年级1304班《中华诗词　少年志气》情景诵读获得芙蓉区诗词大赛一等奖，参加长沙市青春诗词大赛团体赛获得最美古韵奖，学校荣获优秀组织奖。吴康宸、陈佳宜同学参加长沙市“青春诗词大赛”个人赛获得“诗词小达人”称号，其中吴康宸同学获得第四名（前三名均为中学生）。2018年9月，在“长沙市中小学生经典美文朗诵暨中秋诗词会”中，育英学校诗词朗诵《四季诗》获得长沙市第二名。金秋十月，诗韵流长。10月27日，中央电视台中国诗词大会（第四季）湖南地区面试选拔活动在育英学校举行。此次活动由湖南省语言文字工作委员、省教育厅主办，省语言文字工作者协会和育英学校承办。来自全省高校、各市州中小学校以及央视网络报名选手参加了此次活动。为激发学生诗词积累兴趣，培养富有诗书才情的儒雅学子，备战第四季中国诗词大会选拔，学校积极开展“诗词达人”挑战赛、热身赛等活动，经过层层选拔，四、五、六年级十几名位同学脱颖而出，代表学校参加了选拔，他们在“飞花令”环节中，落落大方，反应敏捷；在现场问答中，对答如流，自信神气，展示了育英学子扎实的诗词积淀功底。

三、纷呈赛事，书香校园的沉淀

在书香校园建设的推动下，育英学子多次在不同赛事中拔得头筹。

2019年3月6日—13日，芙蓉区小学语文教师素养大赛正式拉开了帷幕，新变革的素养大赛从课堂教学、语文知识答卷、粉笔字、朗读、才艺展示等方面全方位考察了语文教师的综合素养。全区33个中小学教师代表参加了此次比赛，我校沙皓老师以行云流水般的课堂教学、轻盈灵动的粉笔字、精湛的书法才艺获得本次素养大赛综合素养一等奖、课堂教学比武一等奖、技能比武一等奖！

2019年6月26日，育英学校代表芙蓉区参加长沙市第三届青春诗词大会，五位小选手沉着应对，冷静答题，积极抢答，以深厚的国学素养取得团体733分的好成绩，一举夺得小学组冠军！这是学校暨2017年卿熙容同学获长沙市中小学青春诗词大赛总冠军之后，又一次获得小学组冠军、团队亚军的殊荣。

2019年12月5日，长沙市“爱阅读·善表达”教师文本解读素养大赛芙蓉区选拔赛在蓉园小学圆满落幕。学校袁美娜、唐春林、张华兰三位教师组成的参赛团队在精彩的角逐中脱颖而出，以最高分荣获第一名。

2020年11月25日，芙蓉区第四届小学生“爱阅读善表达”语文素养大赛在育才三小降下帷幕，育英学校1501班罗弘毅、1602班彭子洵、1704班李怡童代表学校参赛，收获了通过习作（40%）+古诗文背诵（20%）+故事续编（20%）+书籍交流（20%）四个项目的激烈角逐，育英小选手们精彩展现，最终以91.86的高分荣获一等奖第一名的好成绩！

四、教学活动，书香校园的依托

（一）异彩纷呈的教学活动让读书有章可循

为了深入开展书香校园建设，我们把整本书的阅读加入了班级读书会。针对不同年龄段的学生，我们采取不一样的做法。

低年级的学生，我们采取的是“大声朗读”。由老师或“故事妈妈”等家长义工轮流大声读书给孩子们听。在课堂上排演课本剧，释放孩子的阅读体验等。一期下来，每位学生用耳朵聆听约10万字，全校老师为学生阅读合计约400万字。阅读，让师生间增进了交流，阅读，成为师生共同的生活方式。我们还专门开辟时间进行朗读内容的交流，并指导孩子完成一份阅读学习单。

针对中年级的孩子，我们主要采取整本书导读。通过导读交流，激起孩子们的阅读兴趣，走进名家大师的作品。如：《小巫婆真美丽》《笨笨猪》《了不起的狐狸爸爸》《笨狼的故事》《夏洛的网》等。

针对高年级的孩子，我们采取阅读后的交流指导，帮助孩子进一步透过文字看人物，了解作者所要表达的思想，表达自己阅读后的感受。如：《绿野仙踪》《青铜葵花》等。

（二）精心指导诵读积累，让经典浸润成长

育英学校语文教研组在引导学生阅读高质量的课外读物的同时，也在精挑细选适合孩子们诵读积累的古诗文等国学素材。经过近六年的摸索，我校语文组老师针对经典诵读与积累，已经从材料的选择、活动形式及效果检测上进行了有益的探索。

1. 材料选择上做到循序渐进

国学经典犹如一条滚滚长河，滋养着一代又一代华夏儿女，但是，小学生诵读经典，必须充分考虑到小学生的心理、年龄、认知特点，应以“趣”为先，形成系统有效的学习体系。我们按年级分类，选择了适合儿童诵读和积累的国学经典：

一年级：《日有所诵》；二年级：《日有所诵》《三字经》或《弟子规》；三年级：《日有所诵》《笠翁对韵》；四年级：《小学生必背古诗80

首》；五年级：《经典诵读》《小学生小古文100课》或《幼学琼林》；六年级：《论语》《小学生必背古诗80首》。

2. 诵读时间上保证持之以恒

每天安排二十分钟的经典诵读时间，采用教师带读、学生齐读、优生领读、自由对读等多种形式，让学生吟诵，注重学生诵读的验收和评比。同时，利用每天早读或者大课间的时间，让学生跟着音频模仿吟诵。

3. 组织形式上做到“趣味”先行

（1）诵读、诵读，还是诵读：“熟读成诵，不求甚解”是我们开展经典诵读的主要形式。我们承认学生个体间记忆思维等的差异性，也允许学生在规定阶段完成规定内容外，诵读更多的经典，给予相应的评价。在整体推进班级诵读积累经典活动中，我们力求做到学校活动与班级活动相结合；个人学习与集体辅导相结合；诵读与展示相结合；评比与激励相结合；总结与提高相结合。在这一步步的诵读积累中，拓宽自己的“见识”，增强了对祖国文化的了解，吸取了人生的智慧，积淀着丰富的文化素养。

（2）合适的表演让经典鲜活：在儿童阅读课上，《日有所诵》童谣表演是一、二年级孩子最喜欢的活动，孩子们根据童谣内容编排出丰富多彩的动作、层出不穷的组合，这样的诵读分享就是欢乐的海洋。创造各种机会，开展丰富的活动，让孩子们将积累的经典进行表演，使一般人眼中枯燥的经典变得有趣起来，孩子们感兴趣的经典在表演中变得鲜活起来。

（3）合理整合让经典生动：在长期的诵读积累中，老师和孩子们发挥智慧，开展了综合性的活动，例如：在了解经典创作以及作者相关的故事后，通过再创作改编成有丰富内容、语言生动的故事，开展课前三分钟讲故事活动；根据自己对经典的理解进行仿写、改写、扩写活动；根据经典的内容和意境，进行创作性的诗配画活动；以硬笔书法为主，开展经典书法比赛活动，有能力的学生用毛笔书写经典，在班级、年级、老师办公室进行展出；根据经典诵读内容，学校通过诗文图展以及利用宣传栏、黑板报等形式让学生随处可欣赏到古诗文的佳作佳句，在有意、无意之中将古诗文记住。各个班级的教室布置、黑板报的更换也进行相应的设计，让孩子潜移默化接受熏陶。

推进书香校园建设，丰盈学生人生行囊——是育英学校一直在思考和实践的课题。如何以书香校园为辐射点，更好地带动书香家庭、书香社区、书香社会的发展，从而更好地促进书香校园的进一步发展，也是我们今后努力的方向。由美育导向德育，让学生的童年发光！

"三区"支教之思与行

"三区"支教工作是国家一项极其重要的人才支持计划，是落实教育精准扶贫、乡村教师支持计划、城乡义务教育均衡发展精神的重要举措。为响应国家、省、市号召，在芙蓉区教育局的精心指导下，育英学校认真落实"三区"支教工作，坚持"四个原则"，践行"三个主动"，倡导"两个有为"，学校支教工作取得了一定成绩。下面，笔者谈谈学校支教工作的实践与思考。

一、坚持"四个原则"，让支教成为育英自觉

育英学校是一所有着近70年优秀办学业绩和深厚文化积淀的三湘名校，学校名师、优秀教师居多，中老年教师均有着丰富的教育教学经验。近年来，学校"共享教育"办学思想深入人心，主张全体教师在"自主自律，成就更好的自己"的共享办学文化中不断精进。基于此，学校认为育英支教工作必须有担当、有作为。

一方面，学校大力宣传相关工作政策和要求，从思想源头上为老师们厘清"三区"支教的概念：支教不是上级部门特别是教育局为难教师晋级职称的故意之举，也不是区域教师交流实施的无奈之计，更不是对教师队伍的折腾，而是地方推进区域教育均衡发展、教师均衡发展、教育资源均衡发展、城乡一体化发展的重要手段，是国家推进义务教育均衡发展、实施教育精准扶贫的重要措施，是我国建设人力资源世界强国的现实需要。

另一方面，学校坚持四个原则，以促支教工作顺利开展。一是尊重教师自愿原则。鼓励有职业发展需求的教师、有职称晋升愿望的教师、有体验不同教育想法的教师自主申报。二是优秀教师选拔原则。支教人员优先考虑党员、名

师、骨干教师（含年级组长、教研组长），育英优秀教师能够充分辐射示范引领。三是支教工作成全原则。支教教师在支教过程中需要学校配合支持的工作想法，只要有利于工作一律给予无条件支持。四是支教先进表彰原则。教师评先评优、年度考核评优等纳入考虑，对表现优异、成绩突出的支教教师倾斜。

2016年，学校与怀化溆浦县北斗溪镇学校结为对口帮扶校，2018年，学校与新疆吐鲁番市第六小学结为帮扶校。学校先后输送四批次溆浦支教教师7名、援疆支教教师1名，40岁以上支教教师共5名，占支教总人数的62.5%，其中党员7名，占支教人员的87.5%；区级首席名师1名，教研组长3名，年级组长1名。支教人员中，刘婷婷、姚琪老师分获2018年、2019年度考核优秀；教师节庆祝表彰中，邓军老师获评2018年区“十佳教坛新秀”，援疆教师袁冬芳获评2019年区“优秀教育工作者”。育英支教教师躬身示范，积极作为，他们以高尚的师德和精湛的业务赢得了当地群众的一致好评。育英支教行动成为辐射育英品牌的教师自觉。

二、践行“三个主动”，让支教成就育英共享

（一）主动示范教学，让溆浦山区师生共享优质资源

怀化溆浦县北斗溪镇学校地处偏远山区，共有800多名学生，绝大部分孩子是留守儿童，学校是湖南省教育厅的精准扶贫点。虽然学校老师尽职尽责，学生学习也十分勤奋，但学校整体的教学质量跟城市的学校还是有难以逾越的差距。育英支教教师用先进的教育理念影响和带动当地，连续四年的用心付出，让北斗溪镇学校的文化宣传栏、班牌栏、校训、教室文化背景墙等校园文化建设呈现出全新的面貌，师生也焕发出新的精神风貌。

一方面，做好学生学习的引路人。陈琳、吴建纯、姚琪等老师开展丰富多彩的“班级故事会”“我爱古诗词”“朗读者”“课前三分钟好书推荐”等活动，让课外阅读成为孩子们自主学习的好习惯。刘婷婷、谭晓煜老师组织学生游戏、朗读、表演，让英语课堂成为孩子们自信行走的天地。吴建纯老师精心组织少先队活动，班会活动从无到有，学生从不会到会，在她的指导下，学生开展了“向国旗敬礼”主题队会，获得溆浦县一等奖的好成绩。邓仕秀老师带着学生游戏、思考，成为解决生活中数学问题的一个个高手，并在湖南省网络

大课堂《我是接班人》现场连线活动中得以展示；邓军老师执教信息技术、美术、书法，让山区“名存实亡”的课程焕发出生命与魅力，指导学生获得溆浦县2017年中小学现场书画比赛3个一等奖、2个二等奖的好成绩。

另一方面，做好教师教学的引领者。邓仕秀老师是芙蓉区数学名师工作室首席名师，带领工作室进行网络教学探讨，她指导工作室编制数学教学典型案例，汇制成《启思激疑，“码”题深声》《智慧共享，“码”课有约》等码课码书，她将系列码课程推广到当地，指导溆浦教师开展教学研究，广受好评，卓有成效。吴建纯老师多次上语文示范课，开设作文教学系列讲座，开展习作教学专题培训，带领语文教师进行习作分级训练的课题研究，受到语文教师的喜爱。刘婷婷老师组织英语教师开展体验式培训，组织英语教师组内竞赛，帮助老师们专业不断良性发展，在她的指导下，教师获得教学竞赛片区一等奖的好成绩。为促使全体教师能够熟练使用计算机开展教学辅助等工作，邓军老师积极进行教师多媒体等信息技术应用与操作培训，老师们的动手实操能力得到快速提升。

育英支教教师以自身良好的专业素养和综合能力，带动北斗溪镇学校的教学质量飞速提升。2018年该校教学质量实现一等奖零的突破。2019年毕业班语文、英语实现合格率100%的超越，学校教育教学质量进入该县前列。

（二）主动引领教研，让新疆地区教师共享先进理念

2018年9月，育英党员教师袁冬芳赴新疆吐鲁番市第六小学支教，因其工作能力突出，被借调至本市教育局教研室担任数学教研员。教研员的工作于她而言是一个全新的挑战，她常常思考：来疆干什么？离疆留什么？当看到当地教师落后的教学理念和教研氛围，她暗下决心，一定要播下教研的“种子”，培养一批优秀教师，留下一支带不走的优秀队伍，推动当地数学教研之风的良好形成。近两年来，她行走在吐鲁番市各中小学学校、课堂，深入了解师生状况，倾情示范，手把手指导；她倡议的校际联盟行动，有力地推动了当地教研捆绑式发展。吐鲁番市数学教研的几个首开先河，在她的推动下成功举办，掀起了当地数学教研的浓郁氛围，如：市级数学活动分“三区”现场开展、小学数学教材分析现场讲座、数学活动“双通道”评课（现场评课、微信群评课）并颁发评课奖、小学数学老师试卷编写竞赛等。全市小学数学教学研讨大型活动被《吐鲁番日报》报道，湘疆援微信公众号多次报道袁冬芳老师的优秀事迹，老师们亲切地称她为“用心援疆、用爱做教育”的贴心人，无数吐鲁番市数学教师在她的感召引领下，走上了教与研的教师专业发展之路。

（三）主动交流帮扶，让薄弱地区师生共享美好教育

开展“三区”支教工作以来，为了让教育帮扶真正落到实处，育英学校积极与溆浦、新疆两地开展互动交流，目的有三：一是慰问支教教师；二是主动送教送培；三是开展爱心捐赠。自2016年以来，育英学校每年均派出两批优秀教师赴北斗溪镇学校主动交流，学校先后有20多位教师送示范课、展示课、专题报告、专题讲座到学校，每次都获得当地一致称赞。2018年12月，学校派遣四位教师赴新疆交流，主动展示了语文、数学两节示范课，并在吐鲁番市周末大讲堂开放专题报告，获得当地高度赞誉。

学校在帮扶中落实爱心行动，捐赠吐鲁番第六小学价值五千元的图书，帮助当地师生扩大视野，更新观念。依托家校资源，学校先后组织溆浦爱心捐赠活动四次。2017年“你我手拉手，成长心连心”帮扶活动，捐赠六台电脑，给24名贫困学生送上助学金近万元。2019年“爱心捐赠零花钱，关爱困难小伙伴”主题活动，募集爱心义卖款两万元，捐赠给学校安装饮水机，解决了当地师生饮水难的问题。“践诺重行，爱心服务”党员志愿活动，第五党员小分队捐赠教师用书20多本、学生用品150多份。组织1205班家委会募捐爱心图书300余册，组建了支教班级图书角。

三、倡导“两个有为”，让支教成全育英追求

为凸显育英价值追求，让育英品牌在支教行动中熠熠生辉，学校广泛宣传育英支教教师的努力作为与突出成绩，积极倡导“两个有为”。

一是唤醒教师有为。城市教师走向乡村，去到边远地区，面对农村留守儿童，面对落后的教育生态，教师该如何消除职业倦怠、积极作为？育英教师应不局限于小我，要勇于不断发现自我，完善自我，在促进义务教育均衡发展的事业中展示育英教师的现代担当，做出芙蓉贡献。

二是教育教师有为。相比城市安逸的环境，支教生活更加艰苦，工作条件更加恶劣。教师该如何苦中作乐、心存敬畏、胸有大爱？育英教师应立足本职

岗位，学会珍惜、学会感恩，勤奋工作，努力奉献，心想美好，拥有“舍我其谁”的思想大格局，在城乡教育共建共享中展示育英风采，树立芙蓉形象。

2019年秋，学校六名教师提出支教申请，学校选派了三名教师赴溆浦支教，其中语文教师兼班主任姚琪老师已临近退休，她说：在城市工作了快30年，希望支教帮助自己体验乡村教育，为农村也做一点点贡献，这样自己的教师职业生涯也就完满了。

习近平总书记曾多次强调：扶贫先扶智。为推动城乡义务教育一体化发展，努力让每个孩子都享有公平而有质量的教育，育英学校充分利用“三区”支教项目，发挥促进城乡教育优质均衡发展的作用，交出了令人满意的芙蓉答卷。一代接着一代，撸起袖子加油干，同在一片蓝天下，我想，我们的教育未来一定会越来越美好！

立足校本教研，促进教师发展

——育英学校教师队伍建设概述

教师是学校工作的主体，是学校发展的生命力，教师队伍建设工作是一个学校永恒的主题，是一所学校的软实力。改革开放特别是党的十六大以来，各地区各有关部门采取一系列政策措施，大力推进教师队伍建设。新的教育形势给教育者提出了严峻的挑战，对教师的成长提出了更高的要求。在教师队伍建设工作中，努力促进教师知识结构更新与优化及专业技能的提高，充分发掘各种资源，完善制度，狠抓教学常规管理，加强校本教研，促进教师专业发展。学校，是教师的主阵地，立足学校的校本教研，扎实开展教师队伍建设工作。

一、小组机构

为了加强对学校师资队伍建设工作的领导和管理，我校将成立“校长是第一责任人”的师资队伍建设领导小组，全面负责制定规划、研究方案、明确职责、落实措施、监督保障等。

图3–1　小组机构

二、教师队伍建设的主要措施

（一）突出师德师风建设，做好“两个结合”

师德师风，是教师从教的灵魂所在，一个拥有良好师德师风的老师或群体，可以帮助学生树立正确的道德观、价值观和人生观。在教师队伍建设方面，学校始终把加强教师师德师风建设放在教师队伍建设的首位，通过集中学习、争做师德标兵、领导师生共同参与培养良好的师德师风，形成良好的校园氛围。

一是教师基本功培训与师德建设相结合。在教师进行普通话训练、钢笔字练习的过程中，以师德师风内容为主，进行两者的有效结合。二是师徒结对活动与师德师风建设相结合。选拔优秀的老师担任师傅，不仅仅指导教学，更重要的是影响徒弟学会做人，拥有良好的道德品行。开展“我的教育故事”“我身边的好榜样”“我的师傅”等征文比赛。

（二）“学、研、教”三管齐下，培养骨、中、青教师

1. 开展读书活动，加强教师自身学习

营造学校氛围，开展学习活动：名人名言、读书名言、教育教学类书籍、名著等，让每一位教师身上都能散发出文化的气息。并通过读书活动：读书漂流、读后感、“最打动我的一段话”征集活动等，让老师们在学习的过程中潜移默化地理解和接受新的教育教学理念和多样的教学手段。并在整个队伍中形成一种“我要学习、我会学习”的氛围。

近两年我们组织老师们阅读的书籍有：《卡尔威特的教育全书》《教育激扬生命——再论教育走向生本》《第56号教室的奇迹》《未来学校》《今天我们应怎样进行教学反思》等。

2. 集体备课务求实效

面对不同的学生会遇到不同的问题，集体备课能让大家从不同角度对教材进行分析，针对不同学生的问题进行讨论。由本年级的组长负责组织，规定时间，有序地解决教学中遇到的实际问题，轮流发言，梳理知识点，分析问题，一起协商找到解决问题的策略。充分发挥各自的优势，进行教学能力方面的互学互补。促使教师队伍中形成一股“教中学，学中教，边学边教，以学促教”

的良好氛围。

3. 进行课堂教学研究

有学校教研室组织，涉及全校各个学科，进行课堂教学研究活动。推门课、师徒汇报课、骨干教师展示课、新进教师交流课、示范课、常规课等，将课堂教学作为主阵地，引领并促进教师成长。

在培养名师成长方面，学校成为其坚强的后盾，一如既往地支持名师的活动，从场地安排到后勤保障，充分做好服务工作，确保名师活动顺利开展。近两年来，2018年4月我校有幸成立了三个区级名师工作室，周方苗校长工作室多次开展活动；邓仕秀在全国交流课中展示了一堂数学课；郭晓芳老师开展了书道习得活动，并承担了省网络大课堂的总班主任。学校为名师的成长提供各项保障，让他们成长得更快。

在培养骨干教师方面，积极为骨干教师搭建平台，国培活动、实习生培训工作等，邀请骨干教师进行课堂展示和经验分享，既是一种展示，也是一种提高。为更好地调动老师的积极性，2017年9月，成立了校级名师工作室：莫永辉班主任名师工作室，每月一主题、一研讨，直面年轻班主任亟待解决的工作困惑，时效显著。王娟体育名师工作室，在“阳光体育大课间”活动中为主策划、担当总教练、总指挥，体育团队精诚合作、乐于奉献、千人篮球操气势恢宏，成为年度最受学生欢迎的大型活动之一，并一举夺得长沙市大课间展评一等奖，芙蓉区特等奖，成为全市四所现场直播的中小学之一。郭晓芳美术名师工作室，是学校“贡献教育”研究核心成员，多次受邀到区外讲学，同时她是潜心小学美术教育的青年书法家，为著名书法大家杨明臣先生的关门弟子。发挥骨干教师示范引领作用。带头读书学习，带头教学改革，带头帮助青年教师。每学年教好一门学科，带好一个徒弟，上好一节示范课，做好一次讲座。通过创设各种机制，为名师优师的脱颖而出搭建平台，创建舞台，充分发挥他们在教学中的影响力，使之成为课改大潮中的排头兵，以点带面，推动全校师资队伍的提高。

近一年来，在教研室的组织下，开展了“智慧课堂”研讨活动，此活动重在培养学校青年教师。每周五定时进行，青年教师在跨学科、坚持参与上课、听课、评课的过程中，不断学习与尝试教育教学的新方法，总结经验、认真反思，不断提高自我教育教学能力和水平。双师课、智慧课、直播课，在老师们的不断尝试和专家引领下，逐步形成体系。摸索出基本授课方式，并整理出一套案例。

（三）教育教学与教育科研齐头并进，培养研究性教师

1. 广泛开展微课题研究，加强校本研究

校本教研的重点是解决教学过程中的问题，促进教师的专业成长，学校鼓励教师从解决实际问题入手，问题即课题，处处在研究的状态下进行工作，教师感兴趣的主题、有困惑的问题、有价值的话题，都鼓励教师进行个人微课题研究，学校在人力物力及时间方面给予支持，并帮助他们去进行研究。还在条件成熟的时候帮助他们申报省、区级课题。今年我校就有16项微课题在区级成功立项，并邀请专家进行现场指导。

2. 促进教育教学和教科研一体化

在教学过程中，引导教师牢固树立“人人都是研究者”、都是“教科研管理者”的思想意识。教研组长既抓学科又教科研；教导主任既管教学质量又抓教科研质量；各分管学科主任帮助教师进行课题立项并进行课题指导和管理，完成各学科教师论文、反思和案例。另外，学校每年都要对一些教科研方面做得好并且取得成绩的管理者和教师给予表彰奖励，以达到激励先进，鞭策后进的目的。

3. 进行课程建设

在教育教学过程中，鼓励教师从问题出发，以课堂研究为主，逐步梳理，创建个人的微课程馆，让教育教学与教育研究更加系统化。让老师真正成为研究性、专家型教师。学校近两年聘请专家进行指导，指导老师如何进行微课程馆建设，指导老师进行微课录制的学习培训。

4. 引导教师队伍进行理念上的“三个转变”

帮助教师完成由苦业向乐业、由被动工作向主动工作、由经验型向研究型的三个转变，使教师感受到“工作是一种享受”，不断走自我管理、自我完善、自我发展、自我提升的专业发展道路，构筑幸福完整的教育人生。

一方面为教师营造个人成长、发展、自我实现的环境。秉承“教育大计，教师为本”的办学理念，从内外两个方面不断创造教师平等发展、自我实现的环境，调动教师从事教育事业积极性、主动性、创造性。学校采取鼓励教师参加各种形式的进修培训；鼓励教师的探索与教学改革尝试，大力营造教师专业化成长及晋级晋职的环境，让每位教师都感到工作有干头。

另一方面为教师搭建实现自我的平台。建立激励机制，评选卓越教师、备课优秀奖、校级优秀课、微课制作奖、优秀论文奖和专题研究奖，评选优秀教研组等等。

5. 落实四大工程

（1）青蓝工程：年长的老师拥有丰富的教学经验、班级管理经验、学习提升经验，年轻的老师拥有教学的热情、全新的创意及较高的信息素养。开展青蓝工程，每一位年轻老师都与一位年长者结对，成为师徒。在安排人员的时候，尽量考虑同学科、同办公室，方便师徒之间进行交流和学习。师徒合力下坚持以教育科研为先导，立足课堂教学主阵地，实施分层教学，既做好优生优培、学困生培养提高工作，又面向全体；既搞好必修课教学，又加强选修课、活动课教学，全面提高教育教学质量，提高学生素质。

（2）名师工程：结合区教育局的《名师培养实施工程方案》，实施“名师”工程，使一部分教师尽快成长为业务骨干和学科带头人，成为在某一学科领域里有独到见解、具有教学特色的专家型教师。为名师提供成长的平台，使其能全心发展；在名师的引领下，促进本校青年教师迅速成长；发挥名师的示范和辐射作用，引导全区的教育教学，为青年老师提供学习和成长的机会。

（3）团队工程：育英学校是一所拥有着育英精神与传承的学校。每一代育英人都为学校的发展贡献出了自己的智慧和力量，形成了育英学校独有的特色。将育英精神继续传承下来，使每一个融入育英大家庭的老师和学生都能被这种精神感染并继续传承下去。团队工程的建设是一项重要工作。统一教学校职工的思想认识，明确工作目标、工作标准和管理策略，力求达到教育教学思想观念与管理策略的共鸣，工作目标的一致性，以及为完成目标而团结协作、开拓创新的合力性。各学科组根据自己学科的特点，开展活动。各年级组根据学生的年龄特点，一起协商开展既丰富多彩又年级统一的活动。每学期评选“优秀教研组”“优秀年级组”，并把教职工的团结协作作为学期考核的一项内容，强化他们的团队意识。

（4）质量工程：加强教师在教育教学中各个质量体系的过程管理与评价。要求全体教师具有“因材施教，全员把控”的教学意识，通过加强教育教学质量的过程监控，提高全体教职工的质量意识和完成质量目标的工作积极性。坚持以教育科研为先导，立足课堂教学主阵地，实施分层教学，既做好优生优培、学困生培养提高工作，又面向全体；既搞好语数外的教学工作，又开展丰富多次的音体美活动。科技创新、篮球运动、跑步跳绳、科学实验等活动课教学，全面提高教育教学质量，全面提高学生综合素养。

“冰冻三尺非一日之寒”，师资队伍建设是一个长期的过程，非一朝一夕能解决，非下大功夫不能成功，非长期坚持不能成功。同时师资队伍建设也是有其自身规律的，有途径、原则、方法可供借鉴。因此，只要我们有信心，有科学的途径和方法，就一定能够不断提高我校教师的整体素质，真正成为符合时代要求的、优秀的发展型教师。

创造学校发展的最好时机

——育英学校办学纪实

一、学校基本情况

长沙市芙蓉区育英学校经过70多年风雨砥砺，70多年文化积淀，一代代育英人艰苦奋斗、开拓进取，形成了学校独有的精神内涵和文化品质，使育英成为了享誉三湘的名校。学校先后被授予“全国语言文字示范学校”“全国红旗大队”“全国体育工作示范学校”等多项荣誉。

学校现有27个教学班，1367名学生。教职工89人，研究生学历8人，1位外籍教师。教师中高级教师3人，湖南省“未来教育家”培养对象2人，“青年精英教师”1人，湖南省党代表1人，长沙市首届优秀校长1人，6名教师被评定为市区级骨干教师。自建校以来，努力创建优质的办学条件，2017年暑假，在各级领导的支持下，学校又一次进行全面翻新。现在的学校环境优美，设施一流，绿树掩映的教学楼、综合楼、室内篮球馆、校史墙、红军战马雕塑等建筑错落有致，使人宛若置身于春意盎然的花园之中。学校有现代化高标准的多功能报告厅，室内游泳馆、室内篮球馆和200米环形塑胶跑道以及苗苗电视台、心理咨询室、计算机房、形体室、英语活动室、美术活动室、科学互动室和高标准的仪器室，图书馆、档案室分别达到省一、二级标准。

学校是我国首批现代教育技术实验校，多年来积累了丰富的经验，目前学校已经创新性地在教材上实现了电子化，让平板电脑走进了课堂，同时学校正在进行基于移动终端环境下的网络直播、双师课堂的研究。学校也是长沙市网络联校的主播学校，承担了小学美术与小学英语两个学科的主播任务。

二、办学特色与亮点

学校以“自主自律，成就最好的自己”为办学理念，以“追求真实唯美的教育生活，构筑幸福完整的学习人生”为办学目标，以“有道德会做人，有智慧会学习，有能力会创造，有个性会合作”为育人目标，构建了基于学生核心素养发展的育人模式和课程体系，提出了“一球两文三节”的特色概念，即篮球、作文、英文、科技节、艺术节、体育文化节，逐渐形成了具有军队色彩的“自主自律，成就最好的自己”的学校文化。

（一）自主自律，践行办学理念

育英学校有着60多年历史，原为湖南军区干部子弟学校，多年传统和传承，逐渐形成了具有军队色彩的“自主自律”校园文化。

1. 营造学校文化

在基础建设中融入自主自律文化元素，如将改造后的喷泉、休闲凉亭命名为自主喷泉、自律亭。组织了“美化我们的校园”主题建言与设计活动，学生以香樟为主要元素设计了学校校徽、校歌、校园吉祥物；学生社团园艺社自觉负责学校绿化与维护；全校27块班牌、100多条文明提示语的创意与美化全都来自学生之手……这样的活动让学生体验到自主发展的成就感。

2. 锻造教师团队

学校有区级名师工作室一个，六位教师被认定为新一届市区级骨干教师。今年6月，学校启动校级名师工作室建设，经教师自主申报、学校民主评议，第一批成立了“莫永辉班主任名师工作室”“王娟体育名师工作室”和“郭晓芳美术名师工作室”，并组建学员团队，通过新华小记者平台，推出了系列报道，为三位名师宣传、造势，勾勒优秀教师典型，挖掘名教师资源，薪火相传传帮带，让他们成为学校可持续发展的动能。

3. 开发校本课程

设置传统特色分层课程。《快乐英语》与《灌篮高手》采取分层教学，充分尊重学情、满足学生个性发展。学校的社团课程实施分层管理，有校级特色社团、年级社团、学生自主社团三个层次，学生拥有自主选择社团的权利和自主组建社团的权利。学校德育活动体验课程“学雷锋小分队”利用课余时间到湖南省图书馆志愿领养书架、看望抗战老兵……通过德育体验活动，学生的自主自律意识、创新和实践能力得到提升，爱心和奉献精神得到彰显。

4. 建构课堂范式

学校构建了基于合作小组的“六步”自主学习课堂教学范式：课前自学—自学交流—生成问题—小组合作—汇报展示—拓展延伸，并已成为学校新的课堂教学常态。学校还探索了依托互联网的数字化在线课堂。早在2000年，学校就被评为“全国现代教育技术试验学校”，目前已经创新性地在教材上实现了电子化，让平板电脑走进了课堂，同时学校正在进行基于移动终端环境下的网络直播、录播课堂的研究以及推广途径的研究。线上线下结合的学习方式给学生带来了更加丰富的资源，也给教学带来了新挑战，学生在使用信息媒介的过程中需要排除干扰、拒绝诱惑。育英小学通过课堂规则的制定与教师的正面引导，逐步提高了学生的自律意识和自控能力。这种课堂新常态呈现了开放性、时代性、交互性和自主性，有利于促进学生的可持续发展。

5. 整合教育资源

学校因地制宜，成立了食堂、寝室实践基地，学生进入食堂寝室后，通过自行列队、自助就餐、内务整理等内容实现自我管理。组织学生走进部队，体验军营生活，感受自主自律军营文化，提高生活自理能力；与湘雅附二院心理咨询科结成共建单位，对学生进行心理健康教育；与派出所结成共建单位，对学生进行法治教育。

（二）特色发展，培育阳光学子

学校构建了基于学生核心素养发展的育人模式和课程体系，提出“一球两文三节”的特色概念，培养全面发展的育英学子。

1. 母语文化传统深厚

学校是芙蓉区中小学“全员阅读”首批试点校，以“诗化教育”为主题进一步深化阅读特色。学校开展《日有所诵》校本课程已六年，对传统文化的重视造就了学生良好的人文素养，从小培养文化自觉与自信，2016年11月，育英学校代表芙蓉区参加了长沙市第二届小学生“爱阅读善表达”语文素养大赛。收获了团体一等奖和“最佳习作”“最佳故事创编”“最佳阅读”三个学生单项奖。2017年4月，我校四（4）班在“心愿湖南·朗诵春天”720小时马拉松全民朗读活动上受邀表演。2017年在诗词教育方面硕果累累，获得芙蓉区“诗词大会”总决赛团体冠军，五年级学生卿熙容获全国第二届“青春国学荟”国学达人挑战赛小学组亚军，长沙市“青春诗词大会”冠军，并与秦敢、陈佳宜两名学生和孙琨老师一起入选第二季《中国诗词大会》百人团。这都是育英全员阅读、全校诗教的一个缩影，也是最终站上最高领奖台学生身后厚重的文化土壤。

习作教学一直是育英学校语文老师研讨的一个重要方向，只有读写结合才能真正提高学生的语言文字素养。从当年享誉全省的“日记小列车”到衍生而来的“阅读小列车”，再到如今孜孜不倦探索的读写结合、观察作文和群文阅读，如何提升学生的阅读、习作、表达能力一直是几代育英人研究的重点。“教者有心，学者得益。”语文习作教学的创新设计，张扬了学生的个性，丰富了学生的生活，最大限度地拓展了学生学习的空间，有效地激发了学生的习作积极性，也让学生的语文素养在习作中得以形成与发展。

2. 艺术熏陶氛围浓郁

育英学校的艺术教育精彩纷呈，成立了国乐团、合唱团和儿童剧团。国乐团在刚刚落幕的由育英学校承办的第二届“湖湘教育家大论坛”活动中，完成了精彩的暖场表演，赢得了领导和与会代表的高度赞誉，弘扬了“扬国乐、强国音”的教育主题。育英学校合唱团是一支历史悠久的艺术团体，成立于1990年，由几代音乐老师执棒，培养了数届合唱团成员，曾多次荣获省、市、区一等奖，曾与德国童声合唱团、法国圣马可童声合唱团在湖南大剧院同台演出。儿童剧团同样具有优秀的历史和深厚的底蕴，培养了一大批小明星，如《一家老小向前冲》里的李俊豪、张扬，小戏骨里的钟奕儿、李欣怡。合唱、儿童剧荣获2017年长沙市、芙蓉区艺术展演一等奖。

3. 科技创新激活创意

育英的科技工作一直走在芙蓉区前列，仪器室创建了长沙市首批标准化实验室。2017年5月，学校成功举办了“科舞飞扬技高一筹”2017年科技节暨芙蓉区科普进校园宣传活动。区教育局、区科技局领导以及兄弟学校行政、教师代表和全体师生、家长代表共计2000余人参与。开幕式上的巧手魔方展演、科学辩论赛、“空中战士”打气球、机器人舞蹈秀等表演给全场带来不一样的科技体验。还有尽显创意的学生科技作品展，丰富多元的集体和个人竞赛项目，舌尖上的科技——自制美食品尝会以及应邀前来的IT新品展示会，使学生的科技触角从课堂走向课外，由校内走向社会，科学不仅丰富了学生们的学习生活，更提升了他们的创造力、思想力，活动受到各方好评。2016年学生的科技发明荣获科技创新“市长奖”，六年级学生张灏严被评为芙蓉区“阳光十佳少年”，机器人项目获得省级比赛一、二等奖，芙蓉区纸承重比赛特等奖。

4. 体育工作捷报频传

本年度，体育工作捷报频，篮球男队荣获由2017年长沙市青少年俱乐部篮球联赛亚军，男女队获芙蓉区2017年篮球赛双料冠军。田径队荣获2017年区田径比赛甲组第一、乙组第二的好成绩。在四年一届的九运会上，育英学生除了在篮球、田径两个省级传统体育项目上获得高分外，还有游泳、击剑、跆拳道、攀岩等项目实现新的突破，九运会共完成224分，超任务分128分，共获金牌3枚，银牌6枚，铜牌4枚。阳光体育大课间以精巧的编排、整齐的动作、创新的活动和饱满的运动量荣获区级特等奖并送市级参评。

（三）教育共享，彰显名校担当

学校努力探索将互联网时代精神与学校教育融合的实践模式，用共享思维办一所没有围墙的学校。用一个人影响一群人，一所学校影响一批学校。

育英利用其基础教育窗口校的声誉，承接和举办大型学术活动，奠定其省级学术交流中心的地位。2016年，推出了3次区级开放活动，2次市级开放活动，1次全国研讨活动。2017年10月，承办了“和美课堂”第十届全国小学语文、数学教学观摩研讨会，让所有参与观摩的师生受益匪浅。11月19日—21日，第二届“湖湘教育家大讲坛”暨湖南省中小学教师高端研修项目学员发展论坛（小学教育专场）在育英学校举行。全省3年来“国培计划”未来教育家班、青年精英教师班、首批中小学教育家孵化班、首批义务教育阶段教学名师班的近千名优秀教育工作者，齐聚一堂，分享教育智慧、展示教育成果，提升教育思想和水平。优质的会务服务让领导、专家和与会代表赞不绝口，更重要的是，周方苗校长的主旨演讲《用共享教育建一所没有围墙的学校》和李毅老师的双师课堂《大禹治水》立体展现了育英在共享教育之路上卓有成效的探索，育英实践紧贴时代发展脉搏，有着鲜明的互联网“基因”。学校没有围墙，让共享教育惠及更多师生是育英的使命与担当，优质教育资源在智慧校园的构建中走向千家万户。

“三点半课程”理念与课程体系构架

一、课程理念

“在共享中成就最好的自己。”成就最好的自己，是指在三点半课程建设中，各方共享自己的力量与资源，传递与奉献自身的价值，为了千千万万孩子的个性发展与健康成长，这是三点半课程建设的初衷与愿景。三点半课程的共享既是成就各方主体的价值，也是成就孩子们最好的自己。

二、课程体系

2016年9月，北京师范大学课题组历时三年权威出炉“中国学生发展核心素养”研究成果，指出中国学生发展核心素养综合表现为人文底蕴、科学精神、学会学习、健康生活、责任担当、实践创新六大核心素养。这之后在理论界掀起核心素养的研究热潮，但事实上，六大核心素养是从学生未来发展必备的所有基础素养来设计，其核心素养已经泛化为“非核心”，而只是基础素养。作为核心素养，应是所有基础素养中最核心、最基础、最根本的素养，此乃创新素养。

无论从人类、国家还是个人发展角度来说，创新素养都体现出核心的价值与作用。人类历史是创新的历史。从氏族制到现代民主制度、从旧石器到数字科技、从刀耕火种到人工智能，人类的所有前进都显现出创新的伟大力量。从国家来看，创新是一个国家和民族进步的灵魂。美国之所以在信息技术、生物技术、纳米技术、国防科技、原子能利用、电子信息和航天航空等众多领域居世界领先地位，最主要原因就在于美国对创新精神的推崇。从个人发展来看，教育必须培养适应未来社会生存与发展的人。而未来社会是信息科技迅猛发展的社会，是充满创造力、灵敏性、变化性的社会，拥有创新素养将是孩子制胜未来的最核心的关键素养。

创新素养的培养并非一蹴而就，其培养是需要通过长期持续的能力与品质塑造才能实现的。一个人创新素养的形成从能力维度上包括观察力、专注力、想象力、批判力、沟通力、实践力、预见力、理解力的发展。创新始于问题，而发现问题从观察开始，观察力是创新的基础条件；创新是艰难且长期的过程，有赖于专注力的塑造，专注力构成创新的必要条件；想象力是创新的内核；批判力是创新的动力起点；任何创新离不开团队协作，更离不开创新实践，沟通力与实践力构成创新的充要条件；创新是对未知、未来的展现，预见力是创新的重要能力；不同的认知、角度、思维带来不同的理解，创新需要一种整体的理解视野和格局，理解力形成创新的前提背景。

从品质维度上分析，不同能力的培养与塑造形成对应的品质与精神，具体包括问题意识、坚强意志、艺术美感、质疑精神、务实精神、合作精神、科学理性、爱国情怀。

能力维度是创新的外显形式，品质维度是创新的内在精神。而能力与品质的发展必须通过相应课程的学习予以实现，由此三点半课程基于创新的核心素养理念，形成以创新能力和创新品质为根本的三点半课程体系。该课程体系综合自然科学、身心健康、儿童艺术、思维方法、工程技术、社会交往、生活创意、语言文化八大领域课程，着力项目化学习方式培养学生。（如图3–2）

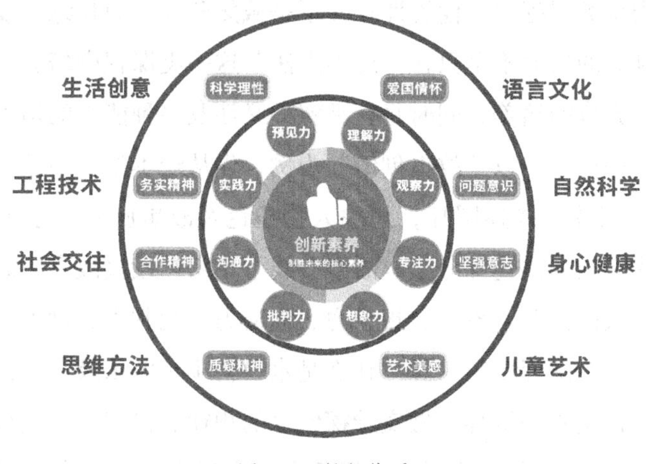

图3–2　课程体系

每类课程下可以开设丰富的具体的课程。比如语言文化下面，可以开设故事创编、古诗词吟诵、别样饮食、民俗文化、国宝品鉴、创意剪纸等。

表3–3 课程类型与课程

课程类别	具体课程名称
语言文化	故事创编、古诗词吟诵、少儿配乐朗诵、别样饮食、民俗文化、古希腊神话讲演、国宝品鉴、创意剪纸、中国茶文化
自然科学	调皮的水、活泼的风、神奇的力、奇葩植物、神奇草药、神奇的多肉、恐龙揭秘、生命的起源、标本制作、动物的一生、科学小实验
身心健康	日常心理探秘、花样跳绳、游戏体育、武术、棋行天下、好玩的皮球、心理游戏、有趣的社会心理、鱼彩心理
儿童艺术	创意简笔画、泥塑、手工陶艺、少儿电影赏析、插花设计、歌曲编创、书法、街舞、SALSA舞蹈
思维方法	辩士技巧、阅读方法、时间管理、思维导图、结构研讨、记忆法、趣味数学、珠心算、形式逻辑
社会交往	儿童交往游戏、小小推销员、图书馆讲解员、团体游戏、用餐礼仪、角色扮演、小小践行家
工程技术	木匠创意坊、Flssh动画设计、3D打印、Scratch编程、乐高机器人、智能拼插
生活创意	生活小发明、室内实用小设计、校园设计、服装设计、发型设计、创意糕点、创意贺卡

创新素养基于八项能力培养，对应实现八项品质的塑造，而其培养有赖八类课程的融通贯穿，构建连贯一体的三点半课程。“连贯一体”凸显在两个方面，一是指每类课程与其他类课程并不是截然分立，而是综合设计、合力培养，比如批判力的培养不是只在“思维方法”这一类课程中培养，而是渗透在各类课程中全方位的培养，同时每一类课程又涉及多种能力的培养，由此构成一种“全方位课程”。以“故事创编”为例，先从绘本故事中截取开头图片，线下学生观察图片、描述图片，想象人物角色及故事脉络，小组内沟通、质疑、交流，线上教师讲述部分绘本故事，线下小组内续接故事，表演故事，理解故事等，一次课涉及观察力、想象力、沟通力、批判力、理解力等能力的培养；“调皮的水”课程中第一课“什么是水”初步了解水及其规律，会学习有关水的诗歌、讨论水的世界、做实验探索水的规律、讲述水的故事、了解水的形态等等，涉及观察力、批判力、想象力、沟通力、预见力等能力的发展。

二是指基于学校核心形成家庭、社区、高校、图书馆、博物馆、植物园、动物园等各种群体机构共同参与和建设的课程资源体系，即三点半课程不只是在学校实施，更可以在不同场景、不同机构内形成线上线下连贯一体的“全场景课程”。

三、实施原则

课程设计以创新素养为核心，向外扩展为八项能力的培养，而能力培养对应实现内在八项品质的塑造，而能力与品质的发展依托三点半课程的设计与实施，反过来，三点半课程的设计必须体现创新素养这一核心素养，凸显八项能力与八项品质的培养。由此，三点半课程开发和建设在内容和形式上需遵循以下原则：

（一）个性化原则

三点半课程旨在培养学生的个性化发展，所以一定是在学校基础教育所列传统课程之外开设的广泛的丰富的个性化课程。

（二）优选性原则

三点半课程将建设成为丰富的课程资源体系，但具体课程的选入会有准入机制，除了课程资源内容的个性化，其课程的教学形式、呈现方式上大力鼓励创新，并凸显课程的设计水平和质量，以优质课程服务学生发展。

（三）开放性原则

三点半课程建设以学校为主体实施场所，但课程建设主体应面向学校、家庭、高校、社区等各方面有情怀、有专长、有才识、有思想的能人志士。

（四）基础性原则

三点半课程目前主要面向小学一二年级学生，因此课程开发难度深度必须适应一二年级学生的学习基础和水平，另外在课程内容上还需切合国家课程的知识点，通过项目化学习方式帮助学生加强加深国家课程知识点的理解与思考。比如“调皮的水”，融合多种学科课程设计课程，但事实上以项目化方式复现国家课程的知识点，如水的诗歌，对应小学语文课程儿童诗的学习，口语交际表达清晰等内容；水的规律、水的形态对应教科版科学三年级上册“水”“比较水的多少”，三年级下册“温度与水的变化”“水结冰了”“水蒸气”，四年级上册“水能溶解一些物质”，等等。

（五）趣味性原则

三点半课程必须区别于学校已有的传统课程，应符合小学生的心智特点，以兴趣为出发点，在内容和方法上必须大力革新和探索，充分调动和激发学生学习的积极性，保持学生强烈的求知欲望和浓厚的学习兴趣。如“奇葩植物”“神奇的多肉”“插花设计”“木匠创意坊”“标本制作”“创意糕点”“生活小发明”等，一听课名，就能吸引小孩子的学习欲望。

四、建设设想

（一）开设时间

面向小学一二年级四个学期，每周一次课，一学期开设12周，每次课从4点至5点40分共100分钟（3点半至4点为卫生打扫、作业辅导时间，课程中间休息10分钟）。

（二）课程基本模式

线上线下结合，线上主导课程实施、线下项目化学习。线上录制的微课视频一般在15分钟左右，特殊课程建议20分钟左右，中间注意留白，留白部分为线下教师组织项目化实践活动时间。线下教师组织学生开展项目化实践，交流思考、实操训练，形成线上线下混合式学习状态，开展基于学生作品和成果的评价反馈。

（三）课程授课方式

课程授课总体方向突出项目化学习方式，增强线下学生思维力度、现场感受、情境体验、游戏活动等。大力倡导和鼓励开发者从课程特点、线下教师使用和学生学习等角度出发，采取新颖别致、创意凸显的授课方式。总之，不同类型课程将采取不同授课方式，同一门课程由于知识差异而采取不同授课方式，以下几种课程操作方式供开发者参考借鉴。

1. 知识类课程

如经学传统、军事科技、古希腊神话等，不能录制为纯知识性讲授视频课程，而应以问题引导、活动创设、项目推动等引发线下学生的思考与参与，培养学生在积极思考、活动体验中获得知识。

任何知识的呈现都不能直接简单讲解和介绍，而一定要回到知识的源头，从生活情境的问题出发，引发学生思考，并通过探究慢慢归纳出知识点，而不可以直接从抽象知识处演绎出来。比如，黄金分割法。演绎的方式：黄金分割法也称为中外比，指把一条线段分割为两部分，使其中一部分与全长之比等于另一部分与这部分之比。其比值是一个无理数，取其前三位数字的近似值是0.618，所以也称为0.618法。之后进行演练和制作，比如画一个黄金比例的物体。如果归纳呢？

（1）情境图片。通过生活场景或图片，比如芙娃带着孩子们去旅游，到了欧洲哪个教堂，看到教堂的宏伟建筑、图画、人物等，发出赞叹。再单独拎出几幅图画让学生观察。（线上）

（2）小组讨论：小组讨论感受？觉得这些物体都特别美，为什么美？（线下）

（3）情境提问：这些事物为什么具有这么强的美感呢？动画将物体做出分割线，大家测量看看有何奥秘？（线上）

（4）测量计算。发放教具。分小组测量、计算，发现这些美的物体的比例结构惊人相似。（线下）

（5）对比观察。选出一个特定的物体，对比没有黄金分割的同类建筑，对比观察？（线上）

（6）小组讨论：为什么第二个不好看？说说理由，感觉比例上不协调，不美。（线下）

（7）动画视频知识讲解：黄金分割法讲解，历史故事讲述。（线上）

（8）画一个作品，体现黄金分割法。（线下）

再比如古希腊神话“木马计”，如果只是简单让学生了解一个故事，视频就只是由老师讲一个故事，一节课就结束了，因此老师们要进行知识类课程的活动化改造。

（1）情境设计。芙娃来到古希腊地方，看到一座巨大的木马的雕塑，这是什么呢？

（2）观察图片、小组讨论。观察木马图，让学生们自己交流讨论。（木马多大？用来干什么？是不是藏着东西？这个城市为什么要建这么大一座木马雕塑？可能发生了怎样的故事？）

（3）听故事与猜故事。故事讲述时打破惯常的故事讲解方式，从开始讲到结尾。公元前12世纪末，古希腊人曾经远征到这里，和特洛伊人进行了10年战争……

从木马图开始猜想后，出现新的图片，木马中出来许多士兵，再次猜想和讲故事：木马的作用、战争的双方、计策使用后的结果。

一步步推进，借助多张图片，并以问题带问题的方式推进故事的发展，比如这是谁制作的木马呢？为什么要制作木马？为什么要发生战争？每完成一个段落的故事，需概括提炼一些关键词，为学生提供脚手架。

（4）复述故事。引导学生借助图片及关键词，小组内练习复述故事，之后再去除图片与关键词让学生复述。

（5）理解故事。为什么木马计能够成功？它对应三十六计中的哪些计策？哪些条件不具备木马计很可能不能成功？你怎样看待海伦这个人物？

（6）小组汇报。

（7）课后延伸。木马计表达的引申含义、电脑病毒等。

这样，知识性的内容就不只是了解一个故事，而是借助这个故事的了解和学习，训练学生的想象力、批判力、沟通力、自主力等。

2. 技能性课程

比如书法、围棋、足球等，既有技能性的理论知识，又有技能性的操作。授课方式可以多样化。理论知识以激发学生思考为要，一定要通过问题提出来留白，留给线下教师带领学生学习的时间和空间；技能性的操作，先要有完整的画作或动作示范性呈现，让孩子观赏，接着通过问题导引的方式，以放慢速度的示范性教学讲解，再分步骤引导学生练习。线下老师组织问题交流，带领学生练习和反馈。技能性课程不能仅仅是技能的简单训练，应要将学生欣赏、问题交流、技能训练、合作比赛等方面融合起来。

以硬笔书法为例。假如讲“撇的笔画”。

【撇的笔画练习】线下学生先行写“撇”，想怎么写怎么写，给予书写的自由。

【书法故事】讲一个书法家的故事，书法家字的特点，欣赏书法家的书法

作品。之后拎出书法家带撇笔画的字，让孩子们观察撇的不同类型及不同的特点。（可以动画展示）

【观察交流】线下教师组织学生观察撇的类型及撇的特点，并进行汇报。可以对比自己写的撇，谈写撇时注意的问题。

【知识小结】（教师出境讲解，画面切换）：讲解时通过多个写得不好的撇的示例，写得太直、太粗、太细了都不好看，一定要写得自然舒展，增加字的美感。

【书写示例】边讲解边示范，速度要慢，讲清起笔、行笔、收笔的感觉。（教师书写出境）

【练习评析】线下教师组织练习，并展开评析活动。

【线上点评】将以往学生的不同问题进行点评，引导学生注意书写时的相关问题。

【课堂总结】线下老师进行课堂总结。

3. 实践类综合性课程

如“活泼的风”是自然科学课程。“风和天气”一课中：

【视频导入】视频出示各种力量的风，情境感知。

【问题交流】然后留白提问，回想风吹过时的感觉，写几句话描绘风吹过时的感觉。

【读诗品诗】视频出现写风的诗歌，带领学生读诗、理解诗中风的特征。

【知识讲解】接着问题探讨：为什么会有风？线上视频知识讲解。

【动手操作】通过观察蛇形纸模的旋转了解空气的流动。

【风的故事】讲述美国土著阿布纳基人关于风的故事。

【创编故事】自己讲一个关于风的故事。

【课堂延伸】风力到底有多大呢？

五、课程申报程序

填写“三点半课程”项目开发申报表（见附件），向课程专家组递交本人开发课程的《×××课程建设方案》（实施方案应包括开设课程的背景、课程目标、课程可行性、课程内容体系、课程授课方式、课程评价、一课教材内容及教案设计等）。专家组进行评估审议，并下发审议意见。

课程建设方案的设计要求：申请三点半课程开发的教师首先必须制定《×××课程建设方案》，同时要附有课程介绍，交给课程专家组审定。

《×××课程建设方案》一般要包括以下内容：①课程开设的理由：陈述清楚课程开设的背景。②课程目标的陈述：必须全面、恰当、清晰地阐述课程涉及的目标与学习水平。③课程内容或活动安排：要求突出重点，按从易到难的顺序排列，涉及选择什么样的内容以及怎样组织这些内容，或安排什么样的活动，处理好均衡连续的关系。另外三点半课程需考虑和国家课程知识点的匹配和衔接。

其中，课程实施包括方法、组织形式、课时安排、场地、设备、班级规模等；课程评价主要是对学生学业成绩的评定，涉及评定方式、记分方式、成绩来源等；还需要准备好一次课的教材样章、教案设计、PPT、辅助资源等。

具体模板如下：

表3-4 “三点半课程”开发申报表

<table>
<tr><td>授课者</td><td></td><td>年龄</td><td></td><td>性别</td><td></td><td>单位（机构）</td><td></td></tr>
<tr><td>职称</td><td></td><td>最高学历</td><td></td><td>课程名</td><td></td><td>学时数、场地及设备要求</td><td></td></tr>
<tr><td>课程目标</td><td colspan="7"></td></tr>
<tr><td>课程内容结构（分学期、分周次写清每次课内容）</td><td colspan="7"></td></tr>
<tr><td>拟采用的授课方式</td><td colspan="7"></td></tr>
<tr><td>效果评价</td><td colspan="7"></td></tr>
</table>

×××课程建设方案

一、课程简介

（文字300字以内）

二、开设背景

（陈述清楚课程开设的背景及理由）

三、课程目标

（必须全面、恰当、清晰地阐述课程涉及的目标与学习水平）

四、课程内容或活动安排

（要求突出重点，按从易到难的顺序排列，涉及选择什么样的内容以及怎样组织这些内容，或安排什么样的活动，处理好均衡连续的关系。另外三点半课程需考虑和国家课程知识点的匹配和衔接）

五、课程实施

（包括方法、组织形式、课时安排、场地、设备、班级规模等）

六、课程评价

（主要是对学生学业成绩的评定，涉及评定方式、记分方式、成绩来源等）

七、样章设计

（一次课的教材样章、教案设计、PPT、辅助资源等）

基于共享理念的学校创新管理路径探析

——以长沙市芙蓉区育英学校为例

一、引言

2017年，教育部印发了《义务教育学校管理标准》提出要促进义务教育学校不断提升治理能力和治理水平，逐步形成“标准引领、管理规范、内涵发展、富有特色”的良好局面，全面提高义务教育质量，促进教育公平，加快教育现代化，着力解决人民日益增长的美好生活需要和学校发展不平衡不充分问题。在新课程改革的大背景下，学校管理模式应积极做出相应调整与改善，探索教育管理工作的新出路，提升学校办学质量，促进学生发展。本研究通过文献分析与实地调研，发现传统学校管理存在的问题，以长沙市芙蓉区育英学校特色管理为例，探索出基于共享理念的学校创新管理实践路径。

二、传统学校管理的现实困境

教育的新发展对学校管理提出全新时代要求，传统学校管理存在的问题亟待解决。本研究通过文献分析与实地调研，发现传统学校管理主要存在以下三个问题：

（一）办学理念思维固化

学校办学理念选定需要参考校园议案制定、规章制度管理以及校园文化建设方向等方面。办学理念制定过程中，如何树立并体现学校思想的开放、民主和创新为关键要素。随着教育改革大旗的扬起以及相关政策颁布出台，传统的学校办学理念面临学校领导班子决策压力增加，难以跳出惯性思维的“圈子”，致使校园议案与各项规章制度容易沦为响应相应政策“形式工具”等考验。除此之外，校园文化建设方向集中反映学校特色办学育人思路，传统的学校办学理念在选定往往忽视对教师与学生主体的关注度，如何将校园文化建设方向融入办学理念的精神内涵也引起广泛探讨。

（二）教育教学模式单一

现阶段，小学教学模式主要采用传统模式，课堂形式单一，内容死板，学生积极性不高，师生交流少是最为明显的缺点。教师重结果性评价轻过程性评价，会降低学生积极性，对学生的自主学习意识和能力以及个性健康发展有很大影响。教学的效果及反馈差强人意，学生处于被动地位，整个课堂一刀切导致课堂教学的总达标率很低。反馈不及时，学生进行课后作业，不能及时反馈信息、从根本解决问题。

德育在社会的发展中占据着重要地位，是学生的启蒙教育，也是基础性教育。要从小教育学生做人、做事、帮助别人，帮助学生树立正确三观，在品德素质的不断提升下，促进学生全面发展。以往的小学德育管理模式缺乏创新性，很难激发学生接受德育教育的兴趣，管理效果并不是非常理想。

（三）学校治理流于形式

对学生全面发展的高要求与学校管理者对教育本质理解不足之间的问题：合法性压力下的校长被动应付；当前局势复杂性与学校管理者决策能力不足的问题：对理论本质认识不充分、对可持续的专业学习重视不足；学校办学自主权增加与学校自主履职能力不足之间的问题：对赋权增能认识不充分，学校内部治理机制不完善；教育智能化的高要求与学校智教深融能力准备不足之间的问题：学校内部治理机制不完善，教师智能化教育评价素养有待提高。学校保障机制不健全及权威性的缺失导致学校治理法制化进程先天不足；脆弱的学校治理结构导致学校治理法制化进程中主体缺位。

三、共享理念下的学校创新管理实践路径

本研究以长沙市芙蓉区育英学校特色管理为例，探索共享理念下学校创新管理的实践路径。

（一）办学理念共享化

办学理念是学校创新管理的灵魂，是学校未来发展蓝图的美好愿景。育英学校经过“尚美”阶段的探索历程，结合校园实际情况的客观分析，深度剖析当前发展的优势与不足，最终将“共享”作为办学理念的追求方向。共享办学理念的内涵旨在“教育即共享”，学校教育过程即共享的过程，通过构建共享教育体系可以进一步推进思想价值意蕴的乐见分享，实现共同发展。

育英学校通过推出“六六行动计划”切实践行共享化的办学理念。“六六行动计划”主要是指学校通过六大特色活动助力共享教育体系构建。在培养目标层面，学校以自主、自律、共享、成就、更好、自己六大意识对标核心素养内涵延伸的六大方面，构成学校的培养目标体系。在此基础上，确立学校校风文化的六大建设领域，为校园文化的发展方向与学校精神力量传承提供保障。除此之外，学校在整体规划方面，通过打造“一球、两文三节”、篮球、英文国文节、艺术节、科技节和体育节六大特色品牌和创建大礼堂、篮球馆、游泳馆、创客空间、共享教室以及三名工作室六大特色空间让共享教育理念全面贯彻执行，真正走进校园，落实校园。实际教学层面，学校开创日记小列车、诗化教育、阳刚品质项目、国乐团、共享交流中心、三点半课程六大发展项目，实现课堂变革。在此基础上，以双师课堂、双栖课堂、双生课堂、双屏课堂、双科课堂以及双主课堂六大课堂形式，促进课程开发，为共享教育理念扎根教学创造条件。

育英学校的课程谱系规划同样秉承共享化的办学理念。整个课程谱系以核心素养为出发点，搭建自己、自主、自律、更好、共享以及成就六大平行能力课程活动框架。“自己”能力素养旨在赋予学生符合时代发展的公民素养，学校通过升旗仪式、心理团辅、班队活动、礼仪课程以及中美国际交流等，培养学生社会情感、道德品质以及规范行为，为学生适应社会生活奠定基础；“自主”能力素养指学校通过加强基础课程实施环节，保证学生的基本知识技能的学习；“自律”能力素养通过学校创设养成教育课程、篮球、棋社、游泳、书法课程、学军教育课程以及举办数学思维训练和学生辩论赛等培养学生的自律精神，学生能够实现自我约束，按照自身意志行事；“更好”指学校通过“日记小列车”、创意写作、机器人、课本剧社和创客空间打造学生的创新能力，学生学习利用现有的知识和经验，以个人目标为追求，突破自身，实现创新发展；“共享”能力素养意图培养学生合作交流能力，学校通过研学旅游、项目化学习、研究性学习、微电影制作、校园电视台、广播站等加强学生合作意识，让学生共同参与、互相学习，学会倾听与接受，发展乐于合作的团队精神；“成就”目的在于培养学生的助人之心，学校通过开设学生社团、儿童阅读、育英大讲坛、学雷锋小分队和志愿者等活动，从实践角度紧抓学生的“助人”精神，让学生从点滴做起，坚守善举，乐于奉献。

“共享化”的办学理念，是育英学校的行动指南与鲜明旗帜。当今小学面临诸多挑战，“共享化”办学理念的创新更是引导学校走向成功的“金钥匙”。

（二）教育教学多样化

1. 创新课堂教学模式，提高教学效率

育英学校秉承共享化的办学理念，通过对传统课堂教学的改革与创新，打造了智慧课堂、专递课堂、双师课堂三类优质教育资源共享型课堂教学模式，提高课堂教学效率。

（1）智慧课堂教学模式。

智慧课堂通过微云服务器、移动平台端工具及智慧课堂云平台，“云、网、端”的一体化应用，实现了教室内智慧黑板、智慧课桌、实物展示台等设备的无缝连接和智能化运用。

基本模式：课前：教师精准掌握来自一线学生的学情分析资料，发布微视频、音频、电子文档等多种形式学习资源。学生预习教师推送的内容，记录过程中的问题，进行课前讨论提出疑惑。然后教师根据学情报告数据进行整体教学设计。课中：教师新课导入，授课，布置小组作业，实时测评反馈，教师讲解和点评。课后：个性化推送，教师批改学生完成的作业，学生总结讨论。

优势：第一，交流互动立体化，课外在云端平台交流讨论，不受时间和空间限制。第二，实施精准教学，通过对教学过程中大数据行为的记录、分析、诊断，及时、精准反馈，为个性化学习提供基础。第三，实现多元评价，通过可视化的评价信息服务，多维度分析学业成绩，综合素质评价，用图表形式显示结果，更清晰、直观。

（2）专递课堂教学模式。

专递课堂是由主校优秀教师以网上同步上课的方式，为薄弱学校或教学点开足开齐国家课程。

基本模式：课前：教师提前备课，以网址链接或二维码的形式发布学情问卷或预习资料，学生预习完毕后予以反馈，教师整理和分析反馈信息。课中：教师直播授课，学生在原教室在线听课。教师根据课前学情数据、预习数据有针对性地讲授。课后：发布课后任务，教师通过学生的线上答题或线下反馈，改进教学设计，并进行针对性的指导。

优势：第一，打破空间界限，学生和线上教师无障碍交流、上课。第二，教学更具针对性，教学内容和教学步调根据学生情况而定，弥补受授方学校教育薄弱的缺憾。第三，提高教学质量，通过优秀老师的授课，学生可以得到更优质的教育。第四，改善师资不均衡，乡镇村教师资源比较紧缺，专递课堂可让城市优秀老师给乡镇村教学点教学，改善农村教学点师资不均衡的问题。

（3）双师课堂教学模式。

双师课堂指线上教育资源丰富的优秀教师与线下教育资源匮乏的普通教师合作完成教学工作。

基本模式：线上与线下的教师对线上课程材料进行交流研讨后，修订或重编。线上教师教学设计后拍摄教学微视频，通过留白将交互与练习等内容预留。线下教师根据线上教师编写的教学指导材料进行教学设计，播放微视频进行教学，在留白中，通过提问互动、复述强调、练习指导等方式进行双向互动活动。线下学生观看微视频，参与互动，完成知识掌握与内化。

优势：第一，更利于实现教育效果，线下教师有针对性地讲解和交互，帮助学生理解知识完成学习。第二，更利于进行教学活动，线下教师采用讲解、重播、讨论等措施帮助学生理解知识，克服异步教学和单向同步教学交互不足的问题。第三，推广过程更简单快捷，技术要求不高，只需在现有服务平台上开设专门频道提供资源点播服务；优秀学校、教师进行教学设计，拍摄优质教育资源，共享教师资源服务。

2. 创新德育课程管理方式，激发学习兴趣

有效的课程创新不仅可以提高学生面向未来的综合素养，还起到了加强学校品牌建设、实现学校办学理念的重要作用。依据教育部办公厅关于开展2018“少年传承中华传统美德”系列教育活动的精神，育英学校开展了校园书法展示活动，从“书以励志”“书以养气”“书以笃行”3个维度展开，德育形式更具创新性、趣味性和多样性，激发学生德育学习兴趣，从根本上调动学生参与德育学习的积极性，促进全体师生坚定理想信念、滋养文化气质、做到知行合一，从而实现对德育管理模式的创新和改革。

书以励志：品读古典名句，树立理想信念。本次活动以《习近平用典》为蓝本，从习近平的讲话和文章中遴选出使用频率高、影响深远、最能体现他治国理政理念的典故135则，以学校公众号为平台，工作室与班主任老师形成合力，家校形成合力，倡导全校师生及家长阅读《习近平用典》。让学生、家长、老师共同感受了古贤的智慧与情怀，丰富了传统经典阅读量与文学知识。老师与家长也以此为教育契机，引导学生树立远大的理想与信念。

书以养气：书写古典名句，滋养文化气质。本校在全校师生中广泛开展《习近平用典》书法展评活动，展评活动分两步进行。第一步是宣传：通过校园公众号推送征稿要求，鼓励孩子人人自主参与，投稿作品不限书体，作品内容以《习近平用典》中的古典名句为创作题材。第二步是展评：本次展出毛笔作品90余幅、硬笔作品80余幅，既有广大小读者的投稿作品，又有郭晓芳名师工作室老师们特别书写的精品佳作。

书以笃行：领悟规矩意识，践行自主自律。在平日的书法社团教学过程中，利用多媒体课件展示碑帖中有关励志的词语和句子，让学生用自己喜欢的书体风格在认真书写的过程中受到美的熏陶，提升德育水平。在学校的书法教学中，强调“练字先练姿”，提醒学生注意头正、身直、肩安、足安；老师还常常让坐姿及握笔姿势非常正确的学生做示范，让身边榜样的力量来影响学生，培养学生良好的书写习惯。

（三）学校治理现代化

要高品质和高效率地实现学校治理功能，需要不断提高学校的治理能力，通过学校治理能力的现代化来落实学校治理体系的现代化，并用学校治理的现代化来促进学校教育的现代化。学校治理的现代化建设，主要包括学校教育主体的治理能力、治理路径建设和参与治理的保障机制等三个方面。

1. 提升教育主体治理能力，提高学校治理水平

学校教育主体的治理能力既包括教育主体在参与学校治理过程中需要具备的能力，也包括教育主体对学校治理过程的参与意愿，而两者的综合才是教育主体在学校治理实践过程中真正表现出现的治理能力。本校副校长由芙蓉区教育局任命。副校长协助校长负责学校的教育教学工作，受校长委托代行校长职责。学校建立以教师为主体的教职工大会制度，保障教职工参与学校民主管理和进行民主监督。教职工大会行使审议建议权、审议通过权和评议监督权。凡与教职工利益直接相关的福利和校内分配实施方案以及有关教职工聘任、考核、奖惩的办法，须经教职工大会审议通过。学校工会作为教职工大会的工作机构，保障民主管理、民主监督的落实，维护教职工的合法权益。学校重大事项在党政主要负责人酝酿提议、充分调研与征求意见的基础上，由校长召集并主持校务委员会会议审议，经集体讨论，由校长作出决定并组织实施。学校党支部发挥监督保障作用。学校建立健全信息公开制度。学校实行校务公开，切实保障教职工的知情权、参与权和监督权，同时向社会公开学校相关信息，以适当方式为学生及其家长了解学生的学业成绩及其他有关情况提供便利，接受社会、家长的监督。

2. 建设学校治理路径，推进智慧治理进程

学校治理路径建设，是为那些对学校治理有参与能力且有参与意愿的教育主体提供的进入学校治理实践的道路。“在共享中”是本校师生校园生活的样态。只有别人好了，自己才能好。教育即共享，共享即教育。“成就更好的自己”，是共享教育的目的。教育是让每个孩子成为他“自己”；是让每个孩子成为“更好的自己”；成就每个孩子“更好的自己”更是成就“更好的教育者自己”。本校实现共享课堂、实现网络扶智、双师共享课堂、网络联校以及中美连线共享课堂等多种治理路径。与此同时本校还实行三点半共享课程：技术与教学的深度融合。一是人机共教，人与机器的融合；二是线上线下混合，线上和线下的融合；三是互联网空间与现实真实课堂的交融互通。最后共享空间建设：空间互通。创客空间体现了“ALT”课堂学习模型，由创新设计区（A）、创意表达区（L）和创造实践区（T）组成，学习空间互通、共享。创新设计区（A）以头脑风暴为方法，开启学生思维，锻炼学生创新思维能力。

创意表达区（L）以多元化的展示方式为学生思考、交流、展示合作式的共享平台；创造实践区（T）为创客实践提供材料及工具、设备，支持动手操作、实践探索。

3. 完善参与学校治理的保障机制，形成完整治理体系

参与学校治理的保障机制，既是对参与学校治理过程的保障，也是对参与学校治理过程中相关主体权利的保障。一是组织保障，成立学校五年规划组织实施领导小组，负责规划的制定、修改、调整、实施、评估等，使规划得以有效实施。发挥学校党组织的政治核心和监督保证作用，确保学校规划符合国家的教育方针和政策。教代会参与学校规划的审定，规划实施过程通过教代会程序接受教职工的监督，全员参与，确保规划有效实施。二是机制保障，分年度分解学校整体规划，形成目标责任体系，并将目标责任分解到各部门、个人。制定各岗位说明书，明确岗位要求与职责。三是制度保障，每年年初根据分年度要求制定当年度的目标达成度实施方案，由领导小组检查、督促、指导，完善各项目标实施的过程管理。各条线干部不定期召集部门相关人员检查工作目标的实施情况，及时调整和完善，确保目标的实现。结合芙蓉区中小学办学考核评价指标，每年一次对各条线工作进行评估考核。加强经验总结，发现问题，及时改进。每年以教代会形式，结合学校领导及中层干部的工作述职报告，评价学校规划目标的达成度。四是政策保障，在财政政策允许的前提下，坚持规划实施项目优先发展、优先保障的原则，加大资金投入的力度，确保规划目标的顺利实现。

四、结语

创新管理是学校发展的不竭动力，是提高学校效能与教育教学质量的重要方面。学校通过创新管理，正确把握学校建设方向，有效规避管理风险，提升教育综合绩效，促进师生健康发展。学校创新管理能够实现校园各项有机要素整合，发挥整体功能，如何有效地开展学校创新管理活动，是学校决策层必须慎重考虑的问题。

构建和谐校园，规范德育管理

——浅析城市小学德育的方法与途径

我们通常认为学校德育常规包含两个层面：从表象来看，是文明礼仪、行为习惯；但从更深的层面看，它是一种文化氛围、一种精神、一种内涵的体现，是从教者的理念观点和学校管理的直接反映。作为一所学校，我们认为可以以学生在学校常规评比为载体，结合学校的校园文化，在学校的常规教育教学活动中将德育工作贯穿于各个层面。

一、营造优良环境——陶冶心志

大家都知道“孟母三迁”的故事，它说明了环境对一个人的性格品德将起到潜移默化的影响，这种不露痕迹的教育，往往是最入脑入心的。因此，学校应该注重优化软环境，营造文化氛围，使学校多种优良风气集中化、典型化、个性化，以此感染和熏陶每一位学生。

如何营造一个德育的优良环境呢?

（一）传统教育，育学校新人

一所学校，往往积淀了一定的文化底蕴，形成了良好的文明、健康、向上的氛围，我们应该把它视为一种宝贵的德育资源，珍惜、传承，并发扬它。首先学校应该净化周边环境，学校绝不能以经济利益为重，而是应该考虑如何给孩子们营造良好的学习氛围，让学校真正成为读书育人的场所。此外，学校还应该从行为习惯养成教育入手，重点进行社会公德和爱心教育。这样，即使是刚刚步入校门的一年级新生，他们入学前，都是无拘无束、蹿上跳下，但进入学校学习后，通过这种厚重的文化底蕴，一般都能明显感觉到孩子行为的变化——言行举止规范了，待人接物礼貌了。榜样代代相传，从而形成了独特的德育氛围，教师敬业奉献、责任感强，学生文明有礼，自主性强，这种德育环境的影响和熏陶形成良好的育人氛围。

（二）精心布置，蕴校园文化

校园文化的氛围无形地影响着师生的品德行为和性格修养。已经成为学校师生的一种心理定势，成为影响整个学校生活、影响学生成长的重要力量。因此，学校对此方面的要求要精益求精。一条标语、一张海报、一期校刊，无论是语句的措辞、版面的设计，还是色彩的搭配、尺寸的大小，都应该是整洁规范、典雅精致，令人赏心悦目。学校的宣传板报、德育长廊要注重实效性和教育性；教室里的队角、学习园地、荣誉栏等板块的设计，格调要统一却还要充满童趣……处处都体现学校所蕴含的文化底蕴和蓬勃的生命力。规范而充满活力，严谨却不失生机，使师生们的心灵在浓厚的校园文化氛围中得以感悟和净化。

（三）勤查落实，令校园洁净

校园环境要力求优雅精致、朴实明朗。学校卫生工作要常抓不懈，让师生们养成爱护环境、讲究卫生的良好行为习惯和公共道德意识，无论什么时候走进校园，总要让人能感觉窗明几净、整洁规范。

（四）师表形象，树良好榜样

教师的行为规范无形地影响着学生的品德形成和心灵发展。学校要特别注重教师的形象，对老师的衣着穿戴、言行举止，甚至包括接待家长、接听电话等都要有严格的规范和要求，“把微笑带进课堂、让微笑走进校园、愿微笑温馨童心”，这不仅是为了保持学校的优良形象，更重要的是让每一个孩子受到潜移默化的深远影响。

所以，在日常教育教学中，学校特别要求老师讲究教育艺术：善于疏导，开渠引流，宽严适度，情理兼施，做学生的良师益友，建立民主、和谐、平等的师生关系，以教师良好的师德风范去感染学生。

二、丰富实践活动——磨炼品德

德育是一项系统工程，育人是学校一切工作的出发点和归宿。学校要坚持从育人的高度，结合少年儿童的生理、心理特点，拓宽德育工作渠道。让课外延伸和校外延伸相结合，让学校、社区、家庭教育三结合，共同携手开展丰富多彩有益于学生身心健康的各种活动磨炼品德，在实践中无形地渗透品德行为的教育。

（一）规范常规活动

就拿升旗仪式来说，在老师的指导下，应该让孩子们自觉整齐列队，规范升旗。每一次升旗活动都应该隆重而热烈，使师生受到了深刻的爱国主义教育、集体主义熏陶。

诸如此类的常规活动还有号鼓队、礼仪队、校园电视台等，在传授学生专业技能的同时，更注重的是培养他们的那种责任感和精益求精的办事风格，以及学生的精神风貌和仪表气质！

（二）注重社会实践

社会是大课堂，是育人的大熔炉，只有让学生接触社会，才会了解社会，才会经得起风雨。学校要非常重视此项工作，可以成立关心下一代领导小组，定期为学生上课，定期为家长讲课。学校还要经常组织学生参加各种社区活动，每个学生小队在社区都要有自己的活动阵地，寒暑假，要积极组织、精心设计活动方案，让孩子们在假日活动中真正享受到了假日的快乐，并收获到了累累的硕果。可以让孩子们在假期中，积极开展爱心行动，动员学生和家庭成员帮助社会弱势群体等。积极参与社会生活体验，积极参加社区组织的各种文体竞赛与联欢活动。通过这些活动，培养了学生们关爱他人、团结互助的精神。

（三）丰富少先队活动

学校可以充分利用少先队活动，开展内容丰富，形式多样的德育活动。

比如，为加强爱国主义教育，可以开展“弘扬民族精神、继承传统美德”的宣誓活动、签订文明协议、开展“大话佳节”、“民俗大拼盘”主题队会、重温入队誓词、队知识竞赛、红色之旅等系列活动。

少先队与家长共同开展各种竞赛活动，比如开展“做文明天使、当诚信公民”为主题的手抄报竞赛、队会比赛等。

为加强孩子们的养成教育，大队部还可以定期开展主题常规评比活动，例如“伸伸手、弯弯腰、还校园一片洁净”“文明排队、安全回家”“文明游戏、和谐共处”等活动，通过每个阶段的主题活动评优，让孩子们养成好习惯。

学校还应该关注对学生实施有效的法制教育。为加强孩子们法律意识，为孩子们进行必要的法制讲座，利用广播、校园电视等媒体播放法制教育影片，开展了禁毒、拒绝“法轮功”、文明上网、合理消费、安全自护、道路安全等方面教育。并与社区家庭结合，共同为孩子创建和谐、安全的成长环境，通过这些活动的开展，可以有效地抵制未成年人犯罪事件的发生。

学校还可以开展廉政文化进校园系列活动，廉洁文化进校园对教师来说是一面镜子，对学生来说是一片阳光。通过多种形式和活动让学生触摸古今中外美好的心灵，感受古往今来的高尚思想，走近廉洁、走向崇高，在校园广泛开展“敬廉崇洁”启蒙教育，使校园处处呈现出和谐的景象。

同时，还可以抓住校园电视台、广播等做文章，要让这些媒体成为少先队活动中一道亮丽的风景线。学生们可以自编自导身边的礼仪故事，将校园、社会新风和自己的快乐生活编写成朗朗上口的童谣，流传校园、走进社区。校园电视台小记者、小摄影将校园的不文明行为和校园中的美好的一瞬及时捕捉成镜头，在电视台栏目播出，通过对比、通过发挥镜子的作用，让孩子们及时改正过错，并让好的风气得到发扬。

三、实施动态评比——规范管理

今天的教育提倡实施人性化的管理，一切教育活动遵循儿童的特点，给他们充分的施展空间，培养个性化的人才。传统的德育手段已无法适应人性化的管理，而随着现代教育技术设备的日益完善，学校的德育教育是否也可以引进现代化的管理理念，成为一种动态的，能够纵横交错、点面结合的管理模式呢?

将学生的常规评比细则量化，实施网络化管理是一种新型的探究。常规网络化管理机制，应该由全校师生全员参与，由学生干部、科任老师、值日老师、学校行政分别按照一定比例对学生的一日常规，包括卫生、两操、课间、路队、文明礼仪以及校内外各级各类大小活动的开展等进行量化评分，学校统一将检查情况及时输入电脑，所有加扣分细节在校园网上公布，每个月底根据量化的分数综合评选出优秀班级。

这种量化的管理模式和评比机制，可以加快班级运行情况的反馈，此项评比可直接与每一位教师的目标管理，每一个学生、班级的评优挂钩，而且此项评比工作与家庭、社区紧密配合，通过家访反馈表、社区喜报、校外跟踪表等多种形式延伸到家庭和社区，形成了一幅系统全面的德育网络图，既规范了师生行为、增强了学生竞争意识，又丰富了校园生活。同时，这种量化管理制度本身也在实践中不断磨合、不断完善，有效改善了学校德育环境，使学校德育工作进一步走向科学化、正规化。

四、注重德育课程——指导言行

课程是学校实施德育的主渠道，而德育课程的设置必将使德育工作更趋向规范化、科学化、系统化。因此学校可以除按照教育部规定的课程："思品与生活""思品与社会"进课表外，还可以灵活地设置礼仪课程、中队活动课程、国旗下的讲话等，每周定期上课，真正起到指导学生言行的作用，使学校德育工作呈现出常抓不懈的态势。

（一）礼仪课程，促养成教育

为使学生在良好的环境中成长、进步，从而养成好的礼仪习惯。学校可以实施开展礼仪教育的课题研究，以促进学生行为习惯的养成。各年级可以开设不同的礼仪活动课，作为学校的校本课程，每周定期给学生上课。此外，礼仪征文、礼仪小报、礼仪小节目的等竞赛活动也可以适当举行。利用校园电视台、文化长廊、班级黑板报、标语横幅等校园文化对学生进行礼仪熏陶，这样，学校对学生实施的德育教育这一工作，在理论的指导下更具有科学性和实效性。

（二）国旗下的讲话，蕴优良品质

每周一的升旗仪式，全校师生汇聚一堂，在庄严的升旗仪式上，学校抓住这一德育教育的最佳契机，由学校的领导及老师结合当前的形势和时事，大型的节日庆祝对学生实施爱国主义教育和行为习惯的养成教育，以促进学生优良道德品质的形成。

（三）中队活动课，强化德育验体

每周五下午最后一节课，是各班的中队活动课。班主任要充分利用中队活动课，开展内容丰富，形式多样的德育活动，小小故事会、为希望工程献爱心活动等活动。学生在宽松自由的心理环境中，在富有童趣和时代气息的实践活动中，不断强化内心的体验，内化德育的要求，从而形成良好的道德素养。

（四）班主任专业化培训，提升德育队伍质量

建设一支思想素质好、专业水平高、奉献精神强的高素质的班主任队伍。是学校德育工作的重要保障，学校要把班主任专业化培训工作当作德育工作的头等大事来抓，可以开展诸如此类的培训活动：学习新课程理念下德育基本原理；班主任如何将理念转变为行为；学会关注学生个性差异、关注学生生活细节、关注学生学习过程，掌握班主任工作艺术，具备应对偶发事件的策略和技巧，建设班集体的方式方法；学习班主任工作叙事研究方法，并进行叙事行动研究；增强岗位综合能力，进一步提高班主任专业化素养等方面内容。

严谨有序的常规，丰富多彩的活动，使校园真正成为孩子们健康成长的乐园，在这和谐的乐园里，孩子们净化了心灵，锻炼了能力，规范了言行，形成了优良的校风学风，也将培养出一批出类拔萃的优秀少年。

学校的德育工作是一项全社会广泛关注的举足轻重的工作，关系到国家与民族的未来，是一项长期而艰巨的工作，需要全社会的共同参与。每一位学校管理者、教育者只有从实际出发、潜移默化、循序渐进、持之以恒，以“润物无声，春风化雨”的精神去感化教育每一个孩子，就一定会有所收获，并得其成效。

第四章

研究方案

共享发展理念下中部地区乡村“精准扶教”研究

一、选题依据

党的十九大报告提出“乡村振兴战略”，明确指出要优先发展农村教育事业。可见乡村教育在决胜乡村振兴战略中有着举足轻重的地位。而近些年来，中国内陆腹地辐射八方的中部地区的乡村教育却逐渐成为乡村教育“洼地”，办好中部地区乡村教育是促进教育均衡发展、提升教育质量的重要工程。然而，中部地区乡村教育发展水平落后于东部，增长速度落后于西部，其发展存在着诸多阻碍性因素，如老龄教师偏多、专任教师不足、优质师资欠缺、教育资源匮乏等问题，而且不同县域乡村学校在教育条件、教育水平、生源数量、师资水平等方面差异明显，如何针对中部地区乡村教育的具体情况借助优质教育资源的共享，实现“精准扶教”以促进乡村教育提升是当前乡村振兴亟待研究的重大课题。

（一）学术梳理及研究动态

本项目研究聚焦“如何发展中部地区乡村教育”助力乡村振兴这一核心问题，主要从共享发展、精准扶教两个方面展开综合研究。目前相关研究集中在共享发展理念、精准扶贫、精准扶教等方面。

1.“共享发展”的研究

国外虽没有直接研究共享发展理念，但亦有相关的理论成果，古德纳（Alvin Gouldner，1960）提出互惠理论，指出变量交换是群体间特殊的分配方式，目的是在维护自身利益的同时，促进团体之间的和谐与发展。阿马蒂亚·森（Amartya Sen）提出“宽泛理性观”，认为，人类的动机呈现出多样化形态，人们既可能出于自利目的作出选择，也完全可能形成超越自我利益的选择，甚至可能作出完全利他的行为。该理论对社会结构内人与人关系丰富性的确认，是共享理论系统推进的元理论。国内研究较多，聚焦在以下几个方面：①共享发展的含义。唐秀华等（2017）认为共享即“确保人民群众都能在经济社会的发展过程中获得应有的利好，特别是那些偏远地区、经济贫困或者遭遇重大变故的居民家庭”，发展“理解为基于全体居民精神涵养与物质财富增长下的整体社会的向前推进”。②共享与发展的关系。共享和发展是过程和结果的关系，也是手段和目的关系（唐秀华，2017）；吴静（2016）则从马克思主义哲学视角指出共享发展是个人组成共同体的前提和基础。③共享发展的对象。不同学者关注角度不同，有的从政治经济学角度指出人的发展的重要性（李雪娇、何爱平，2016）；有的侧重公共服务方面（孙晓莉，2016）；有的研究社会保障的共享发展问题（朱恒鹏、徐静婷，2016）；有的研究农村土地增值收入分配问题（徐美银，2016）；还有的聚焦农民工权利保障（蔡丽华、周柏春，2016）。④共享发展的主体。众多学者聚焦在农民工群体上（蔡丽华等，2016）；也有从全体民众视角出发开展研究（廖善康、李利平等，2016）。⑤共享发展的举措。苗贵安（2016）侧重“共享领导力”的研究；杨建军等（2016）指出须充分运用多元协同、技术治理、法治思维和工具维护等实现共享发展；刘铮、许胜飞（2016）提出实现共享发展有赖制度支持；罗健（2016）认为需从认同、参与、协调、保障、约束等层面建立相应机制。

2. 精准扶贫的研究

精准扶贫是党的十八大以来扶贫开发方式创新转变的新思维、新思路，目前研究较多来源于领导讲话和政府文件，更多体现在经验探索和工作实践上。国外虽没有精准扶贫的提法，但贫困是困扰和影响全人类发展的普遍性问题，许多国家都有丰富的扶贫开发经验。如美国颁布“贫困家庭临时救助（TANT）”计划，实行医疗卫生、教育、就业、住房保障、养老等方面的直接救济，保证贫困家庭儿童得到较好教育，加强对贫困人口能力培养；巴西政府整合城乡全面发展制度，制定一系列均衡的农村发展规划和扶贫措施。重视加强国民素质教育，调动贫困农村自己脱贫致富的能力，从根本上解决贫困问题。国内精准扶贫的研究较多，集中在以下方面：①精准扶贫的内涵。王思铁（2016）认为精准扶贫是指针对不同贫困区域、不同贫困农户，对扶贫对象实施精确识别、精确帮扶、精确管理的治贫方式；李鹍等（2016）认为，精准扶贫是遵循科学有效的标准和程序，因时、因地对贫困区域、贫困村和贫困户进行精确识别，按照当地的实际开展联动帮扶和分类管理，并引入动态准入和退出机制开展精准考核的过程。②精准扶贫的内容与目标。扶贫包括对贫困区域从生活帮扶、经济发展、农民权益、农业生产、义务教育、社会保障等各个方面，国家在《中国农村扶贫开发纲要（2011—2020年）》中提出了扶贫开发的目标，到2020年稳定实现扶贫对象不愁吃、不愁穿，保障其义务教育、基本医疗和住房。③精准扶贫路径选择。汪继章（2015）认为，精准扶贫是扶贫方式的革命性变革，要实现由“局部”向“全局”、“抽象”向“具体”、“硬件”向“软件”、“业内”向“业外”、“漫灌”向“滴灌”、“定性”向“定量”、“单一”向“综合”的转变。国家各部委制定了精准扶贫的相关政策和主要实现路径。④教育精准扶贫。杨能良（2002）认为教育扶贫是一种最有效、最持久的扶贫方式；王嘉毅等（2016）认为教育在精准扶贫精准脱贫中具有基础性、先导性和持续性作用；赵红霞、谢洪荣（2016）认为教育精准扶贫可针对不同教育短板精准发力，努力建设国家标准化学校，使教育资源配置合理，师资素质整体提高，从而消除贫困代际传递，缩小区域间教育差距；教育部（2018）在教育扶贫方面提出“统筹推进县域内城乡义务教育一体化改革发展，全面改善贫困地区义务教育薄弱学校基本办学条件，加强乡村教师队伍建设，深入实施乡村教师支持计划”等等。

3.“精准扶教”的研究

蓝天立（2016）在广西教育精准扶贫现场推进会上指出，教育精准扶贫是脱贫攻坚的刚性任务，是拔掉穷根的根本途径，是保民生、促公平的本质要求，强调扶贫先扶教，治贫先治愚。石荣（2017）指出云南绿春县按照“治穷先治愚，扶贫先扶智”的原则，始终把教育事业摆在优先发展的战略地位，强化落实教育脱贫责任，充分发挥部门的职能优势，精准推进教育脱贫工作，着力推动边疆民族教育大发展。湖南省在精准扶教方面亦走出了创新之路，从2010年开始省教育厅委托湖南第一师范学院定向培养初中起点六年制本科农村小学教师，生源来自各县市区农村地区，采取“个人自愿报名、学校初审推荐、县市区教育局初选、市州教育局和湖南一师综合测试、县市区教育局组织考生体检、市州教育局预录、县市区人民政府与考生签订培养协议书、湖南一师录取、省教育厅审核”的程序进行招生和录取工作，湖南一师根据农村小学的需求设计培养方案，定向生六年学习期满回当地农村执教，为乡村小学补给了大量专业基础知识扎实、教学技能优秀、专业情意深厚的优秀师资。六年制培养模式被列为全国教育体制改革试点项目，是从乡村来、回乡村去的“精准扶教”重要举措。

4. 研究述评

综上所述，在乡村振兴战略实施过程中，基于共享发展理念对贫困乡村精准扶贫的研究众多，既有丰富的理论探讨也有大量的应用实践。然而，乡村振兴离不开乡村教育的发展，“精准扶贫”更需要“精准扶教”。从已有文献及各地实践中发现，研究方法上，多采用调查法、理论思辨法，大多泛泛谈理论，缺乏可供推广应用的有效的实践研究案例；研究内容上，重视乡村教育发展的理论探讨，但“精准扶教”研究少，虽有地方官员提及“精准扶教”的观点，但学界欠缺“精准扶教”的系统理论探索，且从共享发展理念探索乡村精准扶教的系统理论研究与应用研究都尚待开拓。而在扶教的应用实践方面，多关注教育资金、教育设备和条件的扶持，较少关注教师的培养与培训；对乡村未来本土师资的培养已引起高度重视，但对乡土当前在职教师的培训与提质重视不够，缺乏深入的学历进修、能力提升、专业发展的扶持。总体而言，核心问题尚未真正探讨，共享发展理念下的乡村精准扶教研究亟待推进与实施。

（二）学术与应用价值

1. 学术价值

（1）丰富和发展精准扶贫理论的时代内涵。自2013年习总书记提出精准扶贫以来，学界围绕精准扶贫展开了广泛的研究，文化精准扶贫、旅游精准扶贫、农村产业精准扶贫等理念和做法成为热点。但扶贫先扶智，扶智先扶教，这样才能从根本上帮扶乡村摆脱贫困。因此，精准扶教的提出及其深入研究将进一步丰富和发展扶贫理论的时代内涵。

（2）深化教育精准扶贫理论研究。通过扶教促进乡村教育发展一直是乡村振兴工作的重中之重，但过去粗放式扶教方式并不能从根本上解决乡村教育发展的难题。如何精准诊断乡村教育的问题与需求、精准培养定向乡村师资、精准对接乡村小规模学校、精准提升乡村在职低学历教师等等，这些问题的研究与解决将深化与发展精准扶教理论研究。

2. 应用价值

（1）形成中部地区乡村本土教师补给机制，为乡村教育提供后备优质师资。乡村教育普遍存在师资不足、学历不高、专业不强、综合能力欠佳、优质师资流失等问题，要提升乡村教师质量，根本上是解决师资问题。项目立足精准扶教，切合乡村小学对教师数量、专业、能力的需求，精准定制招录计划，以高等师范院校和优质小学作为培养基地，联合培养反哺乡村的优质师资。通过对乡村本土师范生的招录、培养，形成一套完整的乡村本土教师补给机制，从而实现“留得住、下得去、教得好”的基础教育师资目标，为乡村教育发展提供强大后备师资力量。

（2）推动优质学校辐射中部地区乡村薄弱学校常态化，促进城乡教育平等。乡村教育普遍存在教育资源匮乏、资源开发利用欠佳等诸多问题，本项目依托城市优质教育资源，借助中国电信IPTV服务平台，线上线下结合打造优质教育资源的长效共享机制，充分发挥优质学校的辐射能力，点对点、校对校精准满足村小、偏远山区小学等乡村小规模学校对优质教育资源的需求，实现“优质学校辐射农村薄弱学校常态化”。

（3）提升中部地区乡村在职教师综合素质，助力乡村振兴战略。目前，乡村在职教师学历层次、专业能力、综合素质亟待提升，然而由于条件限制，外出研修、培训进修、学历提升等专业发展路径不同程度受到影响。联合高师院校、优质基础教育办学单位、中国电信IPTV线上平台，组建精准扶教联盟，从学历培养、理论素养发展、专业能力提升上精准服务乡村在职低学历教师，从而助力乡村教育发展与乡村振兴战略。

二、研究内容

（一）研究对象

本课题的主要研究对象是城市优质小学“精准扶教”中部地区乡村小学的

模式。为从根本上缓解城乡教育差距，提质乡村教育质量，本课题还将以高师院校、城市优质小学、电信IPTV平台的联动合作作为研究对象，通过多方联合构建“精准扶教联盟”为中部地区乡村小学提供优质教育资源，培养反哺式乡村优质师资，发展乡村在职教师能力与素质，提升乡村教育质量。

（二）总体框架

本课题的核心问题是如何在共享发展理念下切实推进中部地区乡村“精准扶教”。共享发展在此指的是基于共享，促进发展，具体是指高等师范教育机构、城市优质小学、乡村薄弱小学之间形成精准扶教联盟的联动共享机制，助力乡村小学的全面发展。具体采取怎样的“联动共享机制”精准扶教呢？主要体现在三个方面：一是由高师院校与优质小学联合精准定向培养乡村小学教师，从乡村来、回乡村去，构建乡村本土教师补给机制；二是小学名校名师名课资源依托电信IPTV平台，精准点对点帮扶乡村小学教师，创立O2O（在线与离线）教育共享机制；三是高等师范教育机构、城市优质小学教育单位共建学历提升系统课程，依托电信IPTV平台打造职后培训机制，精准助力不同地域乡村在职低学历教师的学历提升与专业发展。具体内容如下：

1. 研究内容：精准扶教理论探析，助力城乡教育平等与乡村振兴

为什么要实施精准扶教？由谁来实施精准扶教？项目组的理论分析组将聚焦精准扶教，分析其产生的因由、时代内涵、价值意义以及精准扶教的主体、原则与策略，同时阐明精准扶教与教育平等、乡村振兴的关系。

2. 研究内容：精准诊断教育现状，我国中部地区乡村教育发展现状调查

精准扶教的对象是谁？我们用什么样的方式来精准诊断扶教的对象？项目组摒弃粗放式的区域瞄准方式，通过问卷调查、深度访谈、实地考察等方式搜集数据，在对数据进行实证研究的基础上，全面摸清当前中部地区农村教育发展的现实状况，结合大数据统计从调查对象中遴选典型性、代表性乡村小学作为精准扶教对象。

3. 研究内容：精准定向师资培养，建立乡村本土教师补给机制

如何精准培养乡村后备师资？怎样才能培养出专业情意深厚，专业知识扎实，综合素质优秀的乡村后备师资？项目组依托高师院校和城市优质小学联合精准定向培养师资，建立乡村本土教师补给机制，重点研究中部地区乡村小学教师精准定向培养模式、课程体系、实践教学体系以及运行保障机制。

4. 研究内容：精准扶助乡村教学资源，建立O2O教育共享机制

如何精准扶助乡村小学教学资源匮乏的问题？这是本项内容重点解决的问题。乡村学校由于各种客观因素影响，师资严重缺乏，包校制包班制教学在这些学校非常普遍。项目组组建联动扶教联盟依托电信光纤网络共享名校名师名课资源，实施IPTV电视教育在线课堂、城区名师下乡村与乡村教师进名校“离线互换”“双师课堂”共享模式推进精准帮扶。

5. 研究内容：精准提升低学历教师，创建乡村教师职后培训机制

如何精准帮扶乡村低学历在职教师促进发展？这是针对中部地区乡村小学教师学历低、知识能力不足的情况进行的精准帮扶。职后培训是提升乡村师资力量的重要途径，项目组依托联动扶教联盟共建学历课程，创建学历课程IPTV直播与点播培训模式、在线MOOC学历课程培训模式，精准发力促进乡村教师专业发展。

（三）重点难点

本课题的重点是基于共享发展理念建立“联动共享机制”的精准扶教联盟。城乡教育发展不均衡、高等教育与基础教育鸿沟明显、教育进步滞后于技术发展等一直是教育领域存在的突出问题，突破壁垒促成高师院校、城市优质小学、现代科技网络平台、中部地区乡村小学等的联盟必须从共享发展的理念入手实现联动共享。所谓联动共享就是既要保持各个主体之间的独立运行与资源优势，又要充分在精准扶教的不同方面相互合作、动态共享。这是本研究的重点。

本课题的难点是耗时耗力，调查范围大、联盟主体多。需选取中部地区多个省份乡村地域小学作为调查对象并开展深入的访谈交流，需充分发挥“精准扶教联盟”的主体价值，整合各方优势，精准帮扶中部地区乡村学校及乡村低学历教师，共享各自资源，创新扶教方式。

三、思路方法

（一）研究思路

本课题遵循问题提出—调查分析—理论探讨—应用实践的思路（如图

4-1）。

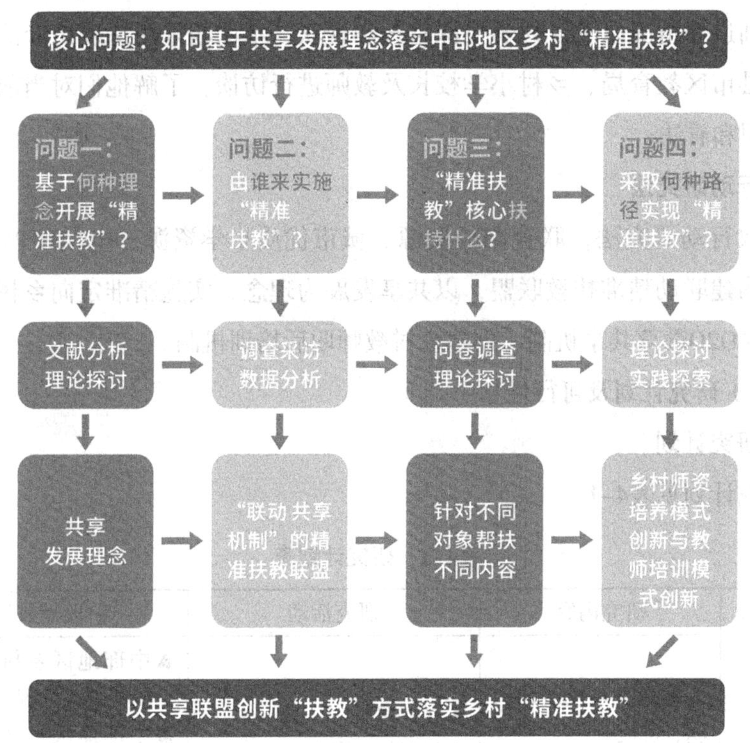

图4-1 研究思路

（二）研究方法

1. 文献研究法

通过电子数据库对共享发展、精准扶贫、精准扶教等相关文献进行搜集、梳理、批判性阅读，了解当前学术界对乡村精准扶教的研究现状与趋势。立足共享发展理念，对乡村精准扶教的内涵、主体、价值、路径展开基于文献的理论研究。

2. 问卷调查法

设计量表调查问卷，选取湖南、江西、贵州等中部地区省份乡村小学为调查对象，了解中部地区乡村小学师资培养现状、乡村在职教师学历提升与培训进修情况、乡村小规模学校课堂教学现状，明确中部地区乡村小学教育需求，为解决精准扶教的内容提供翔实的数据支撑。

3. 深度访谈法

为弥补问卷调查中量化研究的缺陷，更好地把握中部地区乡村小学师资现状、培训进修情况以及乡村学校课堂教学现状，本课题采用深度访谈法对中部地区各县市区教育局、乡村小学校长及教师进行访谈，了解他们对当前乡村扶教的认识和看法。

4. 行动研究法

采取行动研究法，联合高校资源、城市优质小学资源、电信IPTV电视网络平台构建联动精准扶教联盟，以共享发展为理念，实施精准定向乡村师资培养，创立O2O教育共享机制、创建乡村教师职后培训机制。

（三）研究计划及可行性

1. 研究计划

研究计划见表4–1。

表4–1　研究计划表

时间进程	研究内容	研究活动	阶段性成果
2019.10—2019.12	▲梳理共享发展的内涵、价值 ▲调查我国乡村小学教育现状	▲文献搜集 ▲整理相关资料 ▲制作调查问卷	▲中部地区乡村小规模学校课堂教学现状调查 ▲中部地区乡村小学教师专业发展现状调查 ▲中部地区乡村小学教育需求分析
2020.1—2020.6	▲共享发展对精准扶教提出了何种要求 ▲怎样精准识别扶教对象 ▲基于共享发展采取何种路径扶教	▲文献分析共享发展对精准扶教提出的要求 ▲理论分析精准扶教的对象 ▲专家咨询精准扶教的路径	▲共享发展与精准扶教的关系 ▲基于共享发展精准识别扶教对象 ▲基于共享发展精准扶教的路径分析
2020.7—2021.5	▲精准定向乡村小学师资培养 ▲联动共享精准扶教联盟	▲理论分析定向培养师范生模式的创新性 ▲专家论证精准定向培养模式 ▲实践探索精准定向培养 ▲组建联动共享精准扶教联盟	▲精准定向乡村小学教师培养模式 ▲精准定向乡村小学教师培养课程 ▲联动共享精准扶教联盟机制

续 表

时间进程	研究内容	研究活动	阶段性成果
2021.6—2022.10	▲O2O教育共享机制 ▲乡村教师职后培训机制	▲实践探索IPTV电视教育精准扶教模式 ▲实践探索O2O教育资源共享机制 ▲实践探索在线学历提升课程建设	▲城区名师下乡村与乡村教师进名校离线共享模式 ▲“双师课堂”在线精准扶教共享模式 ▲精准扶教联盟共建课程与乡村课程开发 ▲学历课程IPTV直播与点播培训模式 ▲在线MOOC学历课程建设与培训模式

2. 可行性分析

（1）课题负责人持续关注乡村小学教育并产生系列成果。自2006年始课题负责人参与乡村小学师资面试与培养工作，在教师教育、乡村小学教育及精准扶教方面，曾立项省教育学会课题1项；围绕“乡村教育”“小学教育”“六年制定向培养”“教育技术发展”等发表系列学术论文10余篇。

（2）课题组成员前期研究基础扎实。课题经过严密论证，目前课题组围绕“乡村教育”“农村定向师范生培养”“教育扶贫”等相关主题，在《中国电化教育》《课程·教材·教法》等权威期刊上发表系列学术论文30余篇。同时，已经完成相关中外文理论资料的搜集工作，并进行了共享发展理念、精准扶贫等的文献整理；制作了乡村小学教育现状调查、乡村小规模学校课堂教学现状、乡村教师发展现状调查等系列问卷；课题组依托湖南第一师范学院自2010年始开展乡村小学定向师资培养，积累了丰富的乡土教师培养经验；依托湖南电信光纤网络和IPTV电视教育平台等信息化技术手段，融合长沙市育英学校等名校名师资源，精准对接溆浦县、花垣县、宁远县等中部地区乡村小学，试验“双师课堂”教育共享模式，致力于“精准扶教”为乡村小学提供优质的教育资源，湖南经视、湖南卫视、湖南公共、搜狐网、大湘网、华声在线等近20家电视及网络媒体进行报道。

（3）研究团队研究能力强，结构合理，主攻方向明确。课题组主要由四部分成员构成：一是从事理论研究和课程开发的高校科研人员，有1名博士、3名硕士，研究方向为应用社会学、教育社会学、教育技术；二是优质小学联盟，包括湖南长沙育英小学、长沙市育才小学、大同古汉城小学、湖南第一师范学院第一附属小学等名校构成的小学教育联盟，联盟成员办学历史悠久，名师名课资源丰富，本课题组主要单位长沙育英小学，是全国现代教育技术实验学校，也是首批国家级现代教育技术实验学校，有着悠久办学历史、先进办学理念、优质教师资源；三是教育政策与指导人员，由湖南省教育厅电教馆、湖南省芙蓉区教育局等教育部门行政参与部署和指导；四是教育技术支持者，除了高校从事教育技术的专业人员外，另有湖南电信公司、湖南艾特维科技有限公司技术人员。目前湖南电信光纤网络全面铺开至乡镇，IPTV用户规模已达460万，项目组成员获得IPTV平台支持，可借助此基础实现优质教育资源的共享发展。研究团队理论素养深厚、研究能力强、教育资源优质、教育技术先进、实践经验丰富，可以确保项目如期开展、高效完成。

四、创新之处

（一）基于“共享发展”理念研究中部地区乡村扶教

在以往研究中多从扶贫谈扶贫，极易导致粗放式扶贫，以致扶贫方式和内容单一，返贫现象频发；虽有研究者看到扶教在扶贫中的先行性，但依然聚焦从钱力物力角度研究乡村扶教的价值，本项目立足乡村振兴探讨中部地区乡村精准扶教，切实从中部地区乡村不同小学的教育需求入手予以帮扶，促进乡村教育的整体振兴。

（二）提出精准扶教、联动共享扶教、O2O教育共享等新观点

自十八大以来乡村扶贫取得重大成果，但脱贫攻坚也进入冲刺阶段，而精准扶贫的提出使扶贫工作迈上新的台阶。但扶贫绝不能仅仅依靠外在的钱力物力补给，如果不能从教育文化上解决乡村人员以及后代的思想智识问题，就无法阻断贫困代际传递，基于此，项目组提出扶贫更要扶教，精准扶贫离不开“精准扶教”，精准扶教成为本项目的核心观点。此外，还提出联动共享扶教、双师课堂、O2O教育共享等新观点。

（三）创新精准扶教方式

在精准扶教方面，项目组联合高校科研人员、城市优质小学教育资源、贫困县教育局、中国电信IPTV教育网络平台，力图形成联动共享的扶教联盟，采取IPTV电视教育在线课堂、城区名师下乡村与乡村教师进名校、“双师课堂”、IPTV学历课程直播与点播培训、在线MOOC学历课程建设等有力举措精准扶教，推动乡村教育信息化建设，促进乡村教育发展。

五、预期成果

（一）成果形式

课题成果形式为专著：《共享发展：中部地区乡村“精准扶教”研究》及相关研究论文。

（二）使用去向及预期社会效益

将为行政部门“精准扶教”提供典型案例。目前“精准扶教”在全国尚无有效的、适用的举措和方案供行政部门采用，课题组联合多方力量率先在湖南展开“精准扶教”的实践探索，研究成果必然能为全国乡村扶教和乡村教育的发展提供典型案例，为行政部门的精准扶教工作提供可靠方案。

将有效推进中部地区乡村教育信息化建设。乡村教育在信息化建设方面较为落后是一直阻挠乡村教育发展的重大问题，课题研究在联动共享扶教联盟中以高校教育技术博士、中国电信电视网络、湖南艾特维科技有限公司等作为强大的技术支撑，借助乡村电视搭建电信光纤网络，解决乡村教育技术难题，从而依托电信IPTV平台实施教育资源共享模式。整个研究必将全力推进乡村教育信息化建设。

芙蓉区育英学校《智慧教育实践与探究——用共享思维办一所没有围墙的学校》专项试点工作方案

一、概述

（一）基本情况

长沙市芙蓉区育英学校申报《智慧教育实践与探究——用共享思维办一所没有围墙的学校》专项试点，学校创办于1950年，原来是湖南省军区干部子弟学校，现学校共有1400多名师生，28个教学班。学校一直致力于教育信息化建设，走在湖湘教育信息化建设的前列，是我国首批国家级现代教育技术实验学校、长沙网络联校项目主校学校。学校秉持“自主自律，在共享中成就更好的自己”的校训，提出用共享思维办一所没有围墙的学校，努力探索与建设共享课程、双师课堂、共享空间等一系列教育信息化应用成果，此外，基于“双师课堂”的建设，积极探索《小学名校SPOC课程创生与应用研究》，成功立项中央电教馆全国重点课题。

（二）试点工作目标、内容和期限

试点工作目标：坚持“自主自律在共享中成就更好的自己”的办学理念，用“互联网+教育”的思维，办一所真正意义上的共享学校。

试点工作内容：学校智慧教育以校企合作的方式搭建学校共享教育数据平台，以智慧黑板、智慧课桌、智慧校牌、智慧录播、智能班牌、智能移动终端为数据收集终端，以智慧双师课堂、智慧课堂、创客教育等创新的教学模式为应用场景，通过数据收集终端在应用场景使用产生的数据，形成学校共享教育数据平台。该项目从2019年6月开始进行试点，2022年6月结束试点工作。

二、试点项目立项必要性及可行性分析

（一）试点背景及依据

湖南省是教育部批复的首个教育信息化2.0试点省，近年来将实施“互联网+教育”行动作为推进科教强省建设的重要内容，按照“政府引导、企业参与、学校应用、服务驱动”的工作推进机制，以深化应用为导向，大力推进信息技术与教育教学管理深度融合创新，夯实教育信息化环境基础。基于此，育英学校秉持共享教育的理念，创新教育信息化路径开启智慧教育的实践探索。

（二）试点工作必要性分析

智慧教育以新一代信息技术和智慧应用为支撑，在信息互联互通的基础上，为学校开展智慧教育提供性能良好、服务便捷的共享平台，整合校内外优质教学资源，通过多种方式将各类优质教学资源整合到共享教育平台。同时对教学过程性数据进行智慧化的分析，提升教育决策的科学性，提高学校教育教学质量和管理水平，培养适应“互联网+”和智能化信息生态环境，具有较高品质和较强实践创新能力的现代化人才。

（三）试点工作可行性分析

1. 学校教育信息化经验丰富

目前学校已开展的教育信息化项目有长沙市网络联校主校项目、长沙市创客教育试点项目、芙蓉智慧校园试点项目，这些项目在学校的开展，为学校积累了一定的智慧教育建设的经验。在2017年“双师共享课堂”作为湖南省教育信息化典型案例上报国家教育部，得到了教育部基础教育司湖南调研一行专家的认可，引起了社会广泛关注，《光明日报》、湖南卫视、新华网等媒体进行了宣传报道。

2. 强大专家团队引领和指导

学校长期聘请教育信息化专家为长期顾问团队，指导学校教育信息化工作。

3. 坚实的信息化技术支持

学校有丰富的校企合作经验，企业为学校教育信息化提供强大的技术团队和资金保障。

三、试点工作实施方案

（一）试点工作任务

育英学校智慧教育项目建设将以共享理念为引领，一个理念、两大智慧应用、三种智慧双师课堂、四大互联互通形成大数据云平台为目标，计划用3年左右的时间实现开放性的共享校园，即家长、高校、社区、社会等共同参与、共同建设、共同分享办学成果的开放性共享校园，以办智慧校园为抓手，办一所没有围墙的学校。

（二）试点工作实施原则

智慧教育不分学科，超越学校，凸显信息化时代的共享理念，体现智慧教育的核心要求。

1. 坚持以课堂为中心原则

遵循智慧教育是以为教育教学服务为前提，用智慧教学环境促进教学方式的变革，探究出一种智慧课堂的教学模式。

2. 坚持开放共享原则

充分运用互联网和信息技术，构建开放的教育环境，让学生能拥有共享资源和能力，分享思想和成果的互联网环境，进一步实施学校“共享教育”的办学理念。

3. 坚持突破数据孤岛原则

学校智慧教育建设一定要使数据畅通，不能拥有数据壁垒、数据孤岛，坚持数据孤岛数量只减不增，已经是数据孤岛的，用技术手段打通。

4. 坚持特色发展

以学校智慧教育建设、创新实践为着力点，大力推进双师共享教育，形成从一到六年级有系列性、层次性、实践性的双师共享资源，打造学校共享教师品牌。

（三）试点工作组织与管理

学校成立《智慧教育实践与探究——用共享思维办一所没有围墙的学校》专项试点小组，由周方苗校长担任组长，陈喜琴书记、朱新霞副校长任副组长，聘请湖南省教育科学研究院刘建琼教授、湖南省电教馆余剑波主任、湖南省第一师范学院李金国博士为项目试点顾问，由学校教研室、教导处负责专项工作的具体实施，总务室负责经费和硬件保障。

学校实施智慧教育方案，计划明确任务和负责人，分阶段分步骤地有序推进，具体实施阶段划分和进度如表4–2。

表4–2 具体实施阶段划分和进度

阶段	时间	目标	负责人
第一阶段	2019.12前	完成共享教育理念地融入校园文化。 初步完成智慧校园硬件建设：智慧黑板、智慧课桌、智慧云平台、无线网络校园全覆盖等。 有序推进智慧双师课堂教学正常开展，为后期研究做准备。 校企合作摸清物物相连、数据相通，智慧教育实现四大互联互通的真实情况	李波
第二阶段	2020.1—2021.12	对一个理念、两大应用、三种双师共享课堂、四大互联互通大数据云平台进行深入研究	李波、刘娜
第三阶段	2022.1—2022.6	提炼总结经验和做法，形成可发表和收集的资料	李波、刘娜

（四）主要任务和具体做法

1. 基于共享理念推进智慧教育

学校将共享的核心立足于共享中成就更好的自己，用共享的理念管理学校，使每一个孩子在共同分享中体验生命的自由与幸福。让智慧教育拥有理念的指引，给智慧教育增加“温度”。

基于理念的具体实施措施：①学校将各功能室改为共享空间，学校现有共享图书室、共享计算机房、共享音乐教室、共享美术室、共享篮球馆等。由大队部负责组织学生自主参与各个共享功能室的管理，学生自主制定各共享功能室的制度，学生可不受时间、证件等约束，随时进出各个共享功能室，学校共享空间为学生个性化需求提供服务。②学校还将逐步建设基于学生校牌的共享雨伞、共享篮球、共享足球、共享图书、共享文具等，通过识别学生校牌的方式进行共享，让师生充分体验共享给大家带来的快乐与便捷。

学校完善共享文化立校，校园布置及环境文化建设与共享文化协调一致，建立基于共享文化的智慧校园。

2. 创建智慧教育两大应用场景（智慧课堂、智慧教研）

一是学校拟建设基于智慧黑板、智慧课桌、智慧云平台的智慧课堂，其中智慧黑板是集成有智能触摸一体机、智能高清拍摄仪、智能无线扩音器、智能移动终端、记录教师教学行为为一体的智能教学设备；学生智慧课桌是涵盖有学生自主学习、学生答题、记录学生学习数据功能的智慧课桌；智慧云平台是将智慧黑板、智慧课桌收集数据形成图表进行大数据分析，为学生个性化学习提供精准推送等。基于这种新的智慧课堂环境，学校将从不同学科、不同年级等方面进行深入研究，探究出基于智慧课堂的教师教学模式、学生学习方式。

二是学校教师在教育教学使用智慧黑板过程中产生的数据，如教师教学中的提问方式、提问数量、习题数量、教学效果等行为进行讨论、研究分析。

3. 构建三类智慧双师课堂

作为智慧教育的核心，育英学校在多年的发展中形成了名师荟萃、课程资源丰富的教育品牌。学校利用丰富的资源，融合信息技术手段和互联网思维，为乡村教育的快速发展，探索出了一条崭新的发展道路，目前学校正在进行的智慧双师课堂有三类："双师共享课堂""在线双师专递课堂""智慧双师课堂"。

4. 物物相连、数据相通，智慧教育实现四大互联互通

在智慧共享校园建设的互联互通是基础，学校以智慧校牌为统一的云登录基础数据，形成统一的身份识别，在平台上形成数据互通。学校将已建设的无线网络全覆盖作为联通环境基础。

智慧教育的实践将实现四大互联互通，具体是指：将智慧黑板、智慧课桌、智慧校牌、智慧录播、智能班牌、智能移动终端等各个数据终端在育英学校共享云平台上实现互联互通；将智慧电子班牌、学生家长和学校老师实现互联互通；将线上各类教育资源链接变成二维码的方式，实现网络空间与现实空间的互联互通；将育英学校共享云平台与长沙市人人通数据平台实现互联互通；最终通过物物相连、数据相通，实现四大互联互通形成大数据云平台，为后期大数据分析提供基础条件。

四、试点工作效益及风险分析

《智慧教育实践与探究——用共享思维办一所没有围墙的学校》项目的顺利实施，学校将会形成未来学校的雏形，为未来学校的建设标准提供易复制、可借鉴的经验和模型。项目的实施使学校师生的信息化素养得到大幅度提升，学生适应未来社会发展的能力得到提高。同时，校企合作的模式将会给社会带来巨大的经济效益，企业对智慧教育产品的市场需求更加精准，将带动智慧教育和智慧城市的建设。

由于项目开展涉及多部门、多学科和多企业的协调，以及经费是否充足等因素都是项目能否顺利进行的风险，针对项目实施风险，学校制定以下应对措施。

（1）加强组织领导。学校高度重视，完善组织领导机构，建立推进领导小组，切实推进智慧教育工作快速发展。加强对学校创客教育的指导，结合学校各学科组实际制定具体实施方案和推进计划，明确工作部署，切实加大资金投入、政策支持和条件保障力度，抓紧抓好学校智慧教育建设，提升信息化设备基础设施和资源支撑能力。

（2）加强协调推进。各部门与各学科组之间通力配合，相互支持，协同组织，加快推进育英学校智慧教育发展，形成具有学校智慧教育特色的共享教育模式。

（3）加强经费保障。加大经费投入，向上级争取专项经费，同时在政策允许范围内采取校企合作模式，引进社会资金。按照所有建设优先保障学校智慧教育建设经费原则，确保有足额经费用于智慧教育建设和应用研究等。

（2019年湖南省教育信息化创新试点项目）

芙蓉区育英学校创客教育试点工作方案

一、概述

芙蓉区育英学校申报《中小学生“创客教育”实践探索》专项试点，我校共有1400多名师生。在教育信息化建设方面，我校是我国首批现代教育模式的探索者，现提出用共享思维办一所没有围墙的学校，共享教育的理念已深入全体师生心中，基于“双师课堂”的探究，正在进行中央电教馆全国重点课题“小学名校SPOC课程创生与应用研究”，也是长沙网络联校项目主校学校。

（一）成立试点工作领导小组

学校成立《中小学生“创客教育”实践探索》专项试点小组，由周方苗校长担任组长，陈喜琴书记、朱新霞副校长任副组长，由教研室、教导处负责专项工作的具体实施，总务室负责经费和硬件保障。

（二）试点工作目标、内容和期限

试点工作目标：坚持“自主自律在共享中成就更好的自己”的办学理念，实践共享教育，大力推动创客教育探索。以校企合作的共享创客中心为平台，以课程改革为载体，多形式常态化开展创客教育，到2019年学校实现创客教育“五个一”工程，即开出一门创客课程、建设一个创客空间、聘任一位专职创客教师、每年组织一次创客教育活动和每生每年完成一个创客作品。

试点工作内容：创客教育以校企合作的方式搭建共享创客中心，没有创客空间作为基础，创客教育无从谈起，育英学校通过多方努力与争取，采取学校提供场地，企业投资30多万，建设共享创客中心。目前创客空间已经开始施工，将在2018年12月完成施工建设，共享创客空间的搭建为学校创客课程实施提供了平台保障。

我们计划从2018年12月开始进行试点，在2020年12月结束试点工作，利用2年时间得出结果。

二、试点项目立项必要性及可行性分析

（一）试点背景及依据

为顺应高考改革的趋势要求，向传统课堂发起挑战，用行动践行国家课改理念和回答“钱学森之问”，进一步加快育英学校教育教学改革进程，全面促进素质教育和创新教育的发展，结合我校共享教育的办学理念和教育发展实际，加快推进我校创客教育发展。

（二）试点工作必要性分析

以党的十九大精神为指导，深入落实科学发展观，坚持以创新应用为指导，以培养学生的实践能力、创新精神为切入点，从创客空间、创客课程、创客活动、创客师资、创客文化等维度全面推进创客教育，形成良好的创客教育生态环境，为培养“大众创新，万众创业”科技人才奠定基础。

三、试点工作实施方案

（一）试点工作目标

坚持“自主自律在共享中成就更好的自己”的办学理念，建设智慧教育学习环境，大力推动创客教育探索。以创客中心为平台，以课程改革为载体，多形式常态化开展创客教育，到2020年学校实现创客教育“五个一”工程，即开出一门创客课程、建设一个创客空间、聘任一位专职创客教师、每年组织一次创客教育活动和每生每年完成一个创客作品。

（二）试点工作实施原则

创客教育不分领域，超越学科，凸显了信息化时代的共享理念，体现了教育变革的核心要求。

1. 坚持以生为本

发挥创客教育融汇创新教育、体验教育、项目学习的优势，尊重学生个性选择，挖掘学生创新潜能，培养学生善于学习、勇于探索、敢于创新的时代精神，促进学生全面发展。

2. 坚持开放共享

充分运用互联网和开源技术，构建开放的创客教育环境，让学生共享资源和知识，分享思想和成果，进一步落实学校“共享教育”的办学理念。

3. 坚持特色发展

以教育教学改革、学校特色发展、创新育人为着力点，大力推进创客教育，形成从一到六年级有系列性、层次性的实践性创客课程，打造学校办学优秀品牌。

4. 坚持整合推进

坚持探究出分学科课程模式和跨学科主题式创客课程模式相结合操作思路和实施路径。

（三）主要任务和具体做法

1. 开设课程

（1）5—6年级开设3D打印与空间结构、3D故事设计软件、激光雕刻、陶土制作、建筑木艺、纸雕、布雕课程开设3D打印课程，能够丰富课堂种类，更重要的在于让孩子们能够学习到最前沿的科技，通过让他们面对现实世界的问题，并使用3D打印技术创造新的解决方案。孩子们要学习的不是枯燥的理论知识而是学习如何解决问题，3D打印技术将辅助孩子们在数字化世界和物理世界之间架起一座桥梁，探索文化差异，完成共同创作，高年级学生对学科知识有一定的容量，动手实践能力更强。具体表现为：①3D打印让学生的想象更容易变成现实，培养学生的创新意识，鼓励学生的创新实践；②学习运用简易建模软件，发展学生立体空间思维；③通过3D打印实体的触觉过程，为学生建立一种新型的学习通道；④选择贴近生活的建模主题，培养学生解决生活实际问题的能力。

（2）3—4年级开设Scratch编程、游戏设计软件、智能电器、学科实验、学术小组项目等课程。第一，以Scratch为载体，探究性学习Scratch的搭建规则，了解Scratch的设计过程。培养学生用Scratch设计一些趣味游戏程序的能力，让Scratch跟开源硬件结合，让程序与实际应用联系。第二，通过该课程的学习，使学生了解程序设计在解决实际问题中的地位和作用。培养学生的数学思维、逻辑思维和算法思维。随着学习深入，能够设计出有一定实用价值的程序或游戏，让计算机“听”自己的话，按自己的意图运行。第三，通过Scratch课程学习，培养学生对信息多元文化的宽容和尊重。培养学生多角度思考问题解决问题的能力和创新精神；培养学生持之以恒不畏困难的良好品格。让学生发现计算机运行的原理和规律，激发学生进一步学习的热情。

（3）1—2年级开设机器人、拼装项目、纸艺、布艺、玩具制作、黏土制作、定格动画课程。机器人课程设计以培养学生创新精神、实践能力为宗旨，以培养学生的信息素养、技术素养为目标，是学生信息科技课程的基础。智能机器人科目尽可能地面向全体学生，考虑到学生在兴趣、生活经历、地域特征、文化背景等方面的差异在教材、教学及其评价等方面力求多样性和动态化，以满足不同学生的不同需要，促使学生的个性发展。

表4–3 创客教育可选择课程参照表

阶段	课程	基本要求
1—2年级	可视化编程游戏、乐高或其他拼装项目、纸艺、布艺、玩具制作、黏土制作、定格动画等	以“观察”、“改造”、展现创意、形成成品为基本诉求，着重偏结构、造型等的优化创造
3—4年级	Scratch、游戏设计软件、智能电器、学科实验、学术小组项目、复杂手工工具的合作应用	以“整合”、“创作”、细节加工、精益制作为基本诉求，在工具应用和加工精度方面可以提出更高要求
5—6年级	3D打印与空间结构、发明创意思维游戏课程、3D故事设计软件、激光雕刻、陶土制作等、建筑木艺、纸雕、布雕等	以“探究”、“实现”、发现问题、解决问题为基本诉求，更加突出在项目复杂性和合作交流方面的要求

表4–3将课程类型划分为“思维习练”“审美习练”和“工具习练”，主要是因为在不同的年龄段，创客教育为学生带来的价值有一定的差异，年段越低越偏向思维基础培养和审美层面加工，年段越高则越偏向复杂问题的解决和复杂工具的灵活应用。

2. 确保创客教育师资配备与培养

（1）加快师资队伍建设。学校要着力培养1名创客教育指导师，采取派送外出培训、跟岗学习等形式，用半年时间培养出1名创客教育指导师。由教研室负责用1—2年时间对信息技术、科学、美术、音乐及有潜力的其他课程教师开展一轮创客教育专项培训，在学科教师业务培训和校本培训中增加创客教育内容，以满足创客教育课程开设的必备师资要求。同时学校建立创客教育教研组，采取“传帮带”“师徒结对”等形式，多途径、多形式促进创客教师快速成长。

（2）完善教师激励机制。教师参与创客教育活动计入教学工作量，周课时满工作量参照信息技术教师执行。创客教育指导师负责创客空间管理和创客教育活动开展，其工作年限可按二分之一计入班主任工作年限。在创客教育工作中（理论研究、项目组织、课程建设、教材开发、学生指导等）有突出贡献的教师，在评优评先和职称晋升上给予倾斜。

3. 积极培育发展创客群体

（1）积极组织开展师生创客活动。充分利用各种校内、校外创客课程资源开展创客活动，引导家长和社会广泛参与到创客教育中。把创客教育作品展评纳入到中小学科技节比赛项目，每年组织一次师生创客文化节（嘉年华）活动，开展形式多样的创客分享活动。

（2）发挥好湖南省教育信息技术学会平台的作用。充分利用学会的力量，带动参与，形成辐射，组建稳定、团结、乐于创新的兴趣团体。加强创客教育基础研究工作，每年通过学会平台组织召开创客教育研讨会，开展有关推进创客教育的课题研究，总结推广创客教育研究成果，形成浓厚的创客教育研究氛围。

（3）重视宣传与交流。开放分享是对创客精神的发扬，也是创客教育发展的重要环节。在学校微信公众号搭建创客教育、创客作品交流分享平台，积极营造有利于创客教育推广的生态系统，在创造中分享，在交流中提高。

4. 评价实施

（1）制定标准根据创客课程内容目标和实施过程制定相应的评价标准，评价标准要包括评价指标和评价细则。

（2）收集材料，尽可能保留并收集学生参与创客课程的各种信息材料，包括合作组织方式、方案设计、流程报告、数据统计、过程访谈等，作为评价的重要依据。

（3）全程评价，对各个阶段开展评价。第一，对尝试与方案设计阶段的评价，重在评价学生的行动热情、计划能力、方法意识。第二，对实践过程的评价包括对情感、态度、价值观、工具应用能力、同学协作能力、过程记录能力的评价等。第三，对实践成果的评价包括对成果质量的评价、分享展示过程中表现的评价、成果功能价值的评价、创意表达水平的评价、过程研究组织效益的评价。第四，评价表达方式鼓励采用多维度、多元化评价表达。可以有多主体的评价：学生自评、互评、组评、班评、教师评价、家长评价、专家评价等。也可以有阶段性评价、结果性评价。表达方式可以是语言评价、等级标示、学分评价、角色认定、比赛获奖等等。

（四）保障措施

1. 加强组织领导

学校会要高度重视，完善组织领导机构，建立推进领导小组，切实推进创客教育工作快速发展。加强对学校创客教育的指导，结合学校各学课组实际制定具体实施方案和推进计划，明确工作部署，切实加大资金投入、政策支持和条件保障力度，抓紧抓好学校创客空间建设，提升创客教育基础设施和资源支撑能力。

2. 加强协调推进

各部门与各学科组之间通力配合，相互支持，协同组织，加快推进育英学校创客教育发展，形成具有学校特色的创客教育模式。

3. 加强经费保障

加大经费投入，向上级争取专项经费，同时在政策允许范围内采取校企合作模式，引进社会资金。按照一切建设优先保障学校创客活动经费原则，确保有足额经费用于创客课程开发、耗材添置、师生教学实践和应用研究等。

四、试点工作效益及风险分析

为了降低课程改革带来的风险，学校按照芙蓉区基础课程的标准实施，确保国家课程的课时，在不增减学校总课时的基础上，从各分科课程中提取课时，如Scratch课程的基本课时可从信息课时中提取，当主题活动课程单元又与数学学科相关时，又可从数学学科课时提取，按主题活动课程单元从美术、科学、综合实践、信息、数学、语文等学科中提取一些课时，分年级从低年级到高年级，分主题从2个学科到多学科循序渐进地实施。

五、结论

育英学校《中小学“创客教育”实践探索》试点项目在推进新课改的教育背景下，有必要进行小学创客教育研究，并且试点风险可控，试点工作会给社会带来很好的经济效益，有利于加快推进社会万众创新的实施，小学生阶段创客活动课程融合科学、技术、艺术、数学等多学科知识，通过探究式的知识获取，使用数字化工具，倡导造物，鼓励分享，培养学生跨学科解决问题能力、团队协作能力和创新能力。

（2018年长沙市教育信息化创新试点项目）

第五章

实践感悟

有限的任期　无限的可能

梦想有股神奇的力量。我小时候的梦想就是当一名让学生都喜欢的老师，现在我不仅实现了童年时期的梦想，而且成了一名校长。

怎样才能成为一名称职的校长呢？我认为：校长是任期制，一般而言，在同一所学校最长任期也不过是两任十年左右。“铁打的营盘流水的兵”，校长的任期是有限的，但对教育的影响是无限的。校长要在有限的任期内真正地淡化功利，尊重规律、尊重人性，关注学生身心的全面发展和终身发展，创造学校发展的最好时期。

一、战略思维：决定学校的可持续发展力

战略思维，是对事物全局的、长远的、根本性的重大问题的谋划过程。校长办学的战略思维，就是要对学校发展的全局进行长远和根本性思考。一所学校究竟会获得怎样的发展？若干年后它将是何模样？今天我们应该做什么？明天我们又该做什么？一年、三年、五年……我们将走向哪里？这都需要校长带领教职员工进行战略思考。

首先是要制定好学校发展规划。“凡事预则立，不预则废。”校长办学亦如此，通过系统地分析学校的基础及所处环境、优势与劣势，审时度势，全面分析，综合诊断，以此来确定学校的发展方向和教育目标，明晰发展定位，这是校长实施学校战略思维的基础。我曾在一所新建学校任校长，新建学校的优势是环境优美、设施先进，教师队伍年轻、思想活跃、引领时尚，对新事物有较强的敏感度和接受力。我们就把这所学校的发展定位为：把学校建设成为全体师生认同“尚美”教育理念，打造全市乃至全省有影响的教育信息化示范学

校和网球特色学校。有目标就有方向，学校发展不偏离轨道，实现又快又好的发展。

然后是要提炼学校核心价值理念。核心价值理念是学校办学的高度浓缩，它是学校发展的总擎，是旗帜鲜明而又简明扼要地回答培育什么样的人，办什么样的学校。所谓核心，就是要精练、精当，让师生能够迅速牢记在心。要提炼学校的核心价值理念，一是要客观地分析学校的现状，如实地剖析学校发展的优势和不足、机遇和挑战，为找准学校发展的切入口和生长点奠定好基础。二是要对学校的现状进行归因，提炼出学校发展根本性、关键性所在。

2016年秋，我来到育英学校，发现很多名师在个人专业发展上走过成熟稳定期，大多进入一种发展的瓶颈状态。我从全社会掀起的共享经济中得到启示，发现共享经济背后的实质是“利用闲置资源实现资源的优化配置”。我想，如果能够充分利用起这些名师名课资源，让他们承担起一定的社会职责，最大化地服务于其他城市学校及偏远乡村学校，必定能够为名师提供新的职业生长点，寻找到工作的更大价值和意义所在。

基于这些思考，我提炼出了“共享教育”的核心价值观，将共享教育的核心价值立足于成人达己的全面发展上，使每一个师生在共同分享中体验生命的自由与幸福。目前，“成人达己”价值观已成为学校发展的响亮口号以及师生的价值认同。

二、开明态度：破解学校的教育改革难题

“开明”，顾名思义就是通情达理，思想不守旧。教育是一个与时俱进的命题，然而有些校长喜欢在自己的一亩三分地里埋头干。其实，校长是需要眼界的，校长要关心时政，不仅懂教育，还要懂政治、经济、哲学，方方面面都要有所涉猎。只有始终站在时代的思想前沿，看问题才能高远，思想才能解放。在现行的教育体制机制条件下，校长要创造条件、主动作为，要有“法无禁止皆可为”的担当精神和勇气，特别是不能有“坐、等、靠”的思想，因为学校的发展、师生的成长是不能等的。

我所在的学校在20世纪90年代兴建了游泳池，由于学校缺乏游泳管理经验和管理人才，游泳池在开放一段时间后选择了闭馆，而游泳又是学生十分喜爱

的一项体育运动。为发展学校游泳特色项目，凸显学校的办学实力，学校创新机制，与专业游泳俱乐部强强合作，采取“5+2”合作模式，即周一至周五游泳池由学校使用，周六和周日俱乐部使用新型合作模式，最终实现了双赢，解决了学校管理和人才的难题。所以，我认为，为了学生的全面健康发展，校长们能做到的事情要竭尽全力去做成，不能做到的事情要思想开明，寻求解决问题的方法和途径。

三、发展教师：倡导“大禹治水”的管理模式

校长是学校管理系统的决策者，校长的管理理念直接决定了学校管理的效率。教师群体是一个比较特殊的群体，工作辛苦，压力很大，每天都要面对形形色色的家长和学生，拼的都是智慧和耐心；再者，教师更乐于接受带有温度的管理方式。所以一个好学校的管理模式应该是“大禹治水”式的，大禹治水的成功在于“疏而不堵”，好的教师管理就是要引导教师的发展。

为更好地继承和发扬育英办学文化，我提出加快现代教育技术步伐，用共享思维办一所没有围墙的学校的办学目标。2019年学校全面更新设施设备，为了深入探索智慧校园建设，提高教师的专业素养，我们开展了智慧校园建设全员行动，全力围绕智慧校园建设和未来学校建设精准发力、稳步实施，推动着队伍建设新融合、新发展，推进着全体教师对学校教育改革行动的自觉认同。

在育英学校，我还提出了“让学校成为省市区教育交流中心”的发展目标。为了达成这个目标，学校承办、主办了多次教育教学大型活动。老师们在活动中或是策划、或是组织、或是执教、或是分享，在备受关注的大平台上大显身手、兴致勃勃。从某种意义上来说，这样的活动帮助许多处在职业倦怠的教师找到了存在感和价值感。

四、课程思路：彰显学生的素养发展结构

学校的发展要有清晰的课程思路，课程思路是校长对学校办学的深入思考和办学定位，也是校长办学能力的高度体现。为此，我认为校长要做好三件事。

其一，兜住“底子”。学校的课程建设思路首先要高质量地完成国家课程，让学生从容掌握基本知识要点，达成课程核心素养目标。

其二，拓宽“路子”。学校的课程建设思路要为学生提供多元的课程资源，要拓展学校课程建设的宽度，丰富学生在课程选择上的多样性。育英学校充分利用课后三点半时间，尽可能地为孩子们提供丰富多彩的课程服务，篮球、游泳、羽毛球、啦啦操、合唱团、国乐团、创客、美术、阅读等特色课程，为学生提供了个性化的学习和发展空间。

其三，找准“引子”。学校的课程建设思路要找准引领学校特色发展的标志性课程。特色课程应该是学校的新标识。这就需要校长带领团队进行SWOT分析，防止学校特色发展的空洞性，华而不实，不能真正引导师生的发展。多年来，育英学校坚持“体育强则校园兴”的办学思想，以篮球运动为核心，多措并举，点面结合，努力营造学生人人都享受篮球运动的良好氛围，使得篮球精神深入人心，体育品质不断提升，形成了鲜明的篮球办学特色，产生了良好的社会影响。

校长作为一所学校的领头羊，必须坚守立德树人初心，勇立潮头，奋楫争先，不断加强理论学习，实现自我更新，提升管理能力与教育专业素养，以“时不我待，只争朝夕”的责任感和使命感，努力创造学校发展的最好时期。

（此文发表于《年轻人学校天地》首刊号）

坚持立德树人　创新德育模式
用心打造新时代高品位的文明校园

育英学校坚持社会主义办学方向，坚持把立德树人作为根本任务，坚持“培养担当民族复兴大任的时代新人”的初心使命，紧扣“培育和践行社会主义核心价值观”这一工作重点，持续优化德育环境，努力提升德育实效，育德入心，成德于行，基本形成了“三重三促”的德育工作模式，也取得了明显成绩，学校先后获评全国文明校园等荣誉称号。

一、重常规，促常态，让德育素养成为校园新时尚

育英学校原属湖南省军区子校，素有“讲政治、讲纪律、讲规矩”的教育传统。一是以常规教学强化思政教育。深入挖掘各科教材中蕴含着的爱国主义教育、劳动教育、中华传统文化教育、民主法制教育等德育因素，将思想政治教育与课堂教学有机地结合起来，形成教学常态。二是以常规平台引领价值观念。充分运用每周一升旗仪式、国旗下讲话、班队会、校园广播、板报、校园网等德育平台，通过庄重严肃的仪式教育和图文并茂、声形具备的宣传引导，加强对学生思想道德教育的引领，帮助学生树立正确的世界观、人生观和价值观。三是以常规管理激励习惯养成。构建了校园全覆盖的日常规范督查网格，设立图文表扬台、评比栏，对检查的结果予以通报，表扬先进，弘扬文明典型，结合“五星班级”“文明餐桌”“新时代好少年”的评选，使各项规章内化为学生的自觉行为，达到全员管理、全面育人的效果，激励和引导学生养成自主自律的常态化行为习惯。

二、重实践，促实效，让德育活动成为校园新体验

育英学校历来注重体验式德育，根据学生心理特点、年龄特点，分年级、全过程开展喜闻乐见、丰富多彩的德育实践活动，让学生在实践中体验高尚情趣，在体验中涵养道德品质。

一是紧扣重要时间节点开展实践活动。每年清明、端午、劳动节、儿童节、建党日、建军节、教师节、国庆节、建队日等重要时间节点，分年级组织开展“讲红色故事，做红色少年”“小手拉大手”“书道习得”“中华经典诵读”“我和国旗合个影”等主题教育实践活动，经常邀请道德模范、抗战老兵、心理专家、法制辅导员进行专题讲座，形成高品位的校园文化生活，进一步激发、传承和弘扬爱党爱国爱人民的崇高精神，助力学生“扣好人生第一粒扣子”。

二是创设劳动教育基地开展实践活动。为了引导学生热爱劳动，培养勤俭、奋斗、创新、奉献的劳动精神，在校园内开辟了班级劳动教育实践基地，各班级成立护绿小分队，对校园内的花草树木定期进行浇灌、除草、修剪等护理活动。还开展“劳动最光荣”“我和爸妈互换空间”“垃圾分类”等主题亲子劳动教育实践活动。三是组建志愿服务分队开展实践活动。学校各班级都活跃着一支甚至多支学雷锋小分队，他们的爱心身影活跃在社会的每一个角落。平均每年开展各类学雷锋活动30多次，累计捐款捐物达10万元。通过体验实践，学生的自主、自律意识和能力得到提升，爱心和奉献精神得到彰显，学生个人和团体多次被评为“学雷锋先进个人”“学雷锋先进团体”，事迹多次被媒体报道。

三、重共建，促共享，让德育文化成为校园新名片

育英学校历来奉行“在共享中成就更好的自己”的办学理念，着力构建全方位多元化的共建共享的德育格局。一是共建共享校园特色景观文化。在充分汲取家长、学生、教师和专家智慧的基础上，结合学校历史文化，对学校环境进行了全面绿化美化，合理布局了名人雕像、威武战马、百年香樟等别致新颖、错落有致、优美和谐的人文景观，提升了学校文化品位，更让师生在潜移

默化中受教育、提素质、树底气、长文化，凸显了文化育人的教育理念。二是共建共享“三位一体”治理体系。通过家长学校、家长会、家长开放日、致家长一封信等途径，主动与家长在学习习惯、行为习惯、安全教育、社会实践活动等方面沟通交流；学校与周边单位建立了互动联系，建立校外德育基地；与街道、社区、公安机关积极联系，加强对校园周边环境的治理，优化了教育环境，形成了家庭、学校、社会三位一体的良好教育网络，促进学生品德教育及行为规范。三是共建共享优质网络课程。学校充分发挥全国现代教育技术实验学校的示范引领优势和名校名师的辐射带动作用，主动承担为乡村教育服务的重任，通过校园电视台开展网络育人活动，将学校优质思政教育资源通过平台推送至新晃芙蓉实验学校、宁乡、浏阳等9所农村远端课堂。学校郭晓芳老师担任全省网络思政大课堂“我是接班人”总班主任，2020年2月以来持续推出“在战‘疫’中成长”系列课程，全省1000余万学生同步参与学习，被誉为最红“网课”。

总之，学校德育工作是一项系统的、长期的、艰巨的工程，需要在实践中不断完善、不断提高。下阶段，育英学校将以习近平新时代中国特色社会主义思想为指引，顺应新时代、新要求，进一步加强德育工作建设，继续用心打造新时代高品位的文明校园，为培养德智体美劳全面发展的社会主义建设者和接班人而不懈努力奋斗！

（此文为全国文明校园交流材料）

共享无边界智慧校园

一、智慧教具助力课堂教学

育英学校配备智慧黑板和智慧课桌，教师只需轻点屏幕，就能将相应的教学内容以图文并茂、声像结合的多媒体形式呈现在学生面前，并能将其同步推送到学生课桌的屏幕上，与学生进行互动。智慧黑板内置丰富的学科工具及教学资源，老师可以利用智慧黑板进行板书、PPT演示和纸质资料视频展示等，也可以进行互动教学，如发起互动性课堂测验、布置作业等。智慧黑板还能进行错题分析，并根据学生的答题情况生成不同的测试题目，实现因材施教。同时，又能增强教学体验和教学效果，提升学生的积极性和互动性。

智慧课桌内置的智能学习终端，包含海量学习资源，具备单元测验、考试、笔记本、错题本等多种功能。屏幕采用哑光防眩技术，保护学生视力。

二、智慧校牌方便日常管理

育英学校的智慧校牌具有“每日一读”功能，让孩子们在家里也能练习口语。校牌所连接的资源题库内置各类学习资源，如《小学生必背古诗75首》等。教师只需花10秒钟布置作业，就能让学生完成每天的朗读任务。学生将朗读音频上传到校牌空间中，方便教师进行检查，保证学习质量。校牌真正成为师生的好帮手。

同时，老师可以将作业布置结果一键推送至校牌中，方便每位家长和学生及时查收。此外，校牌还能实现身份识别、刷卡消费、安全定位、亲情通话、课堂答题等多种功能，不仅能帮助学生进行课堂互动，还全面保障了学生与家长之间的及时联系与沟通。目前，智慧校牌已在育英学校广泛使用，大大方便了学生的日常管理，也得到了孩子们的喜爱。

三、智慧网络丰富校园生活

除智慧教室外，学校还进行了全面的校园网络改造，搭建安全可靠的高速校园网，方便智慧教室终端设备的使用，同时也方便通过监控系统对全校各个重点安全管理区域进行监测与管理。

通过直播录播教室，学校可以直播、共享校本课程，在分享教育资源的同时，也让本校学生能够享受到其他学校的优质课程。比如本校教师在直播教室上课时，其他学校的学生也可通过直播教室同步观看，家长和教师则可通过直播链接在手机终端观看。教师还可以将课堂录制下来，上传至相应的网络平台进行资源共享。

此外，学校还配备了智能化的音乐室、美术室、形体室、实验室、中美教室、创客教室、多功能厅、计算机教室及校园广播系统，让学生的校园生活更加智能便捷。

四、教育资源开放共享

学校搭建了教育管理、教育资源公共服务平台和大数据平台，对智能终端设备上的数据进行采集分析，并实现教育资源的开放共享。

通过教育管理平台的大数据分析，学校可以清晰地了解教务管理情况、教学质量评估、学生学习表现、学生画像等全方位信息，方便校园管理和课堂教学。比如系统可以采集学生作业完成和反馈情况、课堂测验成绩、考试成绩、课堂表现等数据，进而分析学生在各个时间段的学习效率、知识的强项与弱项，帮助学生对症下药。

在智慧校园建设过程中，育英学校主张教育资源的开放共享。学校汇聚本校、家庭、社区、高校等各方力量开发课程资源，并通过教育资源公共服务平台实现共享。

如今，育英学校智慧校园建设的成果已惠及全校每一位师生和家长，学校以开放先进、特色鲜明的办学理念，现代智能、质量领先的课堂教学，为未来学校的建设提供了成功的范本和启示。

［此文发表于《湖南教育》（A版）2020年第1期］

以共享教育推动学校发展

新思想引领新时代，新时代应有新作为。习近平总书记在十九大报告中提出，要推动城乡义务教育一体化发展，高度重视农村义务教育事业，努力让每个孩子都能享有公平而有质量的教育。育英学校作为长沙市芙蓉区一所名校，用共享思维，努力办一所没有围墙的学校。

一、缘起

湖南永州宁远琵琶岗村，一间教室、一位老师、几张桌椅、十几个孩子，组成村里唯一的学校。学校里唯一的王海波老师，既教一年级也教二年级，既教语文也教数学。教书20多年，他靠的只是一本书、一支粉笔、一张嘴，教教语文、数学还可以，其他课就没有办法教了。

2017年6月，王老师第一次乘高铁、坐地铁，走进了育英学校。育英学校的老师们给王老师释疑解惑，和他一起探讨教学方法，语文骨干教师李毅还上了“端午粽”双师展示课，这让王老师大开了眼界。于是，王老师萌生了一个强烈的想法：育英学校的名师这么多，线上课程资源如此丰富，育英名师课堂可不可以天天都能送到琵琶岗村的教室里，让山里的孩子也能一睹为快，让山里的孩子也能感受到大山以外的世界和课堂呢?

二、思考

育英学校作为芙蓉区一所名校，一直在支援薄弱学校的道路上积极行动。2017年年初，学校启动了网络联校行动，每周定期通过网络直播，给浏阳、宁乡山区的孩子们开设美术课、英语课，以改善乡村学校学科教师资源严重不足的问题。每年暑期，学校精心选派优秀教师到怀化溆浦县北斗溪乡中心小学支教一年，开展教育扶贫。琵琶岗村的教学问题、王海波老师的迫切需求，再度引起了育英人的思考。育英学校优秀教师录制的“名师同步课堂”等网上课程，能不能通过新技术的运用，通过湖南IPTV电视的传送，让乡村的留守儿童足不出户，在同一片蓝天下共享教育的美好呢？如何让长沙省会城市与这些乡村学校更好地共建联络，共享资源，促进城乡教育均衡发展呢？

三、行动

每天，琵琶岗村的王海波老师会守在电视机前，提前打开联通网络的IPTV电视台的教育频道，进入到育英名师课堂栏目。这方天地里，录制的是育英党员教师谭湖燕的数学课堂、袁美娜的语文课堂，还有李毅、孙健敏、郭晓芳等老师的语文、数学、美术课堂。王老师就利用一个小小的机顶盒、一根网线、一台电视机，引导学生们走进不一样的课堂。育英名师在电视那头上课，王老师在教室这头上课，线上线下两位老师共享资源，同步授课，双师课堂的魔力，让琵琶岗村的这间小小教室里有了更多的欢声笑语，有了更多有意思的课堂。

每周三、周五，育英党员教师、美术组邓军老师和英语组刘婷婷老师都会准时守候在学校网络联校直播教室间里，通过网络授课，将自己精心准备的美术课、英语课呈现在宁乡白沙小学、山林小学、苏家小学三校共同学习现场。在他们的带动下，美术组郭晓芳老师，英语组周迎迎老师、黄喜老师也加入到授课队伍的行列，为山区的孩子们带去一个个精彩的课例、一次次精彩的授课、一天天与日俱增的情谊与感动。

2017年8月，语文骨干教师、党员教师陈琳来到北斗溪乡中心小学支教。一方面，她积极开展双师课堂教学，尝试利用育英名师网络课程给孩子们上课，以丰富课堂学习的内容与形式。当孩子们看到电视里还有另一位不认识的老师也在给自己上课，都被这种新颖的教学方式深深地吸引，学习兴趣也大增。另一方面，她想，除了用心上好语文课外，还能给山村的孩子们留下些什么？为了让孩子们爱上阅读，她积极筹建爱心图书馆，在她的爱心发动和倡议下，育英学校1205班的家长们积极响应，不到半个月的时间，十几个包裹从长沙发出，家长们的爱心送达到学校，募得爱心书籍三百余册。这是她送给孩子们的最好礼物，让他们养成良好的阅读习惯，也为他们注入一份改变命运的力量。

2017年12月，双师数学课堂也来到了北斗溪乡中心小学。电视里的育英名师谭湖燕老师给孩子们上讲解课，数学骨干教师、党员史唯老师现场给孩子们授课，两位优秀数学教师设计精巧，构思精妙，线上线下珠联璧合，“奇妙的珠子”一课上得格外引人入胜，孩子们无比兴奋，都深深地沉浸在美妙的数学王国里。

2018年8月，党员教师、英语骨干教师刘婷婷老师、语文吴建纯老师也来到溆浦，开启一年的支教生活……

四、成效

育英学校用共享思维打造一所没有围墙的学校。学校践行共享理念，推出的“双师共享课堂”和“联校直播课堂”，将育英学校的优质教育资源输送到山区薄弱学校。线上名师与线下教师共同授课，实现课程资源共享、课堂教学共生、精准帮扶共建，充分发挥了育英名校名师的辐射示范作用，为乡村教师送去新的教学理念、新的教学模式，为乡村孩子们送去一个又一个不一样的课堂，为乡村教育送去一缕又一缕温暖和关怀。目前，育英学校已开发名师线上语文、数学、英语、美术等学科课程300多节，与怀化溆浦、永州宁远、益阳安化、浏阳、宁乡等地开展了“双师共享课堂”“联校直播课堂”教育帮扶活动近千次。

党的十九大报告指出：提高保障和改善民生水平，加强和创新社会治理，要打造共建共治共享的社会治理格局。在移动互联、人工智能、共享经济、共享教育等一个又一个新事物扑面而来的新时代里，芙蓉育英人不忘初心、牢记使命、创新前行，在共享共建中努力办出一所没有围墙的好学校。

从“尚美”到“共享”的探索历程

——漫谈学校核心价值理念的提炼

何为一所学校的核心价值理念？我认为核心价值理念是学校特色发展体系的灵魂，是学校发展愿景蓝图，是创制学校特色发展的独特路径，它既有利于促进学校教育优质发展，也有利于建构师生共同价值取向的美好教育生活。我们今天作为研究教育论文写作的培训班，学会提炼学校的核心价值理念，而且能把这种核心价值理念植入到所有有关学校的文章当中，让学校的有关文章有力量、有认同，从而汇聚师生、家长各方力量共谋学校发展，可以起到了牵一发而动全身的引擎作用。

本人经历两所学校的校长，这两所学校不管是办学历史、师资力量，还是学生结构都迥然不同，我想从我经历的这两所学校，粗浅地谈谈学校核心价值理念的提炼，有不当之处，敬请批评指正。

一、学校核心价值理念的提炼要来源于学校的发展实际

我曾经担任两所学校的校长，下面以这两所学校为例来谈一谈

（一）例如：我任校长的第一所小学——大同古汉城小学

这所“大同”品牌下的扩展学校。学校开办三年多来，秉承“为孩子的终生发展奠基”的办学理念和精细化的管理模式，以“尚美教育”为学校办学思路的统领，以制度建设和规范管理为基础，以促进师资队伍建设和养成学生良好行为习惯为新学校起步腾飞的“双翼”，突出网球办学特色，狠抓常规管理，受到社会各界的广泛好评。

1. 这所学校的主要优势

（1）品牌引领。学校依托“大同”优质品牌，这是芙蓉区教育局实施优势带动战略，成功在芙蓉区创办了二小模式之后的又一种联建模式。新学校秉承大同小学的办学理念和精细化的管理模式，在管理机制上，和大同小学推行“五统一，一共享”，即统一办学理念、统一管理模式、统一资源配置、统一研训平台、统一考核评估、共享发展成果。

（2）设施先进。走廊和楼梯铺设塑胶，综合楼配备电梯，所有教室配备了计算机、触摸电视、实物投影、直饮水等，各功能室一应俱全，还建有标准网球场，是当时芙蓉区信息化、自动化程度最高的学校之一，为广大师生提供了优越的工作、学习、生活环境。

（3）发展空间。新建学校与生俱来的优势就是学校发展的新起点、高站位。在学校发展定位上有选择权，在学校文化构建上具有更自由的内涵丰富的和形象描画的发展空间，通过继承（借鉴）“大同”品牌，创新建构学校自身的风格和特色。

（4）队伍年轻。学校教师队伍平均年龄28岁，他们思想活跃、知识新颖、精力充沛、引领时尚、对新事物有较强的敏感度和接受力，学历水平和整体素质较高，人际关系和谐，进取心、积极性不断增强。

2. 存在的问题

（1）学校文化积淀不够。新建学校文化积淀不足，没有历史底蕴，虽然可以传承“大同”品牌的部分文化元素，但如何因校制宜提炼学校的文化发展内涵，形成自己独特的学校文化存在一定的困难。虽然学校各方面工作都有了管理制度，各部门人员能各司其职、各负其责，但是，办好一所学校归根到底是要进行学校的文化建设和积累。这所新建学校管理机制需要实现由制度管理向文化管理的转移。

（2）教师队伍有待提升。学校教师队伍呈年轻化，他们的教学经验不足，无论是教学理念、教学方法，还是教学手段，与老教师还是有一定的距离。学校仅有2名区级骨干教师，市级骨干教师、区级及以上名师都属空白。

（3）家校合作有待加强。学校学区范围主要以新建高档楼盘以及原马王堆乡新桥村、火炬村为主，新楼盘学生家长以经商为主业，两村村民以出租安置房为主业，他们共同的特点是家庭情况相对富裕，对教育舍得投入，但因为文化层次不高、相对工作较忙，缺乏正确的教子观念和科学的教育方法，学校教育与家庭教育合作中存在问题。

基于一所新学校，需要大展宏图，年轻貌美的老师队伍以及亟待提高的家长素质（为什么这么说呢？学校成立之初，每天穿睡衣送学生的家长比比皆是），于是，我提出了“尚美教育”的核心价值理念。希望把学校建设成为全体师生认同“尚美教育”理念的品牌学校。

何谓尚美呢？“美”蕴含着心灵美、语言美、行为美、环境美等丰富的内容；它既是外在的、物质的，也是内在的、精神的。“尚美”不仅是人的天性，更是一种高尚的人生境界，“尚美”不仅是学校的环境文化追求，更是办学文化的价值追求。

（二）再例：我任校长的第二所小学——育英小学

我任校长的第二所小学育英小学创建于1950年10月，原系湖南省军区干部子弟学校，至今为止学校有着70多年的办学历史。创建之初，学校从军队中抽调教师、生活服务人员组成教师队伍，教职工发扬军人不怕苦、不怕困难的作风，把青春和热血都献给了教育事业。一代代校长遵循教育规律，关注每一个孩子，充分体现“培养学生健全人格”的先进办学理念，一代代师生爱校如家，集体荣誉感很强，育英情结很浓，“百年香樟”“威武战马”成为校园文化的重要标志，逐步形成了“自主自律，在共享中成就更好的自己”的文化价值观，为学校发展奠定了坚实的基础。

1. 这所学校的主要优势

（1）师资队伍实力彰显。依托区“三名工程”建设，有芙蓉区“周方苗小学名校长工作室”“邓仕秀小学数学名师工作室”“郭晓芳小学美术名师工作室”在我校成立，区级首席工作室数量是全区最多学校之一。学校“莫永辉名班主任工作室”“王娟小学体育名师工作室”相继成立，学校有市级首席名校长，市级英语名师、市级卓越教师等4名，区级卓越教师等5名，构建了多层级、多学科的名师阵容，学校有一批芙蓉教育的卓越领航人才，这些卓越教师具有一定的社会影响力和行业话语权。

（2）素质培养成绩斐然。一是诗化教育硕果累累，学生卿熙容获全国第二届“青春国学荟”国学达人挑战赛小学组亚军，长沙市“青春诗词大会”冠军，并与秦敢、陈佳宜三名学生入选第二季《中国诗词大会》百人团，与董卿对话，展示了育英学子扎实的诗词积淀功底。二是体艺教育特色鲜明，学校以“一球两文三节”为抓手，提升学校的办学品质，形成浓厚的学科特色（作文、英文、科技创新）、雄厚的体育特色（篮球、田径、游泳）以及鲜明的艺术特色（国乐团、合唱团、艺术表演）。学校阳光体育大课间展示活动，连续3年代表芙蓉区获得长沙市一等奖的好成绩。学校合唱艺术一直得到社会高度赞誉，多次在省、市、区各类比赛中荣获佳绩。育英篮球队参加中国小篮球联赛、长沙市小学生篮球比赛、芙蓉区小学生篮球比赛多次获得冠亚军的好成绩。

（3）教育中心地位凸显。育英学校作为窗口优质学校，多次迎接国家教育部，省市区多级领导专家的调研、考察，多次承担国家、省市各级的教育交流活动、会议等，学校区级卓越教师李毅、区数学首席名师邓仕秀、省级赛课一等奖获得者周三艳、全国英语教学竞赛一等奖获得者欧阳丹熙等语数外学科教师登台献技，展示了学校师生，扩大了影响，到育英听课、学习成为全市乃至全省学科教师的共同心愿。

基于这些思考，我们提出了“共享教育”的核心价值理念，“成就别人即成就自己”成为育英学校发展的响亮口号，以共同分享来调动名老教师的工作积极性，突破发展瓶颈。

从这两所学校的核心价值理念提炼我们不难看出，它一定是基于学校的客观实际，为根植于师生的心中打下了坚实的基础。

二、学校核心价值理念的提炼要成为师生的价值认同

学校的核心价值理念提炼以后，接下来就要深植于学校所有成员内心的精神诉求，必须成为学校的主线和主旋律，成为学校这个组织共同的信仰和理想。必须得到这个组织里师生一致认同和肯定，内化为师生的一种行动，且为这个共同的价值和目标无怨无悔地奋斗！

（一）定义“尚美教育”

尚美教育就是要引导全体师生崇尚美、追求美，科学认识美的内涵和价值（师生对美的认同感），教师要把最美的思想传给学生，学生要成为美的践行

者，让环境美（校园美）、人文美（师生美）、外表美、内在美的风貌溢满校园，引导师生说最美的语言，知最美的行为，为有最美的人生奠基。

（二）诠释“共享教育”

教育即共享，教育的过程即共享的过程，没有共享就没有中华灿烂文化的流传。简单点说就是共同分享，共同进步，要让核心价值理念成为师生的价值认同，就要对核心价值理念进行通俗的诠释，要让人产生共鸣，形成共识。

三、学校核心价值理念的提炼要成为学校发展的行动计划

学校核心价值理念的提炼，最终要落实到学校的发展行动当中来，要成为师生的校园生活样式。

（一）大同古汉城是通过“四美”建设来进行落实

1. 尚美校园

提炼学校精神，完善校园环境建设，使校园美丽、精致、高雅，做到净化、绿化、美化，实现环境育人。按照现代化教育要求，高标准添置校园设施设备，构建数字化校园，有计划地、有实效地开展好“与共”家长学校，达到“家校合一”的效果。

2. 尚美课程

完善学校课程体系，在高质量完成国家课程的基础上，开设满足学生全面而有个性发展的社团课程，整合社会资源，创造条件开展丰富多彩的实践型课程，形成以网球为特色的校本课程，编写网球（通用版）校本教材1—3级，提升网球后备人才培养基地的影响力。

3. 尚美教师

有计划地落实青年教师和骨干教师的培养工作；加大送培力度、加强校本研修，教师的师德修养、教学能力得到有效提升。

4. 尚美学生

促进学生良好习惯的养成，加强学生审美情感教育，陶冶美好心灵；进一步实施社会实践教育，培养学生创新精神和实践能力、可持续发展能力，为学生的终生发展奠基。培养学生在公共场所内的责任感，使学生具有“文明有礼、求真尚美”的品质。

我们还通过传送“尚美文”这样的方式来宣传“尚美教育”：

尚美自我开始
我们在这里
这里是美的所在

这里的孩子崇尚美
纯洁的心灵
端庄的仪态
优美的言行
每天都在蓄积尚美的能量

这里的老师追求美
生动的课堂
多彩的活动
典雅的示范
每天都在树立尚美的形象

这里的校园绽放美
各具特色的功能室
别具一格的网球场
书香四溢的图书馆
每天都在展现尚美的磁场

这里是个大舞台，有你有我才精彩！
尚美自我开始
我们在美中生，在美中长，在美中飞扬！

（二）育英学校通过“六六行动计划”来落实

育英学校的“六六行动计划”六个方面，每个方面六个内容，称之为“六六行动计划”。其中，关于课堂变革的方面，我们列举了课堂变革的六种形态：双师课堂（巧借资源为我所用），双栖课堂（角色转换），双生课堂（走班选课），双屏课堂（个性化教学），双科课堂（项目化学习），双主课堂（学生自主、教师主导）。

在推进高度共享校园的过程中，我们从文化建设入手，以“自主、自律，在共享中成就更好的自己”为办学理念。我们将共享的核心立足于成人成己的全面发展上，使每一个师生在共同分享中体验生命的自由与幸福。

“成就更好的自己”，是建设高度共享校园的基础上实现的办学目标，依据“育英”办学传承，我们整体规划了学校培养目标及课程体系，形成了具有育英特色的课程谱系。

我们还谱写了《共享之歌》。

快乐飞翔

——共享教育之歌

没有围墙
没有阻挡
这是自由舒展的地方
这是播种希望的地方
无论我们来自何方
总有同一个梦想
自主自律向上向善
啊你为我们插上
插上金色的翅膀
向着幸福远方
一起快乐飞翔

没有孤单

没有彷徨

这是成人成己的地方

这是共生共长的地方

无论我们奔向何方

总有同一份担当

中华复兴挺起胸膛

啊你为我们注入

注入永恒的力量

迎着智慧之光

一起快乐飞翔

以上是我任两所学校校长关于学校核心价值观理念提炼的探索与实践，还很不成熟，期待大家批评指正。

［此文在《湖南教育》（D版）编辑部第二届教育研究论文写作培训活动中交流］

教育信息化何以革新教育

教育信息化何以革新教育？不了解的家长也许会说“教育信息化有这么重要吗，不就是玩玩电脑、打打游戏吗？”我要表达的观点是：教育领域的“玩电脑”，并非“打游戏”，而是通过教育信息化来实现教育现代化，教育信息化将成为新时代孩子成长的全新起跑线。

各位家长也许都有这样的体会：每天学生都早早地来到学校，和其他几十个同学一起坐在教室里，面对着同样的老师，听他滔滔不绝地讲解40分钟，然后休息10分钟后再换一个老师，换一个课程，或者是换一个话题，继续！接着来。这样每天6到8节课，所有的孩子几乎读着同样的课本，解答同样的习题，背诵同样的诗文。孩子们每天都被严格的课程表约束，几乎没有自己可以随意安排的时间。不管喜不喜欢的学科，都得按照老师的节奏和方式来学习。回到家里还得做千篇一律的习题，无论这些习题对自己有没有帮助，有没有提高。更悲哀的是，各种考试还连绵不绝，孩子似乎每天都活在焦虑和阴影中，因为每次考试的成绩似乎都会成为一个贴在脑门上的标签。相信大家都是从这样的教育模式下培养出来的。这样的教学模式在我国已经存在了很长的时间，在此教育模式下一代又一代的孩子长大成人、进入社会。但是在这个模式下的每个人似乎都不怎么快乐。

我们再来看看老师，老师这个职业真的很辛苦，备课、讲课、批改作业、解答学生的疑问、和有困难的学生交流、和家长沟通等等，一个老师通常要带几十甚至几百个学生，照顾到每个人是不可能的，要满足每一个学生的需求更是一件不可思议的事情。

那我们说，做家长的是不是相对轻松一些呢？这个取决于家长自己。你可以把孩子交给学校就不管了，也可以每天陪着孩子做作业，每周给老师打打电话询问情况，从老师的只言片语中获得孩子在校的大概情况，然后呢，周末陪孩子去上各种补习班，不管孩子是否掌握了知识，是不是需要补习，也不管孩子是否有兴趣和爱好，反正不能输在起跑线上嘛。我们的家长大多数大概都如此，辛苦程度可以说是苦不堪言。

那我们不禁在想，孩子们学得不快乐，老师似乎也教得非常辛苦，家长更是焦灼和不安，是什么原因让我们大家都觉得这种传统的教学模式既无趣又低效。我们试着来找找原因：

首先我觉得我们的课堂过于强调知识而忽视实践、体验，说教的成分很多，学生体验感很弱，提不起学生的学习兴趣。比如说教科学，传统的做法是老师先讲理论，再看着老师做个实验来验证，试想我们若是让孩子先做实验，再在老师的指导下归纳结论，哪种方式更受学生欢迎呢？结果不得而知。

再者就是我们现在的传统大班上课，采取统一的“一刀切”的传统教学模式，在这种“一刀切”的模式下，学习困难的学生没有得到及时的帮助、优秀的学生又缺乏挑战、有特长的学生的个性发展又受到了限制，所以说，老师讲课和学生学习的效率都非常低。

还有就是我们发现，学生普遍对知识的学习动力明显不足，探究的欲望不强，没有获得知识的快乐感和成就感，只知道要学，却不知道为什么要学；最为宝贵的好奇心常常被轻易打压直至丧失。目前，我们对学生的学习情况的精准掌握程度和后续跟踪的水平也非常低，对学生的考核考察仅限于片面、局部和当下，无法整体和长远。当然，还有诸多的原因，我们大家都可以尝试着去反思。

这种低效的模式迫切需要革新，随着互联网、大数据和人工智能的飞速发展，教育信息化的概念被提出来。什么是教育信息化，是指在教育领域（包括教育管理、教育教学和教育科研等方面）全面深入地运用现代信息技术来促进教育改革与发展的过程。技术的特点是数字化、网络化、智能化和多媒体化，基本的特征就是开放、共享、交互、协作。以教育信息化促进教育现代化，用信息技术改变传统模式。教育信息化模式下的学习不再千篇一律，课堂教学不再呆板，通过信息技术的助力，使课堂教学质量和效率明显提升。以我所在的长沙市芙蓉区育英学校为例，我们在2019年就实现了所有教室都升级为信息化教室，每间教室都配备了一体机，每个学生都配备了平板电脑，使信息化的教学应用覆盖到每个师生，为师生构筑了全新的教育信息化校园新体验。

那么，我们的教育信息化产品进入校园以后，我们主要做了什么？我给各位列举几个教育信息化的应用场景：

比如老师，他们上课通过一体机、平板电脑等教学工具将教学内容以图文、动画等形式展现出来，课堂呈现的内容和形式丰富多元，让学生能更直观地理解和掌握。通过投屏技术，老师不再受讲台束缚，可以走近学生，及时了解学生，与学生零距离地沟通，课堂的互动性非常强，课堂气氛十分活跃。在传统课堂中，教师很难在短时间内掌握每位学生课堂练习的答题情况，通常采用抽取个别同学学习情况来大概了解或者推断整班情况，造成对学习情况了解不够精准、全面。而在教育信息化背景下的课堂，老师通过课堂练习评测系统，精准地知道学生完成情况、每道题的正确率、每位学生的错题是什么，系统还能通过答题情况为不同的学生推送不同难度层级的练习和微课，这种智能的差异化服务，不仅为学生提供更多的个性化学习机会，也为提升课堂教学质量与效率注入了新的动力。

在疫情防控期间，全国上下停课不停学，学生缺席校园课堂，落下的课程该如何补上？我们的老师使用直录播系统一类的信息化工具进行课堂同步录制，然后将视频及教学板书推送至云端或学生，学生在家通过电脑自学便能了解课堂所讲的知识点，让学习不再受时间、空间的影响。

家校协同共同育人是我们一直追求的目标，在传统的教育中，由于各种条件限制，信息经常不对称，常常需要家长或老师相互间主动联系，老师才能知道学生在家情况，家长才能知道学生在校情况，还由于学科和学生数量较多，家长和老师都很难及时、准确、有效地了解每个学科、每位孩子的情况。有了完善的信息化家校联系平台以后，家长可以通过这个平台，孩子在各个学科的课堂中答题情况、知识点掌握情况、主动回答次数、德育表现、是否离校、学校最新通知等都可以实时地自动推送给家长，孩子还未到家，家长就可对学生在校情况一目了然；老师也可以通过平台及早地掌握学生在家的作业、劳动实践、体育锻炼等情况，让家校沟通变得更加精准、及时而且全面。这个平台还可以将学生的表现、教师的评语、学科成绩、个性特长等多方面信息记录下来自动汇总，形成综合素质报告单，定时推送至家长手中，让家长更加清楚孩子的成长经历、发展轨迹，也为老师提供精准的学情分析，从而调整教育教学的方式。

校园安全也是牵挂每一位老师和家长的，在学校门口安装有虚拟安全屏障，采用人脸识别摄像头，并与公安系统大数据对接，凡对进入学校重点区域的危险人员自动识别并重点监控，还会第一时间自动发送预警到派出所和周边警察，可谓是一夫当关万夫莫开，校园安全得以确保。我们的上级教育部门也采用智能网络监控系统，实时地、无缝地与学校监控互联互通，实现对所有学校的校园情况集中监控，这些信息化技术手段都有效地确保了校园安全，让孩子们在这种安全的环境中健康成长。

甚至像我们这样的城市老牌学校，还可以用共享思维，依托信息技术手段，将学校的名师名资源通过互联网等多种渠道推送至边远山区，实现城乡优质教育资源一体化，让孩子们共享同一片“知识蓝天”，“千里共名师”不再是梦想，教育公平、均衡等社会难题迎刃而解。

各位家长，信息技术给教育带来的新发展、新机遇，打破了一支粉笔一块黑板的传统教学模式。随着大数据、人工智能等技术的成熟，教育将在新技术环境支持下发生更多的变革，让每个学生都有机会享受到教育变革所带来的改革红利，最终实现教育与技术的深度融合。

（此文在湖南省教育厅、芒果TV主办《校长说》栏目进行分享）

校长工作室培训感悟

为解决疫情下学生学习的难题实现“停课不停学”，各地各校紧锣密鼓开展网络教学，其中用好小视频，做好微课，在“停课不停学”的网络教学中显得意义重大且效果明显。长沙市周方苗校长工作室邀请全国著名微课程专家李玉平老师开展系列讲座，本次培训，立足于“小”，旨在通过关注小现象、开发小策略、积累小故事来提高老师们的课程开发能力，以及教育信息化水平。

一、始于见微知著，达于以微制著

第一天培训，李玉平老师一口气讲了1小时，讲者和听者都意犹未尽。李老师的课通俗易懂，大量的鲜活的案例，讲的都是我们自己的故事，极具现场感，立足于“小”，研究却很深，小故事大道理，小策略大理念，这难道就是传说中名师成长的“秘笈”？

（一）有一种实用叫作“拿来你就可以用”

老师从来不缺讲座，各类培训多如牛毛，但我们似乎总有这样的感觉“听讲座时雄心壮志，回去以后一筹莫展，迅速打回原形”，究其原因往往是缺乏实践性，不具备操作性，实用价值低。教书育人是一门实践科学，一线教师呼唤实践操作性的培训。李玉平老师是实践型的专家，他从“内蒙古城市图腾”“老师的100个游戏”“写作文”三个故事讲起，诠释了微课程的教育力量，结合长沙地域特色讲解“长沙名胜”、写人习作“班级英雄谱”等微课程的构造，列举了“会批注——玩学习”这种叹为观止的语文学习微课程，整理了“我是小作家”“亲情图谱”“抗疫名人”“谜语”等200多套微课程开发栏目，使人脑洞大开，“原来课程可以这么来开发”，“我也可以这么做！”

（二）有一种快乐叫作“把工作当作创作”

把工作当作创作是一种境界，如果每一位老师都把手上的工作当成一种创作，那么他将是快乐的，职业倦怠也将消失得无影无踪，这是李玉平老师给我的启示。李玉平老师把单纯的“习作学习”延伸成“创作成书”，我想在这个过程中，孩子们是快乐的，看得见成果的学习是让人兴奋的，让无形的学习变得有形，让学习的成效可视化。李老师设计的每一种学习都是项目式的，综合式的，在这个过程中，孩子们像工程师一样，一点一滴地搭建自己的学习过程，学习不再是缥缈的，是在一种不断自我欣赏和快乐创作中完成的。

（三）有一种课程叫作“师生共生的过程”

李玉平老师的微课程观刷新了我们对课程的认识，微课程的创作过程，老师是主导者，但更多的建设主体却是学生，师生在彼此教与学的成全中，完成了课程的构建。杜威曾经说过：只有在教育中，知识主要是指一堆远离行动的信息，而农民、水手、商人、医生、实验室研究人员的生活中，知识却从来不会远离行动。李老师的微课程建设需要师生的共同参与，是一种基于行动的知识学习，课程不再是“知识权威”的先行存在，而是学习行动后的成果。

二、拥抱直播时代

今天，李玉平老师介绍了直播的九个技术。在这次疫情期间，为保证“停课不停学”的效果，线上教育发挥了巨大的作用，其中，具备良好的互动功能的直播课堂，深受欢迎。

人人都可以是主播人，这就是这个时代的特征。目前直播的平台很多，互联网无处不在，为直播造就了便捷的环境支持。然而，作为老师，我们习惯了面对面的常规课堂，而直播课堂使得常规教室变成了虚拟的网络空间，没有了传统课堂的现场感、把控感，在这次疫情的催生下，很多老师面对直播课堂措手不及，望而生怯。因此老师们亟待深入理解直播课堂，发现其中的规律、掌握运用的方法。李玉平老师建议我们“出一次镜”“露一次脸”“播一次课”，我想这是需要勇气的，这是我们拥抱这个时代的一次尝试。“光说不练假把式”，直播是一种能力，直播课堂更需要研究。

三、萃取经验是个技术活儿

今天是李玉平老师系列讲座的第四天，李老师分享了一个案例。《让每个学生学会思考》——厦门的卢秋萍老师在学习数学课《秒的认识》时，让学生这样分析问题："在学生分析错误时，先请学生解释答案，意识到错误后，再让他复述错误的原因，讲述正确答案，最后总结注意点。"

老师在处理"分析错误"时走了四步：第一步请学生解释答案；第二步意识到错误以后复述原因；第三步讲述正确答案；第四步总结出注意点。将"四个步骤"进行梳理，形成经验，提炼方法，萃取成学习小方法——"错误分析四步法"。

"错误分析四步法"不是结束，而是卢秋萍老师研究的开始，顺着"错误分析四步法"的思路，接着整理"整体理解四步法""同伴三层追问法""批注五种方法"……于是一套"思维的策略"便形成了——这便是一套深度学习的认知"模型"。

由此，我们得到了如下启示：

（一）勇于实践创新是教师成长法宝

做教师，身教远远重于言教。上好每一堂课、教好每一个知识点是教师的基本任务，而勇于实践、敢于创新，是完成好这个基本任务的前提。千教万教，哪种方法最有效，最符合自己工作的实际情境，需要不断的尝试和创新。"一碗酸辣汤，耳闻口讲的，总不如亲自呷一口的"，我们学习和研修了很多的先进教育理念和实践经验，多思、敢想、实做，逐步把学习到的知识内化为自己的实际教学行为，这才达到了教师研修的实际效果。

（二）善于萃取经验是名师长成之道

名师之所以为名师，是因为他们都有自己鲜明的教学风格，如何形成自己的教学风格？善于发现、思考、总结，形成自己的经验是方法之一。上述案例中，卢老师就是一个善于积攒经验的老师，她在学生分析问题时，总结经验，提炼方法，形成"错误分析四步法"。然而，很多的时候，我们很容易只问耕耘，不问收获，不注意积累，不注重反思，年复一年，无意于创新、无意于积攒属于自己的教学经验，充其量我们只是教书匠。

参考文献

[1] 付卫东，王继新，左明章. 以信息化助推农村教学点发展的成效、问题及对策[J]. 华中师范大学学报（人文社会科学版），2016（5）：188.

[2] 王继新，施枫，吴秀圆. “互联网+”教学点：新城镇化进程中的义务教育均衡发展实践[J]. 中国电化教育，2016（1）：86-94.

[3] 赵建华，徐旭辉，彭红光，等. 以信息化促进城乡学校协同发展的案例研究[J]. 电化教育研究，2010（11）：10-18.

[4] 熊才平，孙娟，杨九民. “4+2”免费师范生异地教学新途径——“多终端同步视频互动”网络教学模式研究[J]. 开放教育研究，2011（2）：101-104.

[5] 黄涛，田俊，吴璐璐. 信息技术助力农村教学点课堂教学结构创新与均衡发展实践[J]. 电化教育研究，2018（5）：47-52.

[6] 杨俊锋，崔丽霞，吴滕，等. 混合同步网络课堂有效性的实证研究[J]. 电化教育研究，2018，39（12）：50-56，77.

[7] 谢舒潇，杨七平，陈毓超，等. 多校区同步翻转课堂教学模式构建与应用[J]. 高教探索，2018（9）：37-43.

[8] 周玉霞，朱云东，刘洁，等. 同步直播课堂解决教育均衡问题的研究[J]. 电化教育研究，2015（3）：52-57.

[9] 汪学均. 视频互动同步课堂教学效果实验研究[J]. 现代教育技术，2017，27（2）：47-53.

[10] 朱万侠，黄红涛，李肖霞. 农村薄弱校教师“同步互动混合课堂”接受度的调查与分析[J]. 电化教育研究，2018，39（6）：67-74，106.

[11] 卢强，左明章，原渊. 基于技术接受模型的农村教师同步课堂采纳与使用影响因素研究［J］. 中国远程教育，2018（7）：61–69，80.

[12] 雷励华，左明章. 面向农村教学点的同步互动混合课堂教学模式研究［J］. 电化教育研究，2015，36（11）：38–43.

[13] 祝智庭，刘名卓. “后MOOC”时期的在线学习新样式［J］. 开放教育研究，2014（3）：36–43.

[14] 陈然，杨成. SPOC混合学习模式设计研究［J］. 中国远程教育，2015（5）：42–47，67.

[15] 柳春艳. SPOC在中小学教育中的应用模式探索：基于ARCS模型视角［J］. 中国电化教育，2015（12）：120–125.

[16] 刘红晶，谭良. SPOC助学群组促进深度学习的策略和方法研究［J］. 电化教育研究，2017（2）：73–81，90.

[17] 贺斌，曹阳. SPOC：基于MOOC的教学流程创新［J］. 中国电化教育，2015（3）：22–29.

[18] 马秀麟，毛荷，王翠霞. 从MOOC到SPOC：两种在线学习模式成效的实证研究［J］. 远程教育杂志，2016（4）：43–51.

[19] 秦波，杨建. 探索课程建设中的SPOC教学模式［J］. 中国大学教学，2021（3）：32–37.

[20] 尹合栋. “后MOOC”时期SPOC教学平台的设计［J］. 江苏开放大学学报，2015（4）：44–50，90.

[21] 吴秀娟，张浩，倪厂清. 基于反思的深度学习：内涵与过程［J］. 电化教育研究，2014（12）：23–28.

[22] 张浩，吴秀娟，王静. 深度学习的目标与评价体系构建［J］. 中国电化教育，2014（7）：51–55.

[23] 曾明星，李桂平，周清平，等. 从MOOC到SPOC：一种深度学习模式建构［J］. 中国电化教育，2015（11）：28–34，53.

[24] 萨尔曼・可汗. 翻转课堂的可汗学院：互联时代的教育革命［M］. 刘婧，译. 杭州：浙江人民出版社，2014.

[25] 周东明. 论积极心理学与幸福的教育［J］. 中国德育，2008（1）：36–41.

[26] 孙启美. 现代教育技术与学习模式：走向信息化［M］. 北京：科学出版社，2010.

[27] 王晨，刘男. 互联网+教育：移动互联网时代的教育大变革［M］. 北京：中国经济出版社，2015.

[28] 云亮，赵龙刚，李馨迟. 智慧教育：互联网+时代的教育大转型［M］. 北京：中国工信出版集团，2016.

[29] 廖安梓. 互联网+背景下小学教师继续教育对策研究［J］. 教育现代化，2018（15）：291–292.

[30] 赵忠良. 对小学教师培训模式相关问题的分析［J］. 黑龙江教育学院学报，2017（11）：34–36.

[31] 姚喜双，韩玉华，聂丹，等. 普通话水平测试概论［M］. 北京：高等教育出版社，2011.

[32] Wiles，Bondi. 课程开发：实践指南（第六版）［M］. 徐学福，陈静，译. 北京：中国轻工业出版社，2007.

[33] 佐藤学. 课程与教师［M］. 钟启泉，译. 北京：教育科学出版社，2003.

[34] 刘利波，魏桂英，马圣霞. 海南省普通话水平测试培训网络化初探［J］. 琼州大学学报，2006，13（6）：59–60.

[35] 国家语言文字工作委员会普通话培训测试中心. 普通话水平测试实施纲要［M］. 北京：商务印书馆，2004.

[36] 汪应乐. 试论南方方言复杂地区普通话培训与测试的关系［J］. 上饶师范学院学报，2003，23（2）：85–87.

[37] 张传曾. 普通话培训测试中的地域性原则［C］//语海新探（第五辑）信息网络时代中日韩语文现代化国际学术研讨会论文集. 香港：香港文化教育出版社，2002.

[38] 宋欣桥. 普通话水平测试员实用手册［M］. 北京：商务印书馆，2020.

[39] 丁钢. 共享教育将引发学习方式变革［J］. 教育发展研究，2017（Z1）：16.

[40] 连玉明. 人类社会从IT时代到DT时代［J］. 商业文化，2016（11）：66–69.

[41] 吕乐. 六年制公费师范生新生心理健康水平分析［J］. 湖南第一师范学院学报，2018（2）：38–40.

[42] 胡春光. 湖南第一师范学院：继承中师传统　创新师培模式［N］. 中国教师报，2017-03-22（14）.

[43] 周方苗，何向阳. 以双师课堂实现优质教师资源共享的实践研究［J］. 中国教育信息化，2020（5）：45-49.

[44] 周方苗. 在共享中成就更好的自己：湖南省长沙市芙蓉区育英学校共享教育的创新与实践［N］. 中国教育报，2018-08-25.

[45] 汪晓凤，陈玲，余胜泉. 基于实践性知识创生的网络教研实证研究［J］. 中国电化教育，2014（10）：16-22.

[46] 张静芬. 语文网络教研探索与实践［D］. 上海：华东师范大学，2008.

[47] 张晓娟，吕立杰. 精准扶贫背景下教学点教师远程培训路径探索：以SPOC引领式培训模式为支持［J］. 中国电化教育，2020（2）：58-66.

[48] 倪俊杰，丁书林. O2O直播课堂教学模式及其实践研究［J］. 中国电化教育，2017（11）：114-118.

[49] 赵磊磊. 校长信息化领导力：概念、生成及培养［J］. 现代远距离教育，2017（3）：19-24.

[50] 张秀红. 政府买单破解三点半难题［J］. 教育，2017（1）：26-28.

[51] 安桂清，任富恒. 学校与社区"教育一体化"研究：以上海市世博家园社区"快乐三点半"项目为例［J］. 中国教育学刊，2015（6）：38-42.

[52] 唐科莉. 欧美如何破解学生托管难题［N］. 中国教育报，2015-07-14.

[53] 纪俊男. 法国：致力于提供人人可负担的课外托管［J］. 上海教育，2016（11）：38-41.

[54] 周红霞. 发达国家小学课后托管政策的比较与借鉴［J］. 外国中小学教育，2016（6）：36-42，39.

[55] 林崇德. 对未来基础教育的几点思考［J］. 课程·教材·教法，2016，36（3）：3-10.

[56] 王楠. 把"阳光"洒向放学后：破解"三点半后去哪儿"难题［J］. 教学与管理：小学版，2014（6）：12-13.

[57] 董成惠. 共享经济：理论与现实［J］. 广东财经大学学报，2016，31（5）：4-15.

[58] 宋欣园，李玉婷.“课后”三点半，孩子们去哪儿？[J]. 教育家，2016（37）：45-47.

[59] 张伯成. 为破解“三点半难题”献言[J]. 教学与管理：小学版，2015（6）：12-14.

[60] 国家中长期教育改革和发展规划纲要（2010—2020年）[EB/OL].[2010-07-29]. http：//www. gov. cn/jrzg/2010-07/29/content_1667143. htm.

[61] 吴晶，宋雪程. 义务教育师资配置的区域差异及空间格局演变研究——以上海市为例[J]. 宏观质量研究，2017（2）：108-118.

[62] 王竹立. 我国教育信息化的战略思考和路径选择[J]. 现代远距离教育，2013（4）：62-69.

[63] 周方苗. 共享理念下的智慧校园建设五重奏[J]. 湖南教育（D版），2020（1）：54-56.

[64] 董文浩，孟凡遵，孟雪. 小学教育的城乡差别及其对策[J]. 教学与管理：理论版，2017（7）：32-35.

[65] 黄建锋. 基于SPOC的智慧课堂构建策略研究[J]. 教学与管理：理论版，2017（4）：74-76.

[66] 胡建平. 高职院校SPOC课程建设研究[J]. 教育探索，2016（4）：124-127.

[67] 杨竹筠，郑奇. MOOC等在线教育模式初探[J]. 科技与出版，2014（2）：9-12.

[68] 中共中央国务院. 中国教育现代化2035[EB/OL].（2019-02-13）[2022-05-23]. http：//www. gov. cn/zhengce/2019-02/23/content_5367987. htm.

[69] 管佳. 信息技术助力下的区域义务教育优质均衡发展：以章贡区的探索与实践为例[J]. 中国电化教育，2020（7）：125-130.

[70] 李毅，杨淏璇. 城乡义务教育信息化发展的困境与对策：基于优质均衡视角[J/OL]. 湖南师范大学教育科学学报：1-10[2022-05-24]. https：//read. cnki. net/web/Journal/Article/FLJY20210114001. html.

[71] 刘邦奇，李新义，袁婷婷，等. 基于智慧课堂的学科教学模式创新与应用研究[J]. 电化教育研究，2019（4）：85-91.

[72] 杜玉霞，贺卫国，唐连章，等. “互联网+”环境下区域常态化建设与应用专递课堂的机制研究［J］. 中国电化教育，2022（4）：100–107.

[73] 中共中央办公厅国务院办公厅印发《关于进一步减轻义务教育阶段学生作业负担和校外培训负担的意见》［EB/OL］.［2021–07–24］. http：//www. gov. cn/zhengce/2021–07/24/content_5627132. htm.

[74] 李玉顺. 中小学智慧校园发展的科学内涵与有效途径［J］. 中小学信息技术教育，2021（4）：5–8.

[75] 孙颖，陈伟. “双减”如何为教育高质量发展铺路奠基：来自陶行知教育思想的解读［J］. 天津师范大学学报：社会科学版，2022（3）：13–18.

[76] 朱晓惠. 5G背景下的智慧校园建设研究［D］. 哈尔滨：黑龙江大学，2021.

[77] 林焕新. 以人民为中心，将“双减”落到实处：专家解读《关于进一步减轻义务教育阶段学生作业负担和校外培训负担的意见》［N/OL］. 中国教育报，2021–07–26. https：//baijiahao. baidu. com/s？id=1706333164292043019&wfr=spider&for=pc.

[78] 吴清裕，王娴. 智慧校园助力“双减”政策落地［J］. 中国现代教育装备，2022（6）：1–3.

[79] 中共中央国务院印发《深化新时代教育评价改革总体方案》［EB/OL］.（2020–10–13）［2021–12–12］. http：//www. moe. gov. cn/jyb_xxgk/moe_1777/moe_1778/202010/t20201013_494381. html.

[80] 马朝宏. 县域教育要守好自己的“责任田”［N］. 中国教师报，2021–12–01.

[81] 王迪，陈磊，籍莹莹. “双减”背景下学校课程建设的逻辑与策略［J/OL］. 宜宾学院学报：1–8［2022–05–07］. http：//kns. cnki. net/kcms/detail/51. 1630. z. 20220505. 1216. 002. html.

[82] 荣晓芳. “双减”政策背景下中小学数字资源建设与应用探究［J］. 出版广角，2022（5）：69–72.

[83] 中华人民共和国教育部. 教育部关于印发《义务教育学校管理标准》的通知［EB/OL］.（2017–12–04）［2022–05–24］. http：//www. moe. gov. cn/srcsite/A06/s3321/201712/t20171211_321026. html.

[84] 顾旭鹏. 新形势下小学学校管理创新策略研究［J］. 当代教研论丛，2019（12）：96.

[85] 张明星. 学校教育管理中的创新管理［J］. 中国教师，2022（3）：113–115.

[86] 石长林. 中小学民主管理中的问题、原因及对策［J］. 教学与管理，2019（25）：8–11.

[87] 黄艳华. 小学教育教学管理的现状及改进建议［J］. 读写算，2019（8）：37.

[88] 朱嫣洁. 教育信息化背景下智慧课堂的教学效果研究［D］. 上海：华东师范大学，2019.

[89] 李清华. 在小学课堂教学中融入德育的策略分析［J］. 天天爱科学：教学研究，2022（5）：137–138.

[90] 赵永斌. 小学德育管理中渗透中国传统文化的实践探析［J］. 学周刊，2022（17）：124–126.

[91] 刘胜男，冯大鸣. 学校治理现代化进程中的挑战及其超越［J］. 中小学管理，2021（4）：14–17.

[92] 周彬. 学校治理现代化：变革历程与建设路径［J］. 教育发展研究，2020（6）：51–58.

[93] 北京师范大学中国扶贫研究院，北京师范大学经济与资源管理研究院，张琦，等. 中国共享发展研究报告：2016［M］. 北京：中国财经出版传媒集团，2017.

[94] 王庆五. 新发展理念研究丛书：共享发展［M］. 南京：江苏人民出版社，2016.

[95] 张澧生. 社会资源禀赋视域下湘西教育精准扶贫路径研究［M］. 北京：北京理工大学出版社，2017.

[96] 刘武根，艾四林. 论共享发展理念［J］. 思想理论教育导刊，2016（1）：91–95.

[97] 王丹，熊晓琳. 论共享发展的联动机制［J］. 思想教育研究，2017（3）：99–103.

［98］柳礼泉，汤素娥. 论共享发展理念的丰富内涵和实现理路［J］. 思想理论教育导刊，2016（8）：16–18.

［99］赵满华. 共享发展的科学内涵及实现机制研究［J］. 经济问题，2016（3）：7–13，66.

［100］余达淮，刘沛妤. 共享发展的思维方式、目标与实践路径［J］. 南京社会科学，2016（5）：62–68.

［101］王介勇，陈玉福，严茂超. 我国精准扶贫政策及其创新路径研究［J］. 中国科学院院刊，2016（3）：289–295.

［102］葛志军，邢成举. 精准扶贫：内涵、实践困境及其原因阐释：基于宁夏银川两个村庄的调查［J］. 贵州社会科学，2015（5）：157–163.

［103］莫光辉. 精准扶贫：中国扶贫开发模式的内生变革与治理突破［J］. 中国特色社会主义研究，2016（2）：73–77，94.

［104］左停，杨雨鑫，钟玲. 精准扶贫：技术靶向、理论解析和现实挑战［J］. 贵州社会科学，2015（8）：156–162.

［105］李兴洲. 公平正义：教育扶贫的价值追求［J］. 教育研究，2017（3）：31–37.

［106］代蕊华，于璇. 教育精准扶贫：困境与治理路径［J］. 教育发展研究，2017（7）：9–15.

［107］任友群，冯仰存，徐峰. 我国教育信息化推进精准扶贫的行动方向与逻辑［J］. 现代远程教育研究，2017（4）：11–19，49.

［108］张翔. 教育扶贫对象精准识别机制探究［J］. 教育探索，2016（12）：94–96.

［109］孟照海. 教育扶贫政策的理论依据及实现条件：国际经验与本土思考［J］. 教育研究，2016（11）：47–53.

［110］曾天山. 以新理念新机制精准提升教育扶贫成效：以教育部滇西扶贫实践为例［J］. 教育研究，2016（12）：35–42.

［111］FOX A. From MOOCs to SPOCs：Supplementing the classroom experience with small private online courses［J］. Communications of the ACM，2013，56（12）：38–40.

[112] FOX A, PATTERSON D. Software engineering curriculum technology transfer: Lessons learned from Ebooks, MOOCs, and SPOCs [EB/OL]. [2013-10-28]. https://cs. pomona. edu/splashe/SPLASH-E2013/SPLASH-E_2013_files/PattersonSPLASHEv6. pdf.

[113] HASHMI A. HarvardX Set To Launch Second SPOC [J]. Distance Education Report, 2013, 17 (20): 7.

[114] ALLEN M. Michael Allen's guide to e-Learning: building interactive, fun, and effective learning programs for any company [M]. New Jersey : John Wiley&Sons, 2003.

[115] WIDDOWSON H. Aspects of Language Teaching [M]. New York: Oxford University Press, 1990.

[116] GOULDNER A. W. The norm of reciprocity: A Preliminary Statement [J]. American sociological review, 1960 (25): 161-178.

[117] HELEN A., ERNEST O., UGWOKE, et al. Business Education: A Tool for Poverty Alleviation in Enugu State [J]. American Journal of Industrial and Business Management, 2015 (9): 601-609.

[118] RAFFO C, DYSON A, GUNTER H, et al. Education and poverty: mapping the terrain and making the links to educational policy [J]. International Journal of Inclusive Education, 2009 (4): 341-358.

[119] BONAL X. Is the World Bank education policy adequate for fighting poverty? Some evidence from Latin America [J]. International Journal of Educational Development, 2004 (6): 649-666.

[120] Jiao Tingting. A Study of Education Poverty Reduction Mode Under Inclusive Development Strategy in Wuling Mountain Area [J]. Studies in Sociology of Science, 2014 (3): 71-78.

[121] Song Yang. Poverty Reduction in China: The Contribution of Popularizing Primary Education [J]. China & World Economy, 2012 (1): 105-122.